新时代〈管理〉新思维

从0开始
选品选址+装修开店+运营管理
做餐饮

龚伟 著

U0360050

CATERING
ENTREPRENEURSHIP
GUIDE

清华大学出版社
北京

内 容 简 介

为了帮助餐饮经营者系统掌握餐饮经营知识，提升自身经营能力，实现门店利润增长和品牌提升，本书从认知定位、赛道选择、选址、设计、产品、团队、运营、营销、品牌9个方面对餐饮经营知识做了系统梳理。本书遵循科学、系统、实战的原则，将作者多年餐饮实战以及咨询策划服务实践的经验理论化、工具化，同时又将理论与市场实际案例相结合，让读者在案例中研习理论，并将理论用于自身的创业实践中去。

本书内容系统、理论丰富、实战性强，是打造旺店、提升品牌、提高经营能力必备的餐饮创业宝典。本书不仅适合餐饮创业者和餐饮企业管理者，也适合各类餐饮服务机构以及想进入餐饮行业的人士阅读。

图书在版编目（CIP）数据

从 0 开始做餐饮：选品选址＋装修开店＋运营管理 / 龚伟著 . —北京：清华大学出版社，2023.12

（新时代·管理新思维）

ISBN 978-7-302-61772-3

Ⅰ . ①从…　Ⅱ . ①龚…　Ⅲ . ①饮食业－企业经营管理　Ⅳ . ① F719.3

中国版本图书馆 CIP 数据核字 (2022) 第 161852 号

责任编辑：刘　洋
封面设计：徐　超
版式设计：方加青
责任校对：宋玉莲
责任印制：沈　露

出版发行：清华大学出版社
　　　　网　　　址：http://www.tup.com.cn，http://www.wqbook.com
　　　　地　　　址：北京清华大学学研大厦 A 座　　　　　邮　　编：100084
　　　　社 总 机：010-83470000　　　　　　　　　邮　　购：010-62786544
　　　　投稿与读者服务：010-62776969，c-service@tup.tsinghua.edu.cn
　　　　质 量 反 馈：010-62772015，zhiliang@tup.tsinghua.edu.cn
印 装 者：大厂回族自治县彩虹印刷有限公司
经　　销：全国新华书店
开　　本：170mm×240mm　　　印　　张：15.5　　　字　　数：268 千字
版　　次：2023 年 12 月第 1 版　　　印　　次：2023 年 12 月第 1 次印刷
定　　价：79.00 元

产品编号：095884-01

前　言

　　我大学毕业两年后开始做餐饮，到现在不知不觉已经八年时间了。做餐饮的这些年，我始终保持着高速学习的状态，每年阅读三四十本关于餐饮和品牌的书籍，每天浏览三十多个公众号的文章，每天大概有十五六个小时会花费在对餐饮行业的观察和学习上。

　　我在研究和学习过程中发现，餐饮行业的经营管理正在从过去的粗放式走向精细化，尤其在 2022 年，资本市场对餐饮行业青睐有加，相信未来这个行业会迎来更大的变革。在这个变化中，餐饮人需要科学化、系统化的理论指导，从而改变过去以经验为主导的经营模式。

　　我发现以往大部分编写此类图书的人都是在讲述自己的成功经验，但这个行业变化如此之快，事实证明任何经验在变化面前都显得微不足道，真正能做大的品牌靠的并不是经验，而是科学化、系统化的管理。我一直想找一本能够科学化、系统化地讲述餐饮管理经营和品牌打造理论的书，但是没有找到。经过几年的实践积累和理论摸索，我决定还是自己来写。

　　这本书我写了一年多，前前后后写了三十多万字，几经修改和删减后，剩下二十多万字。它是我这几年实践和学习的总结，也是我创办餐谏餐饮咨询机构、做餐饮咨询和策划服务的理论基础，希望每一位读到它的朋友都能有所收获。

　　这本书是我未来长达十年的餐饮写作计划的开始，我计划再写四五本，而这本是我的餐饮系统理论中最核心的部分。很多文章在我的公众号和红餐网公众号上发表过，在写作本书时，我对其做了修改和调整，以适应新的市场变化。希望通过这些内容，将科学化、系统化的餐饮思维和理论呈现给您。

再次感谢您的关注和支持，在未来的餐饮路上，愿我们一路同行。

最后，感谢在本书写作过程中给予我鼓励和建议的朋友们，你们的支持是我坚持的动力，希望这本书能够不负所望。

★ 本书特色 ★

1. 更加科学化、系统化的内容梳理

本书的内容不是对个人餐饮经验的总结，而是对餐饮知识的系统梳理。我结合品牌定位理论、品牌营销知识、咨询行业理论知识，对餐饮理论和经验做了系统化的总结和归纳。因此，本书给读者传达的不仅是实战经验，还是科学的方法论，餐饮经营者们用这些方法可以举一反三，更好地指导自己的经营管理。

2. 理论与案例相结合，更具实战指导性

本书在介绍理论工具的同时，都会结合市场上最新的品牌案例做案例解析，方便餐饮经营者对照现实中的品牌案例，更好地去理解和消化理论。本书讲到的很多理论和工具，大都来源于我给客户做咨询与策划的实战总结，对于身处一线的餐饮经营者来说，这些方法更容易理解，也更容易用于实战。

3. 摒弃专业术语，大白话式表达，更容易理解

考虑到餐饮行业从业者文化水平的差异性，本书在写作过程中没有使用专业术语，而是用大量平实的语言来表达，这样的表达方式会让餐饮经营者更容易理解和消化书中的内容。

★ 本书内容及体系结构 ★

第 1 章　餐饮的前世今生

本章主要探讨餐饮经营的本质。梳理了餐饮行业发展的几个阶段，同时结合市场发展变化，总结了餐饮行业发展的新特点以及未来趋势。本章内容从过去、现在和未来多角度讲述了餐饮行业的前世今生，方便读者对餐饮行业有更清晰的理解。

第 2 章　树立正确的"餐饮观"

本章主要讲选品。从餐饮创业者常见的几个认知误区出发，分析了餐饮生意的本质，给想入行做餐饮的创业者提供选品指导。本章内容旨在解决创业者在面对项目选择时的困惑，让创业者在做选择时更有方向。

第 3 章　餐饮创业的十种模式

本章主要讲餐饮创业的模式和方法。详细讲解了个人摆摊创业模式、夫妻店模式、团餐档口模式、私房餐厅模式、纯外卖店模式、外卖加盟店模式、自创品牌模式、特许经营模式、加盟品牌模式以及手工制作模式等十种创业模式，分析了每种模式的优势和劣势，以及适合的创业群体。

第 4 章　选址是成功的关键

本章主要讲选址。从选址的重要性入手，分析了选址的四个重要意义，常见的六类餐饮商铺类型，以及各类商铺适合的餐饮项目品类及其优缺点。

第 5 章　商铺选址七步骤

本章主要讲选址落地方法。从寻找商铺信息、商圈环境评估、客流评估、位置评估、物业条件评估、人文条件评估、谈判及签约方面详细拆解了商铺选址七步骤，可谓选址的系统方法论。

第 6 章　设计是魅力之源

本章主要讲设计。从餐饮门店设计的原则入手，讲解了门店装修设计的四步流程，同时分析了门店的门头设计、空间设计、动线设计以及 VI 设计的方法和技巧。最后从营销角度讲解了做门店设计时如何通过灯光、色彩、音乐以及座位设置这些细节去做好营销。

第 7 章　产品是核心驱动

本章主要讲产品。从"好吃"到"吃好"讲解了顾客对产品要求的变化，同时结合行业发展趋势，分析了未来餐饮产品的变化趋势。详细讲解了爆品打造和菜单规划的方法。通过本章内容，餐饮经营者对产品会有全新的认识，并形成爆品思维。

第 8 章　团队是成功的核心

本章主要讲团队。分三部分讲解餐饮团队管理与组织力提升的技巧：第一部分讲解了团队的招聘、培养、岗位分工和考核、团队文化和激励体系；

第二部分讲解了提升组织力的系统方法；第三部分讲解了新餐饮时代餐饮行业的用人新趋势。

第 9 章　运营是盈利的关键

本章主要讲运营。分三部分：第一部分讲解了餐谏的餐饮诊断系统；第二部分讲解了餐饮的九大现场运营管理系统；第三部分从门店 14 大管理模块、连锁品牌管理体系、门店管理手册体系三方面讲解了餐饮标准化体系打造方法。

第 10 章　营销是发展的保障

本章主要讲营销。通过理论方法与实践案例相结合的方式，从活动营销、网络营销、社群营销、口碑营销、会员营销、服务营销、产品营销、跨界营销八个维度详细讲解了餐饮营销的方法。

第 11 章　品牌才是长远之道

本章主要讲品牌。分三部分：第一部分从品牌定位、品牌故事、品牌口号、品牌 VI、品牌形象五个方面讲解了餐饮品牌打造的关键要素；第二部分讲解了品牌发展的生命周期；第三部分主要分析餐饮经营者在打造品牌时需要避开的一些误区。本章内容会让经营者对餐饮品牌打造有更加清晰的认知。

★ 本书读者对象 ★

◇ 餐饮创业者；

◇ 餐饮品牌负责人；

◇ 餐饮公司管理层、餐饮店长；

◇ 各类餐饮服务机构人员。

作　者

目录
CONTENTS

第 3 章　餐饮创业的十种模式

第 4 章　选址是成败的关键

第 5 章　商铺选址七步骤

第 6 章　设计是魅力之源

第 7 章　产品是核心驱动

第 8 章　团队是成功的核心

第 9 章　运营是盈利的关键

第 10 章　营销是发展的保障

第 11 章 品牌才是长远之道

第 1 章

餐饮的前世今生

　　我是谁？我从哪里来？我要到哪里去？这3个问题被称为哲学的终极三问。古往今来，无数研究哲学的人都会在这3个问题上陷入沉思。简而言之，一个人想要真正读懂自己，其实是最难的。

1.1　哲学三问：洞察一切的密码

看过《西游记》的朋友应该都记得，每次唐僧师徒来到一个新的地方，唐僧在自报家门时总会以这样一句话开头：贫僧从东土大唐而来，去往西天拜佛求经，今日路过宝刹见天色已晚，想在贵地借宿一晚，化些斋饭……这正是对哲学终极三问的准确回答。唐僧之所以为高僧，也许就在于他对自己有清晰的认知。

做任何事情，认知比行动更重要，正所谓"谋定而后动"，这个"谋"指的就是想明白、搞清楚。

想要进入餐饮行业、从事餐饮工作，首先要了解餐饮这个行业。研究餐饮行业，就是要弄清楚餐饮的前世今生：餐饮是什么？餐饮行业经历了怎样的发展？餐饮的未来如何？

接下来，我就带着这几个问题，和大家一起进入餐饮研究，寻找餐饮行业的终极密码。

1.2　什么是餐饮？

关于餐饮，它的官方定义是：通过对产品原材料采购、存储、加工生产，给消费者提供可食用的产品、可感知的服务和体验的经营行业。餐饮的概念包含了两部分内容：一是食物，二是提供食物的场所和服务。通俗来讲，一个是产品，另一个是服务。从餐饮的服务流程来看，它包含了产品的加工、售卖以及现场服务等多个环节，我们可以从以下三个维度来理解餐饮的概念。

1.2.1　餐饮是加工业

餐饮是加工业。从食材到美食，这中间包含了原料的采购、物流运输、仓储、初加工、深加工、出品等流程，这个过程也就是商品的加工过程。

区别在于，一般的商品生产属于标准化生产，通过流水线式的操作做出制式的产品，整个过程由工业化的流程标准把控。而餐饮产品的生产由个体来操作完成，产品内容不同，加工方式不同，加工流程也有差异，因此生产出来的多为非标产品。如果拿商品来衡量，这属于私人定制化产品。

随着品牌连锁的发展以及中央工厂的普及，餐饮产品也开始逐步走向工业化、标准化生产，实现由非标产品到标准化产品的转变。这也是餐饮在加工环节最重要的变化趋势。

1.2.2　餐饮是零售业

餐饮是零售业。和其他商品一样，餐饮的核心环节也是销售，将菜单上的食物销售给顾客就是做餐饮最主要的任务。

但餐饮有别于零售行业的是销售场景。传统的餐饮以堂食为主，销售场景在店内，这个销售过程是将产品的加工和销售融为一体的。

外卖则是对堂食的延伸，它将销售场景延伸到家里、公司以及更多的地方，让产品的加工和销售实现了时间和空间的分离。

新零售又是对外卖的延伸。伴随着加工技术和保鲜技术的日益成熟，预包装食品开始突破传统的现做现卖的销售模式，同时也突破了产品销售的空间限制，让餐饮店的销售范围实现了空间和时间上的延伸。同时，预包装食品加工和传统食品加工又有质的区别，前者让商品在口感以及用户体验上有了更大的改观，所以新零售如今已经成为餐饮发展的新风口。

1.2.3　餐饮是服务业

餐饮是服务业。服务一直是餐饮行业不可或缺的部分，从传统的店小二到如今的服务员，从传统的掌柜到如今的老板和经理，虽然服务人员的称谓和身份地位在改变，但核心依旧是服务。

伴随着餐饮的不断发展，服务在餐饮中也越来越重要，因此才出现了像海底捞这样的以服务著称的餐饮头部品牌。随着行业竞争加剧，服务逐渐成为餐饮企业和餐饮店面有力的竞争武器。

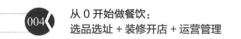
随着餐饮消费场景的不断延伸，餐饮的服务也从传统的店面延伸到了不同的领域，包括堂食、外卖、社群、口碑等，这些领域都成了餐饮服务比拼的"新战场"。

1.3 餐饮行业发展的五个阶段

想要更全面地认识餐饮，就要先了解餐饮行业的发展历程。了解了餐饮的来龙去脉，有助于餐饮经营者更好地认识餐饮。我把餐饮行业的发展历程概括为五个阶段，如图 1.1 所示，这也正好对应了从"60后"到"00后"不同时代消费主体消费观念的变化。

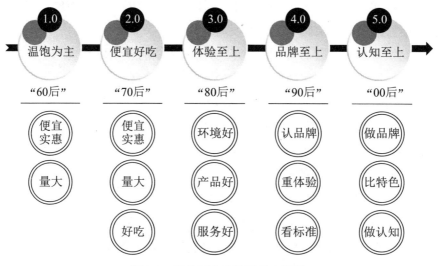

图 1-1　餐饮行业发展的五个阶段

1.3.1 温饱为主：便宜实惠、量大

新中国成立之初缺吃少穿，吃饱饭是人们普遍的美好愿望，所以便宜实惠、量大就是餐饮行业消费者的最大诉求。"60后"消费者的核心诉求就是解决温饱。因此，那个年代涌现出一批以量大实惠为卖点的小餐馆。在那个年代，老板可能不需要太好的手艺，只要能把饭菜做熟、让人吃饱，而且价格公道，立马就能声名远扬了。

1.3.2　便宜好吃：便宜实惠、量大、好吃

在"温饱"这一需求得到基本满足后，"好吃"就成了便宜实惠之外的另一个竞争因素。对应"70后"这个消费群体，因为物质丰富起来了，人们不缺吃的了，一条街上也有好几家餐馆，这个时候就有了选择对比的机会。在这种情况下，谁做得更好吃，谁就更容易招徕顾客。

餐饮进入2.0阶段，厨师的重要性逐渐凸显。在这个阶段开店，能否请到一位手艺好的厨师就成了生意成败的关键。我们今天再回过头来看，很多名厨大师的出名都和当年有名的餐饮店崛起息息相关。

1.3.3　体验至上：环境好、产品好、服务好

"80后"基本上不缺吃少穿了，街上的餐饮店多了起来。当便宜好吃这些要求都得到满足以后，环境和服务逐渐成了顾客选择的两个主要因素。

比如说，好吃的火锅那么多，为什么海底捞能够异军突起、被人们所熟知？因为它是靠着好服务取胜的。好产品＋好环境＋好服务，我们称之为体验经济。体验至上是餐饮3.0阶段的显著特征。

有一段时间，主题餐厅这个概念非常火爆，各种军旅主题或年代主题的餐厅，还有各种欧式风格或意式风格的餐厅层出不穷，都是围绕环境和服务大做文章，塑造体验感，以此来吸引顾客。

1.3.4　品牌至上：认品牌、重体验、看标准

当餐饮老板们都认识到体验的重要性，都开始抓产品、搞环境、做服务、努力把生意做大做强的时候，有人开始意识到，之所以有的店异常火爆，有的店却面临倒闭的风险，其中最关键的影响因素就是品牌。

在"90后"这一代人的消费观念里，品牌成了选择的重要参考因素。为什么洋快餐能在中国遍地开花？为什么星巴克能成为年轻人争相打卡、在朋友圈炫耀的资本？都是因为它们的品牌影响力。所以我把餐饮4.0阶段的特征概括为品牌至上。

有一句话说得好：无品牌，不餐饮。在这个阶段我们会发现，人人都在谈品牌，人人都在试图打造自己的品牌。连锁店越来越多，店面形象也逐渐趋同，在很长一段时间内，"番茄炒蛋"被看作是快餐连锁品牌的标配，原因就是肯德基、麦当劳率先开启了红底黄字的红黄配设计样式。形象统一、名称统一成了打造品牌的标志性动作。

1.3.5　新餐饮：做品牌、比特色、做认知

我把餐饮 5.0 阶段称为新餐饮。当整个行业开始营销过剩、遍地都是品牌的时候，怎样让顾客能够一下记住你的品牌，成了摆在所有人面前的一个新课题。新餐饮的特点就是在品牌的基础上更加注重对特色的打造，做差异化，用差异化去唤醒顾客的认知，形成独有的品牌感召力。

比如，肯德基、麦当劳开始尝试不同的装修设计风格，抛弃传统的"番茄炒蛋"风格；再如，新餐饮品牌的代表喜茶，它的每一家店都会因地制宜地设计不一样的风格；还有，陕西本土品牌魏家凉皮，在快餐店基础上开发出了"快餐店 + 便利店"的复合经营模式，将餐饮和新零售完美结合。我们还可以看到，一大批走复古路线或文创路线的品牌，以设计为驱动，以文化为内核，形成了不一样的差异化品牌认知，比如超级文和友、春丽吃饭公司、太二酸菜鱼。

1.4　餐饮未来的发展趋势

我们在前面提到了新餐饮，那么新餐饮的"新"到底体现在哪些方面呢？我总结概括了新餐饮的 5 个特点。

1.4.1　新餐饮的五大特点

特点一：产品标准化

餐饮行业发展过程中，有两个因素是非常难控制的：一是人工成本，二是人员的稳定性。现在几乎所有的餐饮企业都面临招人难的问题。在餐饮行

业里，人员流动性非常大，人的问题成了阻碍很多餐饮品牌发展的主要问题。产品标准化是解决这一问题的有效手段。

产品标准化的实现主要得益于两方面的变化：一是产品加工技术的进步，产品包装技术的升级，以及产品冷藏保鲜技术的发展，使得产品能够更好地被储存和保持口感，比如很多预包装食品以及方便火锅的流行；二是以前很多产品和食材的远距离配送都很难实现，但随着物流的高效发展，这些都得以轻松实现，比如一些生鲜产品，还有一些半成品的加工和配送。

特点二：地域融合化

随着人们生活水平的提高及城市化的发展，人们的消费习惯随之发生变化，最突出的表现就是对外来美食的接纳度增大，这促使西餐、韩餐、日料这些餐饮品类蓬勃发展，还有一些地域性的小吃产品也开始走向全国。

在未来，美食可能很少再有地域的划分，只要定位准确，加上适当的推广，一个地域性小吃也能很快四处开花。

特点三：消费升级

这两年一直都在提消费升级，对于餐饮来说，最显著的表现就是消费者对品质以及品牌的要求在不断提高。比如，现在很多餐饮品牌开始注重食材的品质，未来餐饮的竞争可能会逐渐演化为食材的竞争。好的味道、好的技术，再配上好的食材，就能够真正成为核心的竞争力。

特点四：品牌觉醒

说到品牌，一个显著的行业趋势就是品牌的聚焦以及品类的细分。在不久的将来，我们常见的每一个单品可能都会衍生出一个细分的品类，在这个品类里会滋生出代表性的品牌。在未来的餐饮市场，这样的品牌会有更加顽强的生命力，品牌的使命也不再是吸引大众的注意力，而是服务好一小部分人，成为一个小众领域的引领者。

特点五：跨界融合

网上流传着一句话：不怕同行竞争，就怕跨界打劫。跨界竞争者有两种：一是搅局者，二是颠覆者。无论是搅局者还是颠覆者，都会对这个行业产生冲击力。要想应对这样的竞争，未来的餐饮人一定要具备跨界融合的思维。

跨界融合主要包含 3 个方面内容：

一是产品的融合。比如现在很多餐饮品牌将堂食和线上新零售结合起来，在方便顾客的同时，还能够提升人均消费额，同时能够达到强化品牌影响力、扩展消费场景的目的。

二是品类的融合。比如当下比较流行的卤味火锅，将传统的卤味和火锅进行融合，再如一些火锅品牌将火锅和酸奶两个不同的品类进行融合，在提升客单价的同时也能满足顾客的多种消费需求，提高顾客满意度。

三是行业的融合。现在有很多商超、KTV 以及其他的娱乐场所都将餐饮作为其中的一个服务板块，消费者可以边唱歌边吃饭、边购物边吃饭、边买衣服边吃饭……这样的行业融合代表了餐饮业未来的一个发展趋势：发掘更多的消费场景，让吃饭这件事不只是发生在餐厅里。

以上就是未来新餐饮发展的 5 个特点。简而言之，新餐饮就是面对新的客群和消费方式的变化，用一种新的思维提供全新的产品和服务，以适应更多新的消费场景和消费需求。

1.4.2　未来餐饮的四大趋势

随着经济的发展、餐饮行业变革的不断加剧、餐饮消费主体以及消费方式的变化，未来餐饮行业发展将会呈现以下几个趋势。

1. 无品牌不餐饮

年轻一代消费者对品牌的认知要大于产品本身。建立品牌的竞争壁垒，拥有品牌"护城河"，这才是餐饮品牌打造核心竞争力的根本方法。未来，年轻人眼中的餐饮品牌不再是高大上的、冷冰冰的，而是充满温度和趣味、拥有个性和人格化特征的立体 IP 形象。所以，拥有特色鲜明的品牌才能在市场竞争中掌握话语权。

2. 无体验不餐饮

随着线上餐饮对线下的不断蚕食，体验将成为线下餐饮的核心价值所在。线下餐饮主要围绕用户聚会、社交等需求展开，体验感成了其中重要的组成部分。新鲜好玩的体验以及有趣的互动和沟通将成为顾客评价餐厅的新标准，同时也会给顾客提供新的记忆点，形成顾客对餐厅的新认知。比如海底捞的服务、火爆一时的摔碗酒、土耳其冰激凌等，都是因为具有良好的体验和互动性而被更多用户所熟知。

3. 无场景不餐饮

未来一切餐饮经营都要围绕消费场景展开，在不同的场景下，产品品类和服务都会呈现出差异化。同一个产品在不同的场景下也会呈现出差异化。

外卖场景：主要是给消费者提供简单快捷的工作餐，所以方便操作和食用、简单快捷成为首选。一些速食产品、自热锅等，都是为了满足这一部分顾客的需求。服务在这里被弱化，产品的特点主要体现在它的设计、包装以及延伸服务上。

线下场景：线下堂食餐饮主要围绕社交场景打造。顾客进店消费体验到的除了产品之外，还有服务以及环境带来的整体感受。所以在线下场景中，产品包含的内容就比较多了，餐品、环境、服务以及店面营造出来的整体氛围都是产品。

新零售场景：一些便利店和快餐的结合，包括一些品牌推出的预制半成品、自热食品等，都满足了顾客吃饭与便民购物一体化的场景需求。很多连锁便利店推出了速食餐饮，还有很多餐饮品牌打通了餐饮店和便利店，将餐饮和零售这两种业态结合起来，创造出了餐饮新零售场景，以满足顾客在更多场景下的消费需求。

4. 无创新不餐饮

"创新"这个词在餐饮行业从来都不会过时。从产品口味的创新、产品形态的创新、产品售卖方式的创新，到店面环境的创新、服务方式的创新，以及营销方式和渠道的创新等，这些都是餐饮行业竞争的核心。在新的竞争形势下，那些只是加工好产品等着顾客上门购买的餐饮店会逐步被市场淘汰。餐饮市场的未来一定属于富有创新精神和想象力的竞争者。没有创新，就没有未来。

第 2 章

树立正确的"餐饮观"

最近几年，越来越多的人入驻餐饮行业。很多人在其他行业受挫，想着开餐厅好赚钱。有些人手上有点闲钱，想着投资餐饮获得更大的回报。还有不少人抱着捞金的心态，想通过餐饮实现一夜暴富的梦想。

我跟很多投资开餐饮店最后失败的人聊过，发现其中的大部分人把餐饮想得太简单，太过美好。他们普遍觉得餐饮门槛低，等到入局以后才发现实际情况超乎想象。所以我给很多人建议，想做餐饮，首先要树立正确的"餐饮观"，只有正确认识餐饮行业，才能避免盲目投资。

2.1　正确认识餐饮行业

说到为什么做餐饮，很多人都会说这样一句话：行业干遍，不如卖饭。言外之意，就是餐饮生意比较好做，因为"民以食为天"，作为民生行业中最基础的部分，餐饮永远不会被市场淘汰。而且，做饭谁不会？餐饮入行门槛低，没啥技术壁垒，所以怎么看都是一门好生意。

说这话的人基本都是厨师思维，觉得只要能颠得起锅、炒得了菜，人人都可以当大厨。实际上，开餐饮店远没有想象的那么简单，看起来开店好像就是招几个人把饭做好、卖出去，当个甩手掌柜就可以，但当你真的开店时，就会发现它的难度不亚于开办一个工厂。

2.1.1　餐饮，入行容易精通难

下面简单概括一下，开一家店要解决的问题以及需要掌握的知识和技能。

1.**资金**。开店首先要有钱，资金从哪里来？现在开一家店少则二三十万元，多则上百万元，对大多数初次创业的人而言，一下拿出这么多钱并不容易。那么，最优的解决方案可能就是找人合伙，毕竟谁身边还没有几个想开店的朋友呢？合伙开店的问题在于，钱怎么出，工作怎么分配，出现问题怎么解决。如果合伙人不能做到经验互补，如果前期没有把股权分清楚，如果没有设计好进入和退出的机制，失败的概率是非常大的。因为餐饮本身就不容易干，合伙创业会更难。

2.**项目**。筹到钱之后，就要考虑干啥项目。选自己喜欢吃的美食？选家乡的美食？选一个操作简单的项目？选一个市场上比较火爆的项目？很多人创业都会从自己的经验出发，用感性和直觉去选择。饮品店、咖啡馆、火锅店这些是年轻人开店的首选，也是最不容易赚钱的项目。因为喜欢和赚钱是两码事，兴趣爱好只是第一步，更多的还得看接下来怎么做。

3.**产品**。不管你开什么样的店，产品肯定是重中之重。产品口味、产品结构、产品技术、产品制作、产品出品的稳定性和效率，以及受众定位、市场定位，这些都是需要考虑的。还有食品安全问题、卫生问题都是重要问题。就拿开饮品店来说，你是想开个喜茶那样的高端饮品店，还是想开个蜜雪冰城那样的低端饮品店，或者像 coco 这样的中端饮品店？是选择加盟，还是自己学好技术去做？自己做的话，原料怎么采购？成本如何把控？产品结构怎么设置？这些都会影响到最终的结果。

4. **选址**。不同的品类对选址的要求不一样，同一个品类不同的品牌选址的侧重点也不一样。选址目标明确是做好项目的第一步，第二步是要找到合适的位置。经历过的人都知道，最合适的位置永远都在别人那儿，最后只能退而求其次，很多时候可能几个月都找不到一个合适的位置。餐饮创业在这个环节上夭折的很多，因为选址失误导致失败的更多。

5. **装修**。要开一家店，你得懂装修。年轻的创业者们最感兴趣的环节就是装修，最自信最想突出表现的也是装修，但其实装修的技巧也不少。为什么有的店装修得很奢华很舒适，结果却干不过那些没有店铺没有装修的路边摊？为什么有的店总是看起来人满为患，结果翻台率却低得出奇？装修风格和店铺产品、顾客定位密切相关，每一个细节都是学问。

6. **设备**。开店当然不是买几套桌椅板凳、买个收款机、买个灶具、再买几张墙上贴的广告就算完事。除了这些必不可少的东西之外，锅碗瓢盆一样都不可少。厨房灶具得确定用气还是用电，成本要核算，空调、排烟、排水、泔水处理、垃圾处理等都得考虑。如果设备都用电的话，还得考虑电表负荷够不够、线路怎么走。基本上一个店开下来，你就差不多是个居家小能手了。

7. **手续**。开店最麻烦的一个环节就是办手续，卫生许可、营业执照、税务、城管、市政、街道办……要开一家店，你还得成为一个处理人际关系的高手。当然，这些肯定不是开店最棘手的问题，最值得你操心的永远都是生意，生意好一切都还好说，生意不好那就是内忧外患了。

8. **团队**。再小的店也得三五个人，这也就是一个小团队了，由此就得涉及团队管理、团队协作、人员培训等一系列问题。如果你还想把店面做大，那么团队管理就是必不可少而且非常重要的工作。

9. **采购**。在开业之前，你必须先把原材料的采购渠道落实好。再小的餐饮店，至少也要包含蔬菜、米面、粮油、调料、干货、冻品、燃料等原材料。很多人以为开店当老板就是站在吧台后面数钱，但实际上，你可能更多的是在菜市场和小商贩讨价还价，为了原料的质量斤斤计较，为了食材的新鲜大费周章……

10. **管理**。把人管好，把事管好，把营业额做起来，把成本控制住，把顾客留下来……这些说起来都不难，但做起来没有一件是容易的。餐饮不好干就在于开店容易，活下去难，开一家看着像样的店容易，开一家赚钱的店很难。

11. **宣传**。现如今满大街都是形形色色的美食店，"酒香不怕巷子深"这样的传统观点早已过时，好东西也需要吆喝，这样才能被人更快地接受。一家店开起来并不算开始，宣传出去才算真的开始。提到宣传，也不单单是印传单、发单页广告，好的宣传包括线上、线下方方面面。要做一个成功的小店店主，你还得深谙广告宣传之道。

12. **营销**。店面的活动营销、开业营销、新品营销、会员营销、线上营销、线下营销都很重要。很多人整天说产品才是核心，东西做好了自然有人来吃，这句话放到以前或许还可以，如今做餐饮如果还抱着"酒香不怕巷子深"的想法，注定难以长久。

13. **服务**。很多人认为，服务都是大店才讲的东西，小店根本不需要服务，这就大错特错了。服务的核心是服务意识，不但你自己要有这种意识，还要把好的服务理念制度化，融入团队文化。不只是大的连锁店需要服务，小餐饮店也需要好的服务。

14. ***产品研发***。如果你有"一招鲜吃遍天"的实力，那自然是不错的。如果没有，你就得在产品上多下功夫了，简单来说就是多收集顾客意见，进行产品的改进和升级，给顾客带来更好的就餐体验。当然，改进和升级必须在可行的前提下进行，不能随心所欲地改，否则到最后"丢了西瓜捡了芝麻"就得不偿失了。

……

以上这些还没列举完，实际开店时遇到的问题会更多。当然会有人说，哪有那么麻烦，直接招人做就行了。话没有错，但老板不可能任何事情都亲力亲为，如果老板自己什么都不懂，怎么保证能找到合适的人？怎么保证能把事情做好？

所以，做餐饮不是一件简单的事，能把餐饮做好的人，绝对是全能型的优秀人才。

2.1.2 用情怀创业，用现实买单

很多餐饮品牌为了有更好的传播效果，会包装一些创业故事，讲情怀，讲初心，讲匠心，很多年轻人被这种匠心与情怀鼓舞，看到餐饮行业存在的各种问题，觉得有很多用户痛点亟待解决，于是就自觉地肩负起了颠覆行业的重担。

有人看到肯德基、麦当劳这么大的连锁品牌，座位还搞得很不舒服，于是就自己开快餐店，打造西餐厅一样的舒适环境；有人看到餐饮店里用的食材品质不好，于是就自己开店，一切原料都用最好的，甚至空运原产地的食材，想打造最有品质最健康的美食；有人看到那些生意极好但味道一般的店，就觉得不公平，于是自己耗时耗力去研发产品，企图将行业老大"按在地上摩擦"；还有人看到一些快餐连锁品牌大夏天空调都不给开到最冷，让人边吃饭边淌汗，于是就想自己开店把体验搞到最佳……等到自己真做了以后才发现，打败自己的并不是"天真热"，而是"天真"。

每个行业都有自身的规律，行业不同，经营方法也不一样。很多事情，你看到了表面，不等于就洞察了一切。创业情怀是不可或缺的，因为有了理想，在创业的路上才能不迷茫。但一味讲情怀也是不可取的，因为到最后你要为之买单的，往往是最残酷的现实。

情怀是感性的，但生意是理性的。只有将理性和感性完美结合起来，才能让创业之路更稳。很多创业的年轻人最后都败给了情怀，如果他们从一开始就能够正确地去看待生意，可能会收获更好的结果。

2.1.3 酒香也怕巷子深

很多传统的餐饮人认为，只要产品好基本上就不愁卖。我们经常也能看到很多生意火爆的老字号，除了产品，服务和环境啥都没有，但生意就是火爆。

然而，仔细分析后你就会发现，这些店都有一定的特殊性。它们都诞生在物质比较匮乏的时期，在餐饮 2.0 时代，只要产品做得好，物美价廉，就能吸引一批忠实粉丝，建立起品牌的"护城河"。

放在如今的餐饮市场，想单纯依靠产品去做一家火爆的餐饮店，是一件非常困难的事。因为现在已经不是"酒香不怕巷子深"的年代了，消费者对于消

费的需求已经不限于产品，产品之外的很多因素都会影响他们的消费认知。

不是产品不重要了，而是在如今的餐饮市场竞争中，产品并不是唯一重要的因素。以前做餐饮，技术是很大的壁垒，学会一门技术，掌握一个独家配方，就足以支撑自己去开一家火爆的店。如今产品的壁垒越来越低，花一点钱就可以很轻松地学到技术，找一家供应商就可以获得和品牌连锁产品同样优质的产品。

当产品很难成为竞争壁垒的时候，产品对顾客的引导力也会越来越低，而且现在很少有人愿意驱车几十里去吃一顿饭，因为一出门就会有很多选择。在这些多元化的选择里，消费者很轻松地就能找到自己满意的选项。

当餐饮行业处于蓬勃发展的井喷期时，餐饮市场已经从卖方市场过渡到了买方市场。如果还抱着"酒香不怕巷子深"的卖方思维，就很难俘获市场和顾客。如果用一句话来概括如今的餐饮市场，那就应该是：好马还要配好鞍，好产品还要会吆喝。

2.2　正确认识餐饮生意

我跟很多想创业的餐饮人沟通时，讲得更多的是常识问题。很多人创业失败，根源在于对所做的事的认知不够清晰。过去的经验解决不了现在的问题，其他行业的经验也解决不了餐饮行业的问题。要做好餐饮，还得先正确认识餐饮生意。

2.2.1　论初心：做买卖、做生意，还是做事业？

我们经常说认知决定出路，一个人做一件事最终能做到什么地步，很大程度上取决于他对这件事的认识。

如果将餐饮看作是买卖，那么你要操心的就是找到更加便宜的原材料，加工之后找到更多的人去售卖，同时要想着去降低投资成本，这样才能获取更大的利润。我们经常说的夫妻创业、小本投资都属于这种类型，比如找个夜市摆摊，找个小吃城档口，或者在城中村开个小店自己经营，这些都是很好的买卖。

如果要将餐饮做成一门生意，那么你就不能再稀里糊涂地仅从买和卖中间赚取差价，而要想着如何去精细化运作。在努力使自己获得更多利润的同时，还要想着如何去扩大规模。作为生意，就要思考选择什么样的项目才能更好地迎合市场，同时还要计算投入产出比：选择什么位置的店面能够更好地收获客流？组建什么样的团队能够使服务效率更大化？做什么样的产品组合能够使利润最大化？怎样做管理能够更大化地节约成本？怎样做营销才能为自己招揽更多的顾客？

当你经营到一定程度之后，就要考虑如何拿这个店作为产品来获利。比如将项目转手或卖掉变现，或者用这个店面去做招商加盟和培训，这些都是餐饮生意进一步的延伸。

如果对于餐饮行业的了解足够深入，同时又在这个行业积累了广泛的人脉和丰富的资源，想要努力将自己的生意做到更多地方，通过塑造自己的品牌提升行业影响力，这基本上就是把餐饮作为自己的终身事业来发展了。

再伟大的事业都是从买卖再到生意一步一步积累起来的，这就是三者之间的联系。不同的是，最后能在餐饮这个行业成就一番事业的人，往往都是在开始的时候就已经给自己设定好了目标，规划好了发展路径。在这个过程中可能会遇到很多曲折，经历各种变数，最终坚持下来，才能成就自己的事业。那些中途放弃了的人，对他们来讲，餐饮就只是一桩买卖和生意。

坚持长期主义，才是餐饮人制胜的根本。

比如很多人谈到海底捞的服务，说这是有钱任性，如果自己手上有钱也能搞这么好的服务。但是很多人不知道的是，张勇在四川简阳开第一家海底捞火锅店的时候，对服务的要求就和现在一样。那时候盈利很难，但他并不在意，因为他更看好的是海底捞的未来。还有贾国龙在创立西贝前也经历了很多次失败，遇到过很多挫折，面对过很多诱惑，但他没有放弃餐饮梦想，咬紧牙关，拒绝诱惑，努力坚持下来，成就了今天的西贝。

所以在做餐饮之前，你一定要想清楚餐饮对自己意味着什么。如果只是想玩一票赚一点钱就闪人，那就可以去选择快速赚钱的方法。如果要将餐饮作为自己未来的事业去做，那就应该沉下心来修炼，树立目标，然后朝着目标持之以恒地努力。

我们今天看到的很多优秀品牌背后，都是它们的创始人几十年如一日的坚持，而那些动辄两三年就加盟店遍布全国的快招品牌基本都是昙花一现，然后就迅速消失在餐饮的长河中。孰对孰错呢？可能并没有对错，关键看你怎么选择。

2.2.2　论产品：利润来自产品差价还是服务溢价？

经营餐饮靠什么赚钱？简单来说，就是把食材加工成食品，卖给顾客以赚取中间的差价。那么这中间的价值体现在哪里呢？

对很多城中村的餐饮小店以及美食城里的餐饮档口来讲，一碗面卖八九元，成本可能三四元，赚的就是加工费，用户为之买单的是老板的手艺，或者就是自己懒得去做才选择花钱买。

对一些连锁快餐店来讲，一碗面卖十五六元，成本也就三四元。同样的产品，用户为啥愿意多付这么多钱？因为这是品牌店，品牌代表着好环境、好品质，用户买的是对它的认同。这中间的价值就体现在两个方面：产品的价值和品牌的价值。

在一些城中村的火锅店，一盘菜品可能就十来块钱，因为它卖的就是产品，通过售卖菜品和汤底赚取中间微薄的利润，顾客买的是加工费，以及它所提供的便利性。如果去吃海底捞或其他连锁品牌火锅，一盘菜就得好几十元，人均得一百多元，顾客最终为之买单的，一方面是产品，更多的还是服务溢价和品牌溢价（关于品牌溢价，在本书第 11 章有详细讲解）。因为海底捞就是好服务的代表，就是品质的代表，请别人吃海底捞要比吃路边火锅更有面子。

一些西餐厅或咖啡厅的品牌溢价更高。星巴克一杯咖啡好几十元，买速溶咖啡自己冲只需要几块钱，这中间的产品溢价差了好多倍。在这些店里，顾客花钱购买的很小一部分是产品，更多的则是环境和空间。

综上来看，餐饮看似卖的是食物，实际上还包括环境、服务、品牌以及综合体验等形成的附加价值。如果你还站在菜品的层面去思考产品，那么在市场竞争中就很难突出重围。未来，餐饮行业成本会越来越高，仅靠产品加工产生利润的餐饮店是非常脆弱的，在面对市场残酷的竞争和淘汰时，首当其冲的就是这些店。

2.2.3 论关系：经营产品还是客户关系？

很多初次开店的人都有一个思维误区，他们认为只要产品做好了就不愁卖。尤其是厨师开店，很多人都是产品本位思想，认为菜做好了就不愁生意。实际上，厨师开店失败的例子比比皆是。

餐饮店看似经营的是产品，实际上经营的是客户关系。这个关系包括客户与店面的关系，客户与老板的关系，以及客户与店里员工的关系。归根结底，是客户与品牌的关系。

首先是客户与店面的关系。客户对店面的环境、菜品、氛围都很满意，就会成为店里的"回头客"，或者是因为店里搞会员充值优惠活动，就充了店里的会员。无论是动之以情，还是诱之以利，都是为了让顾客和店建立关系。关系建立起来了，还需要维护，比如遇到节假日搞活动、做会员日、给会员送福利等，都是为了提升顾客对店面的印象，好的印象能提升顾客的消费意愿和消费频次，还能将顾客发展为推广员，带来新的顾客。

其次是顾客与老板的关系。在小餐饮店里，老板就是招呼顾客的"公关大使"。在很多小店里，顾客一进去，老板就热情招呼、嘘寒问暖、端茶倒水，顾客心里一暖，自然就印象深刻了。比如抖音上比较火的"腰子姐"就是因为一句"来了老弟"吸引了很多人关注，一时间爆红网络，成了餐饮网红。一些大的餐饮店，老板可能很少直接和顾客接触，但店里的每一个细节、员工的每一个举动，都是老板思想和观念的延伸。比如一些私房餐厅，老板是个文化人，在店内装饰及物件摆放上颇费心思，如果恰好遇到了同道中人，就会和老板形成"神交"。正所谓知己难觅，顾客自然也会更加喜欢这家店。还有一些文艺气息比较浓的小店，老板在店内装饰的花草、物件，店内播放的音乐等都可能会吸引和自己有共同兴趣的人，通过这些建立起来的关系会更加牢靠。

最后是员工与顾客的关系。员工和顾客接触最多，员工的言行举止会给顾客带来影响。员工恰如其分的推销能让顾客成为会员，能提升客单价，也能完成产品推荐、服务推荐等一系列工作；员工和顾客的关系处得好，能给店里塑造好口碑，带来"回头客"；员工如果能得到足够授权，在面对一些突发事件的时候就可以迅速反应，给顾客一个满意的处理结果；员工如果能以主人翁精神面对工作，那么顾客就更容易产生宾至如归的良好体验。

相反，如果员工态度不友善，或者工作不专注，给顾客带来不好的体验，很有可能永远失去这个顾客。所以，服务人员也是餐厅产品的重要组成部分，餐厅给员工的培训激励，以及员工的薪酬体系、晋升体系等，都是塑造完美产品的重要组成部分。老板要先处理好与员工的关系，这样才能有效保持员工与顾客之间的关系。

比如，以服务周到著称的海底捞，很多顾客愿意去消费，名气是一方面，更多的可能是因为上次去时服务员特别会说话，让顾客心里高兴。再如，一些店会专门做顾客信息的汇总整理，形成顾客的数据画像，当顾客再次消费的时候，服务员就会根据顾客的消费喜好、消费习惯，给顾客做更有针对性的推荐，提升顾客的好感。菜还未上，顾客就已经很满意了，这就是餐饮经营的魅力所在。

所以，开餐饮店表面看卖的是产品，核心其实是经营与顾客之间的关系，一家餐饮旺店的核心秘密就是吸引更多忠实的顾客，顾客的认可和口碑的传播才是餐饮店的长久生存之道。

2.2.4　论利润：增量市场和存量市场的利润增长

餐饮的利润来自顾客，利润增长的途径有两个：增加顾客数量，提高客单价。

通过吸引更多的顾客来保证更多的利润，这是流量思维，也是每个新店经营的必由之路。要吸引更多顾客，就需要同时开发线上、线下多个渠道。从线上获客，可以做团购、做点评、上外卖，还可以通过自媒体引流；从线下获客，可以搞打折优惠活动，推特价产品，搞赠品赠送，还可以发传单、买广告位、发优惠券等。

渠道的成本是巨大的。做团购需要给顾客优惠价，同时还有平台抽成；做点评要买广告排名，还要花钱搞"霸王餐"活动；通过自媒体引流，成本非常高，效果还不一定明显；做外卖，高抽成让很多老板招架不住。从线下获客，做活动、发传单、买广告位、发放优惠券……每一步操作都有成本。很多新店开业时经营者都抱着不赚钱赚人气的想法，使出浑身解数吸引顾客进店。很多快餐店客单价不到 20 元，一位顾客消费后产生的利润可能只有几块钱，再加上各种营销宣传成本，几乎没剩下啥利润。

对于一家新开业的餐饮店来讲，前期做流量是有效的，因为这样才能快速让顾客知道你。对于已经经营多年的老店来讲，用存量思维去做精细化运营，深挖现有客户资源可能更加有效。根据二八定律，百分之二十的核心顾客就能创造门店百分之八十的利润，留住一位老顾客要比吸引一位新顾客容易得多，而一位老顾客能给店里带来的价值也要比一位新顾客多得多。

深度挖掘客户价值的方法有很多，这里总结一些常见的方法。

1. 做会员沉淀。通过会员充值、会员积分等方式让顾客成为你的会员，发展为会员就相当于锁定了未来的消费。再通过日常对会员的运营激活会员，提升会员的复购，这样就能让每一个客户的价值最大化。

2. 提升客单价。在消费人数不增加的情况下，增加营收的最好办法就是提升客单价。提升客单价不是简单地涨价，而是通过产品体系，通过产品结构的调整、推出套餐、增加新品、控制产品成本等行为，让顾客感觉到值得付出更多的钱，这才是关键。

3. 拓展多元化盈利模式。在传统的依靠产品盈利的基础上增加附加业务和服务，实现更加多元化的盈利模式。

首先是渠道的扩展。在堂食、外卖、团购这些渠道之外，还可以开发一些新的渠道去增加产品销售。其次是产品形态的扩展。比如很多餐厅推出了半成品菜品，顾客可以买回家吃，餐厅也可以通过电商平台去销售。最后还有经营业态的扩展。比如一些餐厅将餐饮和便利店结合起来，除了菜品，还可以销售一些生活用品，极大地丰富了店里的营收模式。

4. 做好服务，提升顾客感知度。做好服务，提升顾客的感知度，增加顾客对店面的好感，提升顾客的复购率。忠实顾客越来越多，生意就会越来越好。

2.3 如何正确选品

做餐饮的核心是做产品，所以创业初期选产品很重要。我们在市面上能见到各种餐饮项目，有一些项目在某个时间段非常火爆，到处开店，但过一两年突然就销声匿迹了；还有一些传统项目，普通又很常见，但是历经很多年依旧长盛不衰。结合不同餐饮产品的特点，我把餐饮项目分成两类：传统餐饮项目和新餐饮项目。

2.3.1　选产品：找风口赚快钱 VS 做品牌谋发展

传统餐饮项目大多是围绕不同地区的消费习惯传承下来的，比如川湘粤鲁等八大菜系，遍布全国的快餐、面食、包子、粥品、火锅、砂锅、米线等各种美食，这些项目受众广泛，发展成熟，市场竞争激烈，早已是一片红海。

新餐饮项目主要是在传统餐饮项目的基础上，结合西餐、韩餐、日料以及不同区域的美食特征融合而成的一些新的产品形态和味型，比如日式烧肉饭、泰式咖喱饭、捞粉、花甲米线、海鲜焖面等。这些在传统的美食里是没有的，算是新时代的产品，依靠特色和新鲜感能够吸引大量年轻消费群体。这些项目在市场上处于蓝海区域，受众群体不稳定，生命周期往往比较短暂，一般也就三到五年，消费者的新鲜感没了，项目也就从市场退出了，然后再过几年又会以一种新的姿态重新登场。

新餐饮项目和传统餐饮项目之间主要是赚快钱和赚慢钱的区别。选择新餐饮项目就要不断地追赶风口，属于追风式创业，赚的是快钱。选择传统餐饮项目则属于稳扎稳打式创业，追求的是长远价值，赚的是慢钱。

如果开店的目的是快速赚到钱，然后再谋求其他发展，正如我们前面提到的，只是将它作为一桩买卖和生意来投资，那就可以选择新餐饮项目。选择风口浪尖上最火的项目，快速进入市场，快速发展扩张赚钱，在项目过气之前迅速撤退，然后再寻找新的风口。一般来说，这类项目的生命周期也就几年时间，比如在西安市场上，冒菜、麻辣烫、涮菜、砂锅、串串这些，基本上几年就是一个轮回，还有花甲米线、海鲜焖面、烤鱼饭等也都是阶段性的发展项目。在上述品类里，我们很少见到长久不衰的品牌，大多是昙花一现，发展几年就会销声匿迹。

如果创业的目的是开创一份事业，做出一个长久不衰的品牌，那就应该从传统项目入手。传统项目虽然市场接近饱和，看似机会很小，但市场广阔，顾客认知度高，不需要太多的市场培育成本，只要能够推陈出新，就依旧有机会。比如陕西的凉皮夹馍，尽管早有魏家凉皮、袁记肉夹馍、古城樊氏等品牌，但依旧不妨碍西少爷、大师兄等品牌在陕西以外的市场崛起。

对比一下最早的几个互联网餐饮品牌伏牛堂（现已改名为霸蛮）、西少爷、黄太吉、雕爷牛腩，霸蛮和西少爷做的是传统餐饮品类，只是在传统的米粉和凉皮夹馍基础上加入了新的思维，塑造了新的品牌认知，所以在市场上都获得了不错的发展；而黄太吉和雕爷牛腩，看似做的也是传统的煎饼果子和中餐，但实际上它们只是借了传统的壳，其产品更像是"异类"，这就注定了它们只能成为火爆一时的网红现象级产品，因为市场既需要新鲜感，同时也需要新鲜劲过去以后回归理性的消费体验。十几块钱的西少爷肉夹馍是完全在用户认知之内的，但十几块钱的煎饼果子就让大多数人望而止步了。

2.3.2　选区域：区域称王 VS 全国扩张

从影响范围来看，餐饮品牌可以分为全国性品牌和区域性品牌，餐饮产品也可以分为全国性产品和区域性产品。创业的最终目标是在区域内称王还是在全国范围扩张，和产品的选择有非常密切的关系。

全国性产品在全国范围都有深层的消费认知，比如快餐、水饺、火锅、粥品、炸鸡汉堡之类的产品。区域性产品主要是一些地方特色产品，比如全国各地的特色小吃，大多是以某个地区为最盛，然后逐步走向全国。

仔细研究那些在全国范围有名气的品牌就会发现，它们的产品基本上都是全国性产品，因为这样才有更大的受众基础，才能支撑起品牌的扩张和发展。那些主打区域特色的品牌，很少有走向全国的。比如武汉的蔡林记，陕西的老孙家、贾永信等，都是当地人耳熟能详的品牌，却始终没能冲出本地走向全国。因为地方特色产品决定了它的受众以当地人为主，放到全国范围内，顾客群体相对较小，这就会影响品牌的扩张和发展。

初次创业的人容易犯的一个错误是：想把自己家乡的某个特色小吃打造成全国有名的品牌，最后发现本地人尽皆知的产品到了外地就无人问津了。

所以产品品类的选择会影响发展战略。如果你想做一个能够走向全国的品牌，那么最好将产品定位为全国性产品，这样更利于品牌的传播和扩张。如果你想在某个区域内称王，那么就可以选择这个区域最有代表性的产品去做，在这个区域将市场打透，最后形成自己的竞争壁垒。

2.3.3　选品牌：自主创业 VS 加盟品牌

很多创业者在选项目时会有这样一个困惑：应该自主去做，还是选择一个成熟的品牌去加盟？

要搞清楚这个问题，先要清楚加盟品牌有什么优势，以及如何去做加盟品牌评估。

自己做最大的好处可能就是省钱，省了加盟费用，能够最大化地节约成本。但是，如果你自己不懂技术、不懂经营，可能在很多方面都要交学费。从选址到装修，从产品味道到定价，从人员招募到培训，从团队管理到宣传营销，每一个环节都需要自己去摸索。

加盟品牌等于花钱买经验，让自己的创业之路起步更加平稳，相当于站在巨人的肩膀上远眺。加盟一个品牌至少能够得到 3 个方面的利好。

1. 产品技术。产品是做餐饮的核心，一个品牌如果能在市场上开出多家门店、做出影响力，首先证明它的产品是经过市场检验的，它的产品制作技术和加工标准就是加盟商能获得的最大财富。

2. 品牌优势。加盟主要是为了加盟品牌，如果一个品牌能够拥有市场影响力，带来品牌溢价，拥有自带流量的优势，加盟商就可以通过它走上营销的捷径。

3. 经验优势。成功的品牌是走过很多弯路才总结出一套方法论的，这些都是花钱买来的经验，加盟品牌等于一次性收获如此多的经验，相当于走了捷径，为自己省去了花学费"躺坑"的过程。

以上 3 点其实也是选择加盟时判断加盟品牌是否靠谱的关键。如果一个品牌不能给加盟者带来产品标准化技术、品牌溢价而形成的宣传红利以及经营管理的经验优势，那它可能就是想割韭菜。

第3章

餐饮创业的十种模式

如果是初入行做餐饮，还不知道做什么，可以看看本章内容。笔者结合对餐饮行业的观察和分析，总结了餐饮创业的十种模式，供大家参考。

3.1　个人摆摊：个人创业简洁模式

摆摊是很多人创业的第一步，尤其对于没有任何行业经验、缺少启动资金的创业者来说，摆摊是试错成本最低的选项。在地铁口、办公区附近以及社区门口摆早餐摊或夜市摊，别看生意小，做好了照样赚钱。我之前认识一个摆摊卖煎饼的，在一个城中村的村口摆摊，每天从早上开始卖 5 个小时，一年赚二三十万元。西安龙首村夜市以前有个做熏肉大饼的，每天夜市出摊，摊前总是排起长队，一个小推车一年赚了上百万元。

摆摊除了成本低之外，还有一个优势就是经营灵活。一个项目不赚钱可以马上换个项目卷土重来，这个过程不但能锻炼一个人对市场的敏感度，还能积累操作经验和资金，为日后生意做大做强打基础。现在长沙爆火的文和友，其创始人文宾也是靠摆摊一步一步做起来的。他在做了很多小吃摊之后，积累了资金，也积累了小吃品牌运作经验，所以才有了今天的小吃聚合品牌文和友。

大多数摆摊的人希望将来可以自己开独立的门店。很多现在规模很大的连锁品牌，也是靠摆摊起家的。比如西安的地方特色快餐第一连锁品牌魏家凉皮，其创始人最早就是在大学南路摆地摊的，摆了 3 年地摊才有了第一家门店，也才有了后来全国连锁的魏家凉皮。

摆摊能否赚钱主要取决于做什么项目，在什么地方摆以及是否有恒心。很多人摆几天歇几天，干着干着就疲惫了。做生意没有恒心是不行的，正所谓"无恒心者无恒产"，如果决定要摆摊，就要努力成为"摊中之王"。摆摊也需要有使命和愿景，有了愿景的驱动，才有可能将一个路边摊做成像文和友那样的超级巨无霸。

3.2　夫妻店：创业起步首选赚钱模式

在小区周边、城中村以及各种三级街道上，最多的就是夫妻店。夫妻店

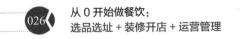
不仅仅指两口子开店，也包括一家人或与朋友一起开店等。只要是自己开店自己经营，自己给自己打工，我都把它归为夫妻店这一类。

夫妻店一般开在社区、学校或写字楼周边，主要解决顾客的一日三餐问题。因为满足的都是顾客的刚性需求，虽然利润小，但复购率很高，做得好也是很赚钱的。我住的小区门口有家冒菜店，店面不大，但每天一到饭点生意很好，夫妻两人经营了十多年，听说在西安买了好几套房。

赚钱的夫妻店面积不需要太大，一般五六十平方米即可，但是要干净卫生。产品不需要太复杂，不需要太新颖，大众化产品、味道好、品质稳定即可。不需要过度服务，随和一点，态度真诚即可。也不需要什么宣传和优惠，只要每天按时营业，忙时和闲时一个样，顾客不需要时不会去打扰，顾客需要时永远都在……一家夫妻店能做到这些，基本上就可以稳定赚钱了。

为什么很多人自己开店不赚钱？那是因为他们太"聪明"了。这些人一个店还没开好就想做甩手掌柜，整天想着研究顾客心理搞营销套路，想着找工厂买半成品来节省成本，想着吸引别人加盟轻松赚加盟费……抱着这些想法经营夫妻店，生意一般都很难做好。夫妻店适合我们常说的"笨人"去做，诚心诚意、踏实经营、用心做饭，日积月累自然就有了"回头客"。夫妻店的经营方式就是把一件简单的事重复一万遍，通过不断筛选去沉淀那些属于自己的忠实顾客。这就属于自管花开模式——我只做好自己该做的，剩下的事交给顾客和市场。

夫妻店就是自己给自己打工，有时候赚得挺多，也相对自由。这种模式是餐饮行业最稳的赚钱方式，但大多数人忍受不了这样的寂寞，想快速火爆、快速成功、快速用更轻松的方式赚到大钱。所以那些想法太多的人折腾了一圈黯然离场，最后留下那些能日复一日坚持下来的人，成了最后的受益者。

夫妻店如果做得好，可以做成直营连锁，也可以走加盟路线，无论怎样，只要生意做大了，未来自然就更值得期待了。

3.3　团餐档口店：个人创业练手模式

"团膳"这个概念对于很多人来说可能比较生疏，简单理解就是食堂和餐厅，包括学校食堂、企事业单位食堂。团餐档口和外边的各种美食城档口，这些都是值得初入行的餐饮创业者首选的好项目。

食堂和美食城档口最大的优势就是不缺客源，而且客源非常精准，一般以学生和上班族为主，基本都是年轻人。很多餐厅还有业态限制，在内部形成了一个垄断经营的竞争环境，这对创业者来说无疑是好事情。

这样的经商环境对创业者来说简直如同温室，所以我经常劝初入行的创业者先做美食城或学校档口，等积累了产品制作及经营经验以后再投资开实体店，毕竟做档口的投资是非常小的。现在一般的档口都采取抽成方式，设备公司会提供大件，创业者只需要准备日常使用的工具和设备即可，总体算下来投资非常小，三四万块钱就可以开一家稳定赚钱的店，这在当下的餐饮市场应该算是风险系数最小的创业项目了。

做这种生意不需要选择太有特色的项目，做传统的大众化项目就可以。想把生意做好，需要把握好以下 3 个原则。

1. 物美价廉。产品要实惠，味道要好，无论学生还是上班族，一顿日常餐的性价比对他们来说还是很重要的。偶尔吃一顿大餐，贵一点没啥，但每天的餐食还是需要好吃又实惠的。

2. 速度要快。去食堂和美食城吃饭的人时间有限，餐厅每天的饭口时间也比较短，所以速度就等于收入，想要卖得多就得速度快。况且，也没人愿意在充斥着油烟味儿的嘈杂环境中待太久，都想赶紧吃完早早离开，所以提升效率对提升顾客满意度很有效。为啥餐厅里的快餐都卖得好，就是因为快餐的快速和便捷。

3. 服务要好。这种生意还需要什么服务？档口的服务主要体现在对客人的态度上。态度和蔼一点，送点免费的汤，赠点免费的小菜，吃完再送一张餐巾纸，相信很多人愿意经常来你这里吃饭。

食堂和美食城档口比较适合个人创业，相对路边摊要稳定一些，做得好的话，赚钱绝不比路边摊少。档口经营得好，再开实体店，就能离成功更进一步。

3.4　私房餐厅：小众模式赚大钱

私房餐厅这个模式很早就存在了，不同的是以前经营私房餐厅要靠老板的人脉去启动，后期主要靠口碑去维护。现在有了短视频平台、点评团购平台以及各类自媒体导购平台助力，私房餐厅获取流量的途径和方式更多了。现在的年轻消费者比较青睐那种有格调的、相对隐蔽的小店，这样的店有一种神秘感，拍照发朋友圈也显得更有品位。

无论在什么时候，私房餐厅要想长久发展，最终还是得靠特色和口碑。顾客去这些地方吃饭，要的就是新鲜的体验，如果不能给顾客带来惊喜和新鲜感，就很难形成复购和传播。

私房餐厅适合做客单价稍高、产品比较有特色的项目，不适合太大众化的餐饮。西安有一个私房餐厅主打创意菜和江湖菜，开在写字楼里边，店很小，但经营模式非常棒，连年上必吃榜，开了不少分店，成为很多年轻人争相打卡的网红店。

私房餐厅适合那些有一定餐厅经营经验、有大量人脉资源，同时又有营销头脑、懂得如何做好私域流量的个人和团队去做。很多人不懂餐饮，只是想着投资小就盲目地把店开到了写字楼里面，结果败得很惨。

除此以外，你以为私房餐厅就是单纯靠卖菜赚钱？其实这里面学问很大。很多卖酒卖烟卖茶卖古玩字画的都在借助私房餐厅做生意，因为餐厅是个场景极强、顾客黏性极强、复购极强的场所，餐饮只是提供一个社交场景，延伸出来的社交之外的内容可能才是真正的生意。

我认识一个老板，他主要借助私房餐厅搞共享经济。他的餐厅里所有的摆件、装饰物、字画、酒水、茶水和器皿都是产品，都有对应的商家，整个店就像是一个众筹起来的"超市"。来店里消费的人，看上任何东西都可以直接购买，也可以加入会员对接产品和业务需求。通过一家吃饭的餐厅也可以扩展自己的生意，如此一来这家小店的盈利模式就非常多了，可以深度连接每一个前来就餐的顾客。在未来，私房餐厅这个概念能延伸出无限的想象力，有这方面资源和经验的餐饮人可以关注这种模式。

3.5　纯外卖店：思维决定出路

外卖市场的火爆让很多人发现了商机。很多人看好纯外卖模式，因为它投资小，收益大。在外卖刚兴起、平台管控没那么严格的时候，很多人在城中村租一套民房改造成厨房，同样的产品多挂几个店铺，哪个账号下单就换哪个包装，一个小厨房 3 个平台开 9 个店，一个店铺一天 200 多单，全天下来就是 2000 多单，轻松超越大部分中餐厅和快餐店。

虽然现在平台管控严格了，一个营业执照只能开一家店，但开外卖店算下来还是要比开实体店投资小得多，三五万块钱就能开一个店。

然而，你以为店开了就有订单吗？当然没这么简单。外卖平台的核心是流量，流量掌控在平台手中，想要有单量就得花钱买流量。有流量还得会用，所以运营也很关键。做好运营层面能让顾客下单，但想留住客户，靠的还是产品和服务。

外卖的产品和服务完全不同于堂食，也不同于零售，而是结合堂食与零售思维于一体的新物种。所以纯外卖店看似简单，实则不易，再加上激烈的竞争和厮杀，早已成了一片红海。

纯外卖店怎么赚钱？核心点有 4 个：

（1）研究平台的流量规则，学会如何有效地花钱买流量。

（2）研究平台的运营套路，懂得如何做好精细化运营，提升顾客体验。

（3）研究客群习惯，围绕客群做产品和服务，和顾客建立联系和互动，让顾客时刻保持新鲜感。

（4）懂得薄利多销，通过量的积累降低成本，实现利润的增加。

当然，想靠一家纯外卖店赚到钱是很难的，最终还得依靠规模取胜，因为规模化经营会提升整体竞争力，同时能降低成本和边际成本。所以，纯外卖店看似投资小，实则是小店多开，靠规模赚钱。如果能想明白其中的道理，那么通过好思路就能带来新出路了。

3.6　外卖加盟店：选择大于努力

任何行业都有一群先吃到红利的人以及一大群想要追随的人。有需求就有市场，从新冠肺炎疫情发生前到现在，餐饮行业最火的非纯外卖品牌加盟莫属。我一个朋友的公司在去年七月做一个纯外卖项目，到年底已经发展了500 多家加盟店，公司规模和营收增长了好几倍。

如果想做外卖但又不懂，加盟个品牌能赚钱吗？经常有人问这个问题。加盟能赚钱，当然也有可能被割韭菜，关键在于如何选择、如何去做。

结合我们对诸多外卖品牌的研究分析，我总结了考察一个纯外卖品牌是否值得加盟的 4 个关键因素。

1. 看品牌门店规模。 公司开了多少店？其中有多少是直营店？直营店和加盟店的比例是多少？最重要的是，靠着门店的规模效应，加盟商是否可以从品牌处拿到价格更低的产品原料？是否有更高的毛利？如果加盟品牌算下来的成本比自己做还高，当然不值得推荐。

2. 看品牌影响力。 品牌影响力是否足够大，有一个很关键的参考点是看品牌和平台的关系，看加盟品牌签约平台时能否获得更低的点位。比如，正常自己开店扣 25 个点，很多连锁品牌可以低至十几个点。如果一个品牌没有这方面的议价权，那就说明品牌影响力还不够，这种情况下就需要再考虑考虑。

影响力大的品牌在平台上也会自带流量，能减少加盟商的宣传成本，通过品牌影响力增加产品的信任背书，吸引更多人购买。如果一个品牌做不到这些，那么所谓的品牌就只是一个招牌而已，不值得花钱去加盟。

3. 看品牌的代运营能力。 外卖竞争的核心不是产品能力，而是线上运营能力。运营能力体现在是否了解平台规则，是否懂得运营的细节和技巧。好的外卖品牌都是公司团队直接帮加盟商做代运营的，加盟商只需要负责做好产品和服务就可以。如果品牌方完全不管加盟商如何做线上运营，或者只是教加盟商如何投广告买流量，那这样的品牌就有待商榷了。

4. 看公司的产品研发能力。 外卖平台顾客的吃腻周期是很短的，很容易喜新厌旧，所以产品要定期更新，延长顾客的吃腻周期，这时候就要看品牌方能提供什么样的解决方案了。产品的更新迭代能力也是考量品牌实力的重要指标。能否定期上新品，能否给予加盟商更多的产品方面的支撑，这是考察一个外卖品牌的重要因素。如果一个品牌只能提供给加盟商一个固定菜单，或者口头承诺会有新品却看不到东西，那这样的品牌产品后期多数是有问题的，应当慎重考虑。

通过以上四点，基本就可以判断一个纯外卖品牌是否值得加盟。

至于加盟外卖品牌该选什么项目，这个涉及的维度就比较多了，比如所在区域的经济发展状况、品类细化状况、选择的开店位置、周边客群构成、当地的消费水平、产品的易配送度、产品口感的流失度等，这些都是需要考量的因素，要结合各方面情况综合考虑。

3.7　自创品牌：从门牌到品牌

现在越来越多的年轻人想打造自己的品牌，这一趋势带火了设计行业。我身边有不少做其他行业设计的朋友这几年都转行做餐饮设计，因为这个行业需求太旺盛了。

为什么会发生这样的变化？因为很多人对品牌的理解仅仅停留在一套标准化 VI 以及好看、有个性的环境上。要知道，这些是做品牌的第一步，但不是全部。要打造自己的品牌，至少要先完成以下三步工作。

第一步，要让自己的门店在形象上看上去像个品牌。这一步大多数创业者都能做到，无论是模仿大牌，还是发挥自己天马行空的想象，现在年轻人开店对环境打造还是足够重视的。能意识到门店形象的重要性，在这个颜值当道的时代先把门店硬件搞好，算是做好了吸引消费者注意的基本功。

第二步，要完善品牌的内核。包括要清晰品牌定位，塑造差异化，做好管理运营及产品的标准化，通过这些给顾客带来始终如一的产品和服务。同时还要让自己的门店摆脱经验主义，能够使用科学系统的方法运营管理。

第三步，要学会扩张和宣传。通过门店数量的扩张以及品牌宣传推广提升品牌市场占有率，让更多消费者知道你、认可你。总之一句话：形象做得再好，没有人知道你，充其量只是一块招牌，只有更多顾客知道和认可你，你才是品牌。

3.8　特许经营：直营模式的延伸

餐饮行业加盟模式有很多种，下面说说最靠谱的也是大多数连锁大品牌都在用的一种模式——特许经营。

特许经营是相对比较靠谱的，因为它基本算是直营模式的延伸。很多只做直营的品牌发展到一定规模后，资金、资源、精力等各方面的限制会影响品牌扩张的速度，速度和规模又会直接影响品牌的竞争力和商业模式，所以特许经营就成了一种扩张的新模式。

特许经营的合作方式：门店由合作方去开发和投资，管理经营由公司统一来做。比如，百胜中国就可以算是百胜全球的超级加盟商，加盟肯德基这类的品牌，加盟商更像是店面的投资人，除了拿钱和分钱之外，其他与经营相关的事都是公司统一来操作。目前国内很多大的一线品牌都在用特许经营模式扩张，比如陕西的魏家凉皮、北京的西少爷，还有麦当劳、德克士等。

相比海底捞、西贝、喜茶、奈雪这样的直营品牌，特许经营模式给很多手上有资金有资源的人入行餐饮提供了机会。餐饮市场今时不同往日，直营模式对人力、物力、财力要求很高，品牌要面临的竞争与威胁也越来越多。在这个合伙制时代，品牌与资本和资源的结合成了品牌快速立足市场的重要方式之一。比如陕西有一家快餐企业，因为和某地产商合作，门店的扩张速度非常快，一来资金充足，二来可以拿到很多独家旺铺，这都为品牌发展提供了便利。

如果资金实力雄厚，加盟一个一线品牌，成为其特许经营合伙人，也是很好的投资模式，毕竟大品牌的可信赖度会更高一些，收入自然也会更有保障。

3.9　加盟品牌：做赚快钱的追风者

在选择加盟品牌的过程中，可能会遇到两类品牌：一类是传统的餐饮加盟品牌，另一类是新兴的快招品牌。

传统的餐饮连锁加盟指的是品牌做到了一定规模、整个经营模式成熟之后，公司授权一部分加盟商来参与，公司提供品牌、产品以及经营模式，加盟商经过系统培训学习后自己独立经营门店。国内很多做得比较大的品牌都是用这种模式扩张，比如麻辣烫界的杨国福和张亮、火锅界的小龙坎和大龙燚，还有茶饮领域的书亦烧仙草、蜜雪冰城等。

这些品牌一般做的都是传统生意，这些生意有一个共同特点：品类可以经久不衰，品牌生命周期比较长。无论是杨国福、张亮，还是蜜雪冰城、正新鸡排，都是深耕多年的餐饮品牌，其产品和模式经过市场的反复验证，相对来说各方面都更加成熟。

加盟这类品牌的优势：品牌相对成熟，市场影响力大，经营风险小。当然也有缺点：一个是加盟费用和加盟门槛高，不符合条件可能会被拒绝；二是项目比较传统，属于长期深耕的项目，想赚快钱不容易。加盟这类项目，只要有恒心，能够选好位置并坚持下去，是能够赚到钱的。

传统的餐饮连锁加盟品牌属于"学而优则仕"，也就是说自己做得非常成熟了才敢拿出来跟别人分享，指导别人去赚钱。但是因为品牌生长周期太过漫长，不满足很多人快速赚钱的要求，所以就催生了一些快招品牌及快招公司。

快招公司就是一个公司有很多品牌，每一个都被包装得很"厉害"，快招品牌就是快招公司孵化出来的项目，公司自己搞一两家门店，甚至没有直营门店，通过快速宣传包装拿出来做加盟收加盟费。好的快招项目一年可以达到别人十几年达不到的目标，正是因为这样，快招模式在餐饮行业才备受青睐。我认识不少快招公司老板，其公司增长基本都是火箭级的，一个项目一年放不出三五百家加盟店都不好意思拿出来宣传，要知道三五百家店一年给公司带来的可是千万元级别的收入。

快招项目最大的特点就是选择市场上最火爆和流行的项目，刀下见菜，立竿见影，符合很多人快速赚钱的期望。

加盟快招品牌的人往往也是想走捷径的人。这些人一方面想快速赚到钱，收回投资成本，另一方面也是想做自己的品牌而又不愿意自己开个夫妻店去慢慢摸索，所以都想着加盟一个别人的品牌学学经验和套路，等学会以后再做自己的品牌。很多人正是因为这样的心理，所以才掉入快招的"坑"。我们经常说容易被快招品牌割韭菜的都是聪明人，笨人都是搞个夫妻店自己摸索，哪有那么多钱去加盟。很多人之所以愿意当韭菜被收割，是因为他们想成为割韭菜的人，这也是所有韭菜成长的必经之路。

加盟快招就是追风口，每个风口都很短暂，所以要快速反应，不断切换赛道，在品类火爆的时候迅速进入，等到品类进入衰退期时迅速撤离。如果不能紧随风口，那么就会成为风停以后摔下来的"猪"。

3.10　手工制作：收年轻人的智商税

最后一种赚钱的模式就是手工制作模式。在这个一切都追求工厂化标准出品的时代，最原始的、手工制作的、极具个性的产品反而成了稀缺品，所以手工制作成为广受追捧的新方向。

关于手工制作，传统的方式是通过社群和自媒体先宣传自己，塑造匠心的人设，然后通过个人 IP 做产品带货实现盈利。比如公众号里的各路美食大 V，朋友圈里的各路匠人，这些人和做私房餐厅的人区别在于他们连餐厅都没有，就是有手艺，凭借手艺通过社群和朋友圈兜售产品。

短视频的兴起让这种模式来了个大升级，像李子柒、日食记、美食台这样的算是比较成功的大 IP 了，短视频平台上还有各种流量大 V 都是通过内容吸引人，然后通过产品去变现。

手工制作的产品是否比工厂加工的产品更好，这点我们不得而知，但可以肯定的是，按照食品法规来看，前者绝对属于"三无"食品，看起来更像是在收年轻人的"智商税"。

对很多标准化很强的产品来讲，这种模式是缺乏优势的，但对于一些个性化需求明显的产品，这种模式就能凸显其天然优势。比如蛋糕，个人手工制作这种模式是非常适合的，因为它可以提供蛋糕工厂之外的新的样式和创意。再比如蜂蜜、秘制辣酱、自酿粮食酒等产品，也可以通过原材料和加工工艺做出差异化，塑造出工厂不可比拟的独特优势，这些产品也比较适合用这种方式来做。

总之，在未来，年轻人的消费趋势就是追求个性化，厌恶千篇一律，手工制作这种方式的市场会越来越大。如果能结合短视频等新媒体方式打造出个人 IP，相信通过这条路实现个人价值变现也会成为一个热门的创业项目。

以上就是在餐饮市场可以实现盈利的十种创业模式。在餐饮行业有条价值链：直营的品牌价值要大于加盟的，传统加盟的品牌价值要大于快招品牌的，自己开店的价值要大于做档口生意的，做档口生意的价值要大于摆摊的……每个人都想创造出伟大的品牌，但每个人都需要先迈出第一步。无论做什么，关键在于你所做的是否适合你自己，每一个领域都能够孕育平凡，也可以铸就伟大。

选址是成败的关键

  说到开店，让大多数人头疼的就是选址。合适的商铺的确太难找，你能想到的好地方基本都是一铺难求而那些等着出租的铺子通常又都在无人问津的偏僻角落，根本没有什么人流量。

  有铺出租的人能把自己的铺子夸上天，真真假假分不清楚，初次进入这个行业的餐饮人一不留神就会在选址上犯错误。选址一旦失误，就会影响整个生意。

4.1　餐饮选址的重要性

首先，选址能决定一家店的生死。我们经常会看到很多商铺在频繁地换老板，经营品类从中餐到西餐，从快餐到休闲餐，人换了一个又一个，店开了一拨又一拨，但就是没有一个能成功。究其原因，这个地方可能根本不适合做餐饮，谁在这里做都是死路一条。所以我们经常说，做餐饮一旦选址做好了，基本上就等于踏入成功的门槛了。选址失误了，后期就要在运营和营销上花费大量的人力物力，而且效果还不一定理想。

其次，选址能够定输赢。我有一个做餐饮的朋友，开了六家店，其中有两家一直在赚钱，有两家一直在赔钱，赔了一年以后他终于选择把那两家赔钱的店关了。后来我们聊起关店的原因，他说啥都没有错，就是地方没选好。同样的品牌，同样的产品，他甚至把公司最好的厨师和管理团队都放在了这两家店，但最后还是难以改变赔钱的事实。所以，输还是赢，或许在选址的那一刻就已经注定了。

为什么选址这么重要呢？因为很多人还不太清楚选址的本质意义是什么。我结合自己最近几年开店选址的经验，把选址的作用概括为以下四点。

4.1.1　选址就是选客流

一提到选址，大部分人的第一反应就是要找人多的地方。选人多的地方没错，毕竟客流量就是生意的保障。所以学校门口、商业中心、车站附近、超市门口等通常都是餐饮人的必争之地。

但是，在实际开店过程中你就会发现，并不是所有的餐饮品类都适合在客流最多的地方开店，就比如我们很少见到开在十字路口临街的火锅店，但临街的十字路口又深受快餐品牌的青睐，这是因为不同的店对客流的定义不一样。

客流分为显性客流和隐性客流。很多地方一眼就能看出来人多，比如说火车站，你随时去看都是人山人海，这就是显性客流。也有一些地方的客流量是不容易看出来的，比如说靠近郊区的新兴办公区，因为正处于开发阶段，周边没啥商业，所以会呈现出衰败的景象，但是到了饭点，人都出来吃饭了，一瞬间就人满为患了，这就是隐性客流。

显性客流大的地方往往租金比较高，因为商铺供不应求。这些地方成本高、投入大，适合那些比较有实力的，或者吸客能力比较强的品类和品牌。这样的地方对于成熟的餐饮品牌和餐饮店来说是再好不过的，因为它们具有强大的经营能力和丰富的运营经验，能够最大化地抓住客户资源。比较小众化的、影响力不够大的品牌，如果在火车站、商业中心这些地方开店，面临的竞争压力就会比较大。

隐性客流大的地方一般都远离核心区域，因为客流不稳定，往往容易被忽视，但是这些地方的前期投资成本相对比较低，所以投资风险比较小。对于比较成熟的餐饮品牌来说，这些地方往往都不在它们的首选范围之内，因为它们更倾向于有客流保障的地方，以便更好地保证投入产出比。对餐饮新人来说，这往往就是捡漏的机会。毕竟自身在产品、经营能力等方面都还不够成熟，与其在核心商圈面对最强大的竞争对手，让自己命悬一线，还不如避开对手，在这些隐性客流比较大的地方蓄势待发，说不定这些地方未来也能发展成为新的区域中心。

所以我一般会给餐饮老板这样的选址建议：成熟的餐饮人和餐饮店，如果人力、物力、财力都能达到，还是尽可能寻找人流量更大、顾客群体更加稳定的地方，因为投资越大选址越要谨慎。而对于初入行的餐饮新人来说，第一家店建议避开核心商圈的核心位置，而是在那些客群潜力大的地方寻找机会，一来可以降低投资风险，二来可以避免和最强大的竞争对手正面冲突。餐饮新人可以在这个过程中好好积累经验，等到时机成熟以后再谋求更大的发展。

4.1.2　选址就是定客群

产品面向的消费群体不同，市场定位不同，区域位置不同，消费者构成也不一样。所以，开店选址的过程其实也是寻找客户群体、做客群定位的过程。

比如豆浆、油条、豆腐脑等传统的早点项目，其客户群体中可能中老年人会更多一些，那么一般选址就应该偏向于社区店，离住宅区近一些，更加方便这些顾客就餐。连锁的包子铺、放心早餐等早点项目面向的顾客群体主要是年轻的上班族，他们的时间比较紧张，不能坐下来慢慢吃，大多选择外带，这些店选址就会更加靠近公交站牌、地铁口以及办公区。

在定客群时有非常重要的一步，就是研究消费场景。在选址之前一定要先梳理自己的产品，明确自己的客户群体，然后在具体的销售场景里寻找答案。你的顾客是谁？他会在什么场景下购买你的产品？想清楚之后你就知道你的店该开在什么地方了。比如你卖的是饮品，那么你的顾客就是年轻人，年轻人买饮品的场景是这样的：逛街逛累了，找个地方休息一下，顺便喝点东西。那么，饮品店就要开在商场或者步行街附近，你要是把店开在车来车往的大马路旁，谁会来买呢？如果把饮品店开在菜市场或者小区门口，你能勾勒出消费场景吗？

4.1.3　选址就是选商圈

很多城市的商圈演变都是这样一个脉络：最开始最繁华的商业都集中在市中心，市中心就是最大的商圈。然后慢慢地，由市中心逐渐分裂成各个区域中心，根据发展的先后会形成新的商业中心和新的区域中心。随着城市的不断扩张，这些区域中心又开始分裂成各种小的二级区域中心，新的商业综合体不断出现，老的商圈不断衰退。最后，形成了零零散散的、大小不一的、新旧交替的商圈分布状况。

比如，西安最早的商业都集中在市中心，也就是钟楼附近，最早形成了钟楼商圈和大雁塔商圈。以前人们只要说出去逛，不管东南西北，都会直奔钟楼或大雁塔。后来，逐渐形成了不同的区域中心，比如北郊的龙首商圈、南郊的小寨商圈、东边的康复路、西边的鱼化寨等。然后，再分散到更北的大明宫万达、南郊的阳光新天地和长安广场，以及东边的立丰国际等，形成分散的区域中心。

不同类型的商圈有不同的特点，清楚地了解这些特点有助于更好地做选址预判，因为商圈的演变和店铺未来的命运是密切相关的。我总结了不同商圈的特点，在选址时可以作为参考。

1. 刚兴起的商圈。一般都需要几年的培养期，选这些商圈时要考虑自己的财务承受能力以及将来的发展规划。

2. 传统的老商圈。一般都处于衰退期，选择时就要考虑这些商圈衰退的速度，计算自己的回本周期，根据数据确定在这里开店有没有胜算、能不能赚钱。

3. 正当红的商圈。一般是餐饮领域的必争之地，大品牌具有各种得天独厚的优势，餐饮新人们只能眼巴巴看着。即使有机会参与，也要认真审视敌我力量，算一算自己有没有赚钱的把握。

4.1.4 选址就是选方向

对于大的餐饮品牌来说，选址都是应该放在战略层面考虑的问题，因为选址策略直接影响品牌的发展方向。

举一个大家都熟悉的例子——德克士。早期的德克士跟着肯德基、麦当劳，在一二线城市布局门店，店面开在一流商圈，直接正面竞争。后来发现竞争力不够，发展遇到了问题，于是重新做了品牌梳理和定位，将主要发展目标调整到了二三线城市。在这些城市深耕多年，有了一定的品牌和经验积累之后，如今的德克士又开始进入一线城市攻城略地。德克士走的就是一条由"城市包围农村"到"农村包围城市"的路子。它的选址定位就决定了它的发展方向。

我们经常会看到一些品牌明知不赚钱却依旧不惜花天价去拿下某些核心位置的商铺，这就是由它的发展方向决定的。很多做连锁加盟招商的品牌开旗舰店都是为了做品牌宣传、品牌展示，塑造品牌的价值感。所以，先有方向，再去选址。

不过话说回来，方向也不是由创始人拍脑门决定的，而是要根据自身的运营能力、管理经验、资源配置、团队配置、供应链以及产品特征来决定。

最近几年，餐饮人都在讲定位，其实选址本身就是一个找定位的过程。结合前面几点来讲，选择什么样的商圈、人流量的大小、选择哪一个顾客群体、群体的消费能力和消费水平等，这些都是由品牌定位和产品定位决定的。定位越精准，选址目标越明确。

所以，要选址先定位。在选址之前先思考这些问题：你想卖什么？在什么样的场景里？卖给谁？卖多少钱？你的竞争对手是谁？他们是怎样做的？

和他们相比你的竞争优势是什么？你的竞争对手是怎样选址的？当你把这些问题想清楚的时候，自然就知道自己该选什么样的地方开店了。

4.2　六种常见的商铺类型分析

在选址时很多人都会面对这样的困惑:
● 究竟应该在什么地方选址？
● 有个临街商铺，有个商场商铺，选择哪个更好？
● 街边店怎么去考察？社区店怎么去考察？
困惑的原因是对商铺类型不够了解。不同类型的商铺有不同的特点，在做选择时需要考核的因素也不一样。所以在选址之前要先学习各种商铺的相关知识。我总结了以下 6 种常见的商铺类型。

4.2.1　街边店

提起选址，很多人第一反应就是在大街上转悠，看看有没有张贴出租或者转让信息的、临街的这种位于城市道路两边的店铺，即街边店。城市道路一般分一级街道、二级街道、三级街道……比如图 4-1 所示的西安小寨附近的城市道路分布情况。

图 4-1　西安小寨附近城市道路分布图

　　图中，位于左侧的南北方向的朱雀大街和位于右侧的南北方向的长安路都属于城市主干道，也就是一级街道。小寨西路、兴善寺街属于二级街道。小寨西路再往里边的小巷子就是三级街道了。

　　一级街道：一级街道就是主干道。主干道上车流量、人流量大，展示机会多。对品牌店来说，在主干道开店，一个店面就是一个活的广告牌，不仅可以服务进店客人，还可以展示给来来往往的人看，加深潜在顾客对品牌的印象。

　　主干道的缺点是人、车都很难停驻，看着门前车水马龙，但是进店就餐的比例非常小。我们做过数据统计，主干道是所有街道里顾客进店比例最小的。当然，我说的不是进店人数，而是进店比例。毕竟主干道的客流量比较大，总体来说进店人数还是比较多的，要不然为什么那么多品牌愿意花重金在这些地方开店呢。主干道的租金比较高，所以选择在主干道上开店的大多是比较有实力的餐饮品牌连锁店。

　　在考察位于主干道的店铺时需要注意，在车道较多的主干道上，中间如果有栅栏或隔离带，这就相当于做的是半边生意。在选址考察时，对面的人流量就应该划分到考虑范围之外，而根据单面的人流量来计算投资预期。

　　二级街道：二级街道通常是连接一级街道的。二级街道上往往人比车多，各类商业布局也比较多，停车方便，人的活动也比较频繁，所以在二级街道做餐饮有得天独厚的优势。

　　从投资角度来说，二级街道的租金相对来说更低一些，餐饮店喜欢扎堆往这里开，容易形成美食街或美食区，具有规模效应，更容易吸引周边就餐人群。

　　二级街道的客流通常由固定客流和流动客流两部分构成。在考察二级街道情况时，要先观察一级街道的客流量以及客流方向，推算出固定客流与流动客流的比例。还要观察周边的商业布局，比如有没有商场、居民区、办公区等，要分析周边人群的属性与顾客来源，从而判断投资风险。

　　二级街道因为受人群的流动方向影响，往往会形成阴阳两面，店铺所处的方向和位置都会影响生意的好坏。至于具体的判断和选择办法，稍后我们会有专门的章节来讲，这里不再多说。

　　三级街道：三级街道一般是连接二级街道和居民区、城中村、写字楼等的街道。这些街道的小餐饮布局比较多，因为成本最低。这些街道更靠近居民区、商业体、写字楼等，所以基本都是固定客群。根据周边的业态属性、竞争对手以及人口数量，很容易推算投入产出比。

在三级街道开店，优势是成本低，劣势是竞争激烈，因此要在产品定位上突出特色与性价比，这样才会更有竞争优势。

不同于一级街道和二级街道的是，三级街道尤其是连接居民区和城中村的街道，通常都会有一个生死分界点。在这个点之前的店铺都很繁荣，人也很多，而在这个点之后的店铺和人都会比较少。

生死分界点的存在和人的习惯有关，一般人都会从街道往进走，边走边看然后做选择。大多数人走到某一个点的时候就会选择折返，或者就近找个地方就餐，一是不想再走了，二是担心前边没啥吃的白跑一趟。这个点就是生死分界点。在一条存在生死分界点的街道选址，要尽量选在分界点之前。

关于三种街道类型的对比，见表 4-1。

表 4-1　三种街道对比

关键项目	一级街道	二级街道	三级街道
租金成本	最高	中等	最低
总客流量	最大	中等	最小
车流量	最多	中等	最少
客流构成	大部分为流动客群	流动客群及固定客群	固定客群居多
阴阳面	不明显	最明显	不明显
生死分界点	没有	没有	有
适合的业态	大品牌、形象店	客单价较高的特色餐饮	价格适中的小餐饮
竞争优势	主要靠品牌影响力和实力	主要靠产品特色、服务和装修	主要靠性价比

一句话总结一下街边店的选址核心：一级街道比品牌，二级街道比特色，三级街道比性价比。选择在什么样的街道开店，主要看你的产品和店铺发展到了哪个阶段，以及你的产品和品牌的属性和定位。

4.2.2　社区店

社区店是指在一些大型社区内部的商业街、步行街以及社区配套的商铺里开的店。根据周边用户的不同属性，社区店又可以分为住宅小区的社区店和办公区附近的社区店。

住宅小区附近的店铺一般早餐和晚餐时人比较多，因为周内白天人都出去上班了，所以午餐时段人会相对比较少。周末则相反，午餐时段相对来说人多一些，晚上人会比较少，因为周末人都出来逛了。所以在住宅区附近开店，生意主要集中在周内的早餐和晚餐时段以及周末的早餐和午餐时段。

办公区附近的店铺早餐和午餐是重点。周内晚上下班后大多数人会选择回家吃饭，所以晚上人比较少。周末不上班，总体人都会比较少，所以办公区附近的餐饮店主要抓周内的早餐和午餐。

在办公区附近开店，以经营工作餐为主。除此之外，在一些办公比较集中的商务区，开中餐店、定位商务宴请也是不错的选择。

选择开社区店，一定要做好用户定位和产品定位，根据顾客的消费习惯以及消费时段进行合适的选址定位。比如，住宅区附近通常以家庭消费为主，因此可以聚焦家常菜，做好菜品味道和服务，做好口碑营销。再比如像串串、烧烤等项目，一般都是以夜宵为主，在这个时间段人基本上都回家了，所以社区周边就是最好的消费场所。相反，如果做饮品和潮流单品，社区可能就没有那么大的优势了。

4.2.3　购物中心店

近几年，随着线下其他实体行业式微，餐饮逐渐成为购物中心的主力。在人的日常吃喝玩乐等消费行为中，吃是最重要的一个环节。购物中心一般都集吃喝玩乐等各种业态于一体，可以给消费者提供一站式服务，解决从物质到精神的不同层次的需求。在城市中，购物中心已经成为大众从家到公司两点一线之外的第三活动场所，成为超级聚客平台。正是因为这些，越来越多的餐饮品牌选择将店开进购物中心，将购物中心作为选址的核心。

对于餐饮店来说，选择在购物中心开店有一些明显的优势。

首先，大型购物中心一般都会专门开辟餐饮区，并进行统一招商和管理，容易形成规模，吸引年轻人前来消费。

其次，一些比较成熟的购物中心都会请专业营销公司或者搭建营销部门来做统一的营销宣传，这在很大程度上能为餐饮店解决营销及客流问题。

最后，购物中心本身环境好、业态丰富、吸客能力强，深受年轻人喜爱，对于提升餐饮品牌影响力和品牌形象具有非常重要的作用。

对餐饮品牌来说，进入购物中心就相当于是傍大款，购物中心就是品牌餐饮的天堂。

然而，对于小餐饮店来说，进驻购物中心的弊端可能会更大一些。

1. 小餐饮进驻购物中心难度大。购物中心招商时一般比较青睐品牌餐饮。大的餐饮品牌进驻购物中心，在位置、租金、物业等各方面都会享受特殊待遇。稍有影响力的购物中心通常不会考虑没有知名度的品牌，对于那些还没有做出品牌的小餐饮店来说，想进入购物中心更是难上加难。

2. 购物中心的成本比较高。购物中心除了租金比较高之外，对装修及硬件软件设施的要求也比较高，小餐饮如果没有一定的资金实力，想在购物中心开店会面临非常大的资金压力。

3. 没有特色和影响力将很难存活。很多人以为进了购物中心就等于有了流量保障，实际上不是这样的。购物中心里的餐饮店依旧是"几家欢喜几家愁"。在购物中心里，日常的快餐根本行不通，必须要有特色才能存活。产品特色、环境特色、服务特色等因素在这里都会被无限放大，如果做不到位就只能被市场淘汰。现在很多购物中心还有末位淘汰制，如果不能在竞争中获胜，无论你做得好与坏，等待你的都会是出局的命运。

4. 购物中心本身也有很多局限性。首先是营业时间有限制，在购物中心开店，必须在其正常的营业时间内经营。其次是不同时间段的差异比较明显，一般来说周末会比周内人多，因为大多数人周末才有时间出来逛，晚上要比中午人多，节假日会比平常人多。

所以，针对小餐饮店选址，我的建议是不妨将进购物中心视作一个长期的目标来努力，前期各方面准备还不够成熟，先别考虑进购物中心。可以找其他更适合自己的位置，等走稳了第一步再去计划下一步。

4.2.4 城中村店

很多一线城市可能已经没有城中村这个概念了，但在二三线城市，城中村依旧是小餐饮的天堂。尤其是在西安、成都这样以小吃著称的城市，城中村里的小食店、路边摊在很大程度上代表了整个城市的美食文化。在西安，一些比较有名的城中村，比如鱼化寨、三爻、龙首村等，遍地都是小餐饮店，这里是餐饮人的天堂，也是餐饮人的灾难。

城中村开店的优势在于，相对成本比较低，试错成本比较低，同时选址困难也比较小，地方很容易找。

在城中村开店的劣势是竞争压力大。首先，竞争对手众多，城中村里的餐饮项目同质化严重，顾客选择也多，所以想留住客人很难，没有"两把刷子"还真的生存不下去。其次，城中村的消费一般都比较低，所以主要的竞争方式就是打价格战，如果想靠特色去占领市场，往往会在竞争中处于非常被动的位置，因此一些客单价比较高的品类在这里很难存活。例如，不管是主打正宗还是好吃的品牌火锅，在这里可能都干不过 19 元自助小火锅。

如果餐饮新人刚入行准备找地方练手，那么城中村是个不错的选择。如果想做品牌，谋求大的发展，就不建议在这里厮杀了。

4.2.5　校园店

很多高校都会有配套的餐饮区、美食街或者对外承包的食堂等，同时在高校周边也会有美食街或者美食区，我们把这些主要为学生群体服务的店称为校园店。在高校附近开店，客源是不愁的，上万人的高校，没有哪里会比这儿有更多年轻人了，很多人挤破脑袋想进校园或者在学校周边开店，基本都是冲着这一点来的。

校园店的优势有三点。第一，客群定位非常精准，消费者基本都是年轻人，他们的口味以及消费习惯很容易把握。第二，客群非常稳定，除非受学校搬迁等因素影响，一般客流量不会有太大变化。第三，用户数量大，一般学校少则三五千人，多则上万人，尤其是一些高等院校，学生一直在学校，校园店要解决学生一日三餐的消费需求，市场巨大。

校园店也有很多弊端。一是经营时间短，除去寒假、暑假和周末，一年的实际营业时间不到十个月。二是价格低。一般校园内餐饮直接的竞争对手就是学校食堂，学校食堂因为有学校补贴所以价格比较低，在学校附近开店，也只能参考校内的价格，不可能高出太多。

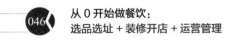

4.2.6　景区店

在餐饮选址时，还有一些特殊的区域，比如车站、旅游景点、高速服务区等，我把开在这些地方的餐饮店统称为景区店。

这些地方的特殊性就在于占据着巨大的流量，拥有得天独厚的条件。景区店的经营和传统餐饮做"回头客"的观念是相悖的，因为这些地方基本全是流动人群，所以方便和快捷是顾客最主要的诉求点。

提到旅游景区、服务区、车站的饭，我们通常的感受是又贵又难吃。不用做太好吃还能卖高价，赚到钱，这就是景区店吸引餐饮人的原因所在。不过现在有很多大品牌已经逐渐意识到景区店对品牌的推动意义，所以像麦当劳这样的大餐饮品牌也开始在旅游景区做市场布局了。

对小餐饮来说，如果有机会在景区开店，快餐无疑是首选，如果能在口味和品质上再做创新和突破，将会有更大的发展机会。

第5章

商铺选址七步骤

在开店的各种不容易中，找店可能要占据一大半。从信息搜集到商圈评估、客流评估、位置评估，从物业条件评估、人文条件评估到店铺签约，选址要经过这样七步骤才算大功告成。

5.1 第一步：寻找商铺信息

寻找商铺信息的途径很多，可以分为四大类：线下人工筛选、线上互联网选址、找参考对象法以及借助身边的资源。具体的找铺方法和途径，我总结了以下 12 种。

1. 找人多的地方扫街

选址方法千千万，最简单的不过一招，那就是去人多的地方扫街，这也是最常用的办法。

扫街的一般步骤：首先要先确定哪里人比较多，把这些地方罗列出来，然后再筛选符合自己定位的重点区域，制订详细的扫街计划，比如哪些地方应该中午去，哪些地方应该晚上去，哪些地方应该周末去，哪些地方应该周内去，确定之后剩下的就是具体的执行和落实了。

好地方是可遇不可求的，只有多转多看才能提升成功的概率。例如我们曾经选到过一个不错的商铺，刚开始本来看的是附近另外一个商铺，但那个商铺位置不太好，我们不是很满意，于是派了好几个选址人员继续在周边观察，结果刚好碰到这家店铺准备转让，而这个位置正是我们理想中的位置，所以当场就确定下来了。这就是人们常说的"踏破铁鞋无觅处，得来全不费工夫"。

2. 找熟人推荐

很多地方我们不了解具体情况，而且个人精力有限，很难将所有情况都考虑到，所以找熟人推荐是一个行之有效的方法，毕竟最了解一个地方的还是生活在其中的人。找熟人推荐能帮我们缩减不少观察的时间，避免我们走弯路，同时也能拓宽我们找店的渠道。

找熟人推荐需要谨记的一点是，朋友的建议只能作为参考，毕竟每个人观察的角度不一样，究竟适不适合开店还需要站在专业的角度来考察和衡量，不能因为对朋友的信任而失去客观判断能力，将店铺的命运押在一个自己并不真正了解的地方。

3. 白天蹲点测人流量

最真实的情况都在现场。选址最重要的一个环节是实地考察。实地考察需要提前准备好纸和笔以及相关的统计表格。考察的内容分三个方面。

一是看人流。找到店铺所在街道的主要路口分头把守，然后统计不同时间段的人流情况。统计时间至少包含早、中、晚三个时间段，包含饭点和非饭点，还要包含周内和周末等不同的情况。根据自己的产品属性做有针对性的内容统计。同时还要统计同一时间周边不同地点的人流量，确定人群的活动轨迹，作为选址参考。

比如开砂锅店，主要客群是年轻人，尤其是女性群体，那么统计内容就要包括同一时间段内经过的总人数、年轻人的数量，以及年轻女性的数量。将各个方向的人数做汇总，再根据转换率就能估算出大概的客流情况了。

二是看进店率。第二项就是看进店率。通常的做法就是找周边和自己品类相同或近似的餐饮店做参考，统计饭点的客流情况，推算全天的营业状况。

统计方法：点餐看小票单号，数座位数，观察上桌率，估算顾客平均就餐时间，计算翻台率等。很多店里的小票是按顺序打印的，那么根据单号就能直接估算出客流量。有的店里没有小票或者票上没有编号，那就需要根据座位数、就餐时间、上桌率、翻台率来测算客流量。计算公式：

$$营业额=客流量×客单价$$

$$客流量=座位数×翻台率×上座率$$

$$翻台率=饭点总时长/平均每个顾客就餐时长$$

上座率=同一时间段就餐人数/总座位数（多算几个时间点，然后取平均值）

多找几家类似的店观察计算，大概就能算出周边店面的营业状况，对这个地方的整体情况也就有了大概了解。

三是看周边。如果所在的地方是美食街，那就找生意最好和最差的店做对比分析，看看消费群体都是哪些人，消费习惯怎么样。如果所在地方不是吃饭集中的地方，那就观察饭点时人的流动方向，看看所考察店铺在不在人群活动的范围之内。

例如，我之前在一个小区观察一个地方，周边小区很多，入住率也非常高，店铺就在小区正门口，可是饭点时没啥人，我百思不得其解。后来我发现小区的另一个侧门出去是一条餐饮街，吃饭的人都聚集在那里。所以，看地方一定要多了解周边情况。

4. 晚上蹲点查看入住率

在社区选址不能只看楼盘多少，还要考虑入住率。很多社区看着楼盘很多，但是入住率不高，这样的地方选址时还是要谨慎考虑的。

了解一个小区的入住率，最基本的方法就是去物业咨询，还有一个直观的办法就是晚上去蹲点，根据楼栋亮灯的数量来判断入住情况。还可以根据周边的夜市来看，一般人多的地方夜市摆小摊的会比较多。很多新开的小区，在入住率还不是特别高的时候，晚上去观察可能收获会比白天更大。

5. 根据周边其他生活设施推测客流

一个地方的人流量还可以根据周边的一些生活设施来推测。

一是城市公共自行车停车点的分布。我们在选址的时候发现了一个现象，就是社区人流量与门口的公共自行车车桩的数量是成正比的，人流量大的社区，自行车停车桩也相对比较多。

二是共享单车的流动方向。一般在社区周边，晚上共享单车的数量是最多的，而在办公区附近，白天共享单车的数量是最多的。晚上社区门口共享单车的数量也能在某种程度上反映人流量。当然这个也和其他因素相关，比如说社区距离地铁站和公交站的远近，以及社区周边的交通状况，包括很多社区对单车的限制。这个方法仅可作为参考。

三是观察卖菜的和卖面的。通常来说，卖鲜面条和卖蔬菜的店比较多，而且生意比较好的地方，做快餐和小吃都不具备优势。因为周边居民自己买菜回家做饭的概率比较大，在外消费频次就会比较低。

6. 巧用地图软件选址

（1）用地图搜索关键词锁定区域。如果你不知道在哪里开店合适，可以看看你的同行们更喜欢在哪里开店。打开手机地图，搜索关键词就可以看到相关的店铺位置，得到一张店铺分布图。比如说我要开砂锅店，那么我在百度地图里搜索砂锅店，就能看到西安砂锅店分布图，如图 5-1 所示。

在这张图上，根据圆点的数量就能判断出哪一块人比较多，砂锅店布局比较紧密，那么在这些区域选址可能机会就更大。

（2）用热力地图查看人流量分布。在百度地图手机版上有一个地图选项，这是热力地图。打开热力地图按钮，你就能看到所选区域的实时热力图，无

论是大范围还是小范围都能检测得到。例如我查看的图 5-2 是西安地区的热
力图以及中贸广场商圈的热力图。

图 5-1　西安砂锅店分布图

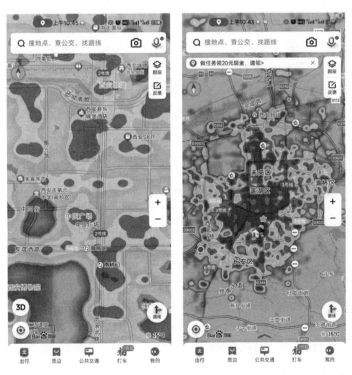

图 5-2　西安地区的热力图（左）以及中贸广场商圈（右）的热力图

从图 5-2 左图我们很明显就可以看到颜色比较深的地方分别是小寨、中贸广场、钟楼、黄雁村、高新区、电子正街等，这些都是人数比较多的大商圈，我们通过颜色的深浅就能很直观地看到哪里人多、哪里人少。

在选址时，我们可以利用热力图作一个有力的参考。例如图 5-2 右图就是西安中贸广场附近的热力图，通过颜色深浅就能很清晰地看到哪里人更多。

（3）用地图做区域分析。选择一个地方之前，可以先在地图上了解这个地方的周边情况，例如附近有没有小区、学校、写字楼等。尤其在面对一个我们不熟悉的地方时，使用地图是最方便的考察方式。

例如图 5-3，这是我在百度搜索凤城二路得到的结果，图上可以很清晰地看到附近的写字楼、商场以及住宅区的分布。这就是地图的好处，即便你远在千里之外，也可以通过地图搜索很轻易地了解到一个地方周边的基本情况。

图 5-3　西安凤城二路地图截图

7. 利用团购外卖 App 选址

选址不光要看位置，还要对比竞争对手做综合分析。确定一个区域之前，不妨先在大众点评、美团或者其他外卖 App 上了解一下周边的餐饮情况。

（1）判断周边人气高低。选择周边品类相同或相近的店，通过点评网站上的评论人数及签到人数、美团上的店面团购人数、外卖 App 上的月销量这三个数据，就可以大概了解它的整体经营状况如何。再多对比几家店的数据，大致就可以清楚周边的整体人气。

（2）**了解周边人均消费状况**。了解周边店铺的团购以及外卖价格，再对比其他地方同类型的店铺价格，基本上就能知道这一地方的人均消费水平了。当然，线上的判断只是一个预判断，实际情况还要结合线下的实地考察结果做综合分析。

（3）**了解周边餐饮店的经营状况**。寻找周边做得比较好的店铺，最好是品类相同的店铺，通过点评、团购及外卖等来分析其经营状况。首先是销量高低；其次是顾客评价，包括环境、口味、服务三个维度的评分状况。分析对手的经营状况，做到知己知彼，从而制订相应的竞争方案。

8. 通过生活类找铺网站选址

寻找店铺出租转让等信息最常用的就是一些生活类网站，例如 58 同城、赶集网、百姓网等。一般店铺出租或转让，老板都会选择在网上发布信息。在这些网站上，根据你的区域要求、面积大小、租金水平，就能快速地检索到符合条件的店铺。把这些信息整理好，再逐个筛选，最后剩下的就可以作为下一步实地考察的对象。

9. 通过垂直类找铺网站选址

除了生活类网站，还有一些垂直领域的找铺网站也能够用得上。比如一些本地论坛里会有房产板块，一些转店的第三方中介公司也有自己的网站，在这些网站上也能找到很多有价值的信息。

此外，可以和第三方中介公司的人多接触，加他们的微信或 QQ，他们时常也会分享一些免费的店铺资料，或者在朋友圈、微信群里发布一些铺源信息，从这里边也可以筛选对自己有用的信息。

10. 通过微信小程序、豆瓣等社交平台选址

还有很多社交软件会提供信息沟通和交流的功能，例如微信群、本地微信小程序、豆瓣小组、百度贴吧、本地论坛、QQ 群等，这些都可以成为找店铺的有效工具。

11. 通过找参考对象选址法

当你不清楚什么位置更适合自己时，也可以采取寻找参考对象的方法去选址，寻找参考对象的方法也有很多。

（1）**参考行业内的大品牌**。当你对一个区域的位置情况不太了解的时候，最好的办法就是参考行业内的大餐饮品牌。比如说一个地方附近有肯德基和

麦当劳，或者像魏家凉皮这样的大型连锁品牌，那在这个地方开快餐店应该还是很不错的。

很多大品牌都有专门的市场调研机构做选址的区域位置评估，他们的一家店面开起来少则上百万元，多则上千万元，所以他们在选址时肯定是要慎重评估的。大品牌选择开店的地方，在人流量、后期发展潜力等各方面肯定都是有保障的，所以开在这些品牌店面附近的铺子一般来说问题都不会很大。

当然这个也要结合实际情况来客观看待，有很多新兴的购物中心为了快速完成招商，常常会主动邀请大牌餐饮免费入驻，给他们免租金，甚至还给品牌方装修补贴，为的就是借助大牌的名气来吸引更多商家。我们在选址的时候也要防止这种情况。

（2）参考大型超市。 像人人乐、华润万家这样的大型超市，基本都是周边居民的生活核心区。选址如果能靠近这些商超，也就等于接近了周边居民的生活核心，更加靠近消费者，在客流量、曝光度上都会更有保障。因此，在选址的时候跟着这些超市走也是不错的办法。

（3）参考你的直接竞争对手。 还有一个最直接的参考对象就是你的竞争对手。当然，竞争对手一定要选同品类里的老大，比如说做肉夹馍店那就参考袁记，开凉皮店就参考魏家，做火锅就参考海底捞。参考竞争对手有以下两种方式。

一是正向参考，也就是所谓的"抱大腿"。竞争对手在哪儿开店你就在哪儿开店，利用他们的影响力带动你的客源，前提是你的产品和他们的产品相比更有竞争优势和核心竞争力。

二是反向参考。如果你没有明显的竞争优势，那就尽量避开他们的店，选择他们尚未布局的空白区域开拓市场，等时机成熟再和行业老大正面交锋。

（4）参考客群相同的其他品类店铺。 有时候一些非餐饮类的店铺也可以成为我们选址时的参考对象，尤其是当我们要做一些客群小众化的餐饮品类的时候。

比如说，我们的店铺产品针对的主要是女性群体，那么选址时就可以参考化妆品店、饰品店、服装店比较多的地方，因为他们的顾客也都是以女性为主。

再比如，我们主做健身餐、减肥餐、营养餐，那么选址时就可以将一些健身房或者瑜伽馆作为参考，因为我们的产品针对的用户群体也集中在这里。

12. 借助身边资源选址

对一些品牌餐饮来讲，选址是一件长期的工作，在日常工作中要学会利用好身边的各种资源，因为这些资源都可能转化成有效的店铺信息。我总结了以下两大类。

（1）**利用好供应商资源**。生意好不好谁最清楚？自然是供货商。如果你的供货商的客户范围比较广，那么他们大概会掌握一些大数据和市场动向，比如什么地方开店的人生意普遍比较好，什么地方平时配货量特别少，这些意见都可以成为你选址时的参考。

再如什么品类好做，什么品类难做，菜市场卖菜的可能比你更清楚。因为他们的客户所涉及的品类很丰富，谁买菜多谁买菜少他们都非常清楚，时间长了也就了解得差不多了。所以，只要留心，处处都是学问。

当然，来自这些渠道的信息只能作为选址时的一个参考，绝不能作为决策的依据，毕竟这些意见都带着个人的主观倾向。最好能多找一些人、多了解一些情况，那样可能距离真相就更近了。

（2）**利用好餐饮服务商资源**。还有一些不能忽视的资源就是做团购和外卖的业务员，推销支付设备的人、推销酒水饮料的人、推销收银系统的人、送水送煤气的人、送外卖盒饭的送餐员，他们的客户遍布整个城市，对于哪个区域的店铺比较稳定、哪个区域的餐饮店生意比较好也都非常清楚，多和这些人聊一聊，对你选址也会有很大的帮助。

比如，你想开一家外卖店，选定一个区域之后，你可以先找周边的送餐员打听情况，了解周边的外卖店都开在啥地方，哪些生意好哪些生意差，做外卖有哪些事情要注意，因为在外卖领域他们是和消费者距离最近的人。我认识一个人，最早是一个美团外卖站的站长，干了几年之后积累了丰富的经验，出来自己做外卖，生意做得非常棒。

总之，选址是一件很烦琐的事情，也是开店中最重要的环节之一，选址定输赢，所以在选址时一定要谨慎，使出浑身解数，通过各个维度验证，最后再确定最合适的位置。

5.2 第二步：商圈环境评估

获取了有效的商铺信息后，接下来就要对这些位置进行评估。评估一个商铺是否适合开店，首先要看它所处的大环境，也就是我们要说的商圈评估。

做商圈评估之前，先要了解常见的商圈有哪些，以及它们各自的特征是什么。我通过表 5-1 将常见的商圈做了归类。

表 5-1　常见商圈归类表

商圈类型	商圈特征
商业区	此类型区域为商业集中区，流动人口多，商店林立，顾客的消费特点是快速、流行、娱乐、冲动购买，消费能力比较强，是连锁品牌拓展的主要方向
办公区	此类型区域办公大楼林立，消费特点是便利、外食人口多、消费水平较高等
住宅区	此类型区域户数较多，人口密集，消费特点是消费者稳定、消费习惯固定，要求便利性和亲切感，家庭用品购买率高，是连锁品牌后期发展的目标区域之一
文教区	此类型区域附近有大、中、小学校等，文教区消费群以学生居多，消费金额不高，但食品、文教用品购买率高，也是连锁品牌后期发展的目标区域之一
混合区	商住混合、住教混合。混合区具备单一商圈形态的消费特色，具有多元化的消费习性
待开发区	商圈知名度不高，集客能力弱，但是有发展潜力，要关注此类型区域的发展，待时机成熟迅速进入

通过对比我们就能发现，商圈类型决定了商铺类型，商铺类型和经营品类又有着非常密切的关系，所以商圈环境的考核也是决定一个项目是否适合的关键。

在评估一个商圈时需要考核的因素有很多，从商圈规模到商圈发展历史，再到商圈经营的品类特色、交通状况等，都需要逐一考核。其中商圈环境考核以及竞争对手考核是做商圈评估的重点。在做商圈环境评估时需要用到如表 5-2 所示的商圈环境评估表格，如表 5-3 所示的商圈竞争对手调研表。

表 5-2　商圈环境评估表

商圈名称			所属城市		
地址					
商圈环境	商圈类型	□商业区　□办公区　□住宅区　□混合区　□待开发区			
	商圈概况	商圈形成时间：____年　商圈面积：_____平方米 商圈入口：__个　具体规划内容：_____			
	经营特色	商圈主体行业： 商圈消费定位：			
	商圈内的知名品牌	超市品牌：_____ 品牌定位：□地方性　□全国品牌　□国际品牌 肯德基：□有__家　　□无 麦当劳：□有__家　　□无 其他知名品牌：_____ 品牌定位：□地方性　□全国品牌　□国际品牌			
	交通情况	商圈内道路	□城市主干道　□城市支干道　□步行街 具体描述：宽____米，___个入口，其他_____		
		停车设施	汽车停车处：□商圈道路可停靠　□商圈道路可停靠，要收费 □会拖吊　□有___个停车位　□无停车场		
			电动车及摩托车停车处：□可停靠　□可停靠，要收费　□无		
			自行车停车处：□可停　□可停，要收费　□无		
		途径公交线路	公交车站：□有___个公交站点　□无公交站 公交线路：商圈途经的公交线路有___条		
	商圈租金	商圈核心区域租金____元 RMB/ 日　商圈次区域租金____元 RMB/ 日　商圈边缘区域租金____元 RMB/ 日			
	营业时间	商圈平均营业时间：_____			
人员状况	商圈日集客量				
	人均消费水平				
竞争情况	餐饮店数量	便利店数量：___家　便利店名称：_____			
	食品专卖店	参照"商圈竞争对手调研表"			
填写时间		填写人		主管审核	总经理审批

表 5-3　商圈竞争对手调研表

店名			建筑面积		实用面积	
地理位置						
经营年限		店面人数		月租金	月营业额	
经营内容						
服务特色						
宣传特色						
装修特点						
仓储状况	□店内有仓储，面积____平方米　　□店内无仓储					
店面外观及店面装修照片						
（附照片）						
填写时间		填写人		主管审核	总经理审批	

在做商圈评估时，最重要的一点是确定该商圈中有哪些重要的销售推动。重要的销售推动指那些能吸引客流或者成为聚客点的场所。购物中心、写字楼、车站、医院、学校、体育馆、娱乐场所、超市大卖场等这些都是常见的能够成为重要销售推动的场所，在做商圈评估时，这些地方要作为考核的重点。

5.3　第三步：客流评估

客流是做选址评估的重点，因为客流量大小是影响生意好坏最直接的因素，也是最关键的因素之一。

一个门店最直接的客流就是经过门店的客流，间接的客流包括门店所在商圈的客流。从商圈内的总人数，到最后进店消费的顾客数，这中间存在很多影响客流的因素，我把这个称之为门店流量漏斗，如图 5-4 所示。

在这个过程中，每一个环节影响客流量的因素都不相同，在做客流评估时一定要清楚客流受什么因素影响，如表 5-4 所示，要清楚其中哪些是可控的，哪些是不可控的。尤其是那些后期不可控的因素，在做选址评估时一定要考虑进去，这样才能避免犯错误。

图 5-4　餐饮门店流量漏斗

表 5-4　流量转化各环节影响客流因素汇总表

流量漏斗环节	影响客流的因素
商圈总人数——店址附近人数	有无重要的销售推动点
店址附近人数——动线内的人数	客流的动线马路宽度，有无隔离栏，周边的聚客点与汇客点位置
动线内的人数——潜在顾客人数	选址定位是否清晰，产品定位是否准确，价格定位是否适合
潜在顾客人数——从门店经过的客流	门店位置　客流动线　营销宣传
从门店经过的客流——被门店吸引到的客流	门店设计　门店展示效果　门店营销
被门店吸引到的客流——进店消费的客流	门店活动　门店产品　门店经营策略

在做客流评估时，一个非常重要的环节就是做客流量统计。做客流量统计有两种方法，一种是直接统计，另一种是间接测算。

直接做客流量统计的方法分两种：全日采点法和时段采点法。

一般像早餐店、中餐店、快餐店等品类，就餐高峰期主要集中在部分时间段，因此可以采用时段采点法，比如：

● 中午饭口和晚上饭口的客流量统计对比

● 周内和周末的客流量统计对比

● 持续几天观察后的数据综合对比

一般来说，早餐店客流量主要集中在 6:00—11:00，中餐店和快餐店客流量最高的时段在午餐时段 11:00—14:00 及晚餐时段 17:00—21:00，如果店里还供应下午茶的话，那就再增加时段 14:00—17:00。通过时段采点做客流统计之后，最后得出一个综合的数据，才能决定这个地方是否适合。而且，统计的次数越多，得出的结果越精准。

如果是咖啡、面包烘焙等行业，那就要采用全日采点法。因为在这些品类中，顾客进店消费的时间并不集中，所以就应该做全天的客流统计。在统计时要分别统计周内和周末的客流情况，再做综合对比。

在做直接的客流统计时，还要考虑到空间因素的影响。比如，如果街道是四个车道以上或中间有栅栏，一般只需要统计门口来往的客流量，而不需要考虑对面的客流量；如果沿街是单车道，那就要统计道路两边的客流量；对于转角位置的店铺，要统计两侧的来往客流量；对于转角位置并且两侧都是单车道的店铺，要统计两侧的客流量；店铺如果位于岔路口，那么就要分别统计每条路上的客流量。

同时我们在做统计时，还要考虑客流的流动方向。客流如果是单向流动，只统计单向客流；如果是双向移动，两个方向的客流都要统计。

做客流量统计要保证数据客观、真实、可靠。要深入现场观察，并结合表 5-5 所示客流量统计表如实记录。

表 5-5　客流量统计表（计量单位：人）

商圈名称																						
流量	星期一		星期二		星期三		星期四		星期五		合计		星期六		星期日		合计		节假日	
时间段	人流量	车流量	人流量	车流量	人流量	车流量	人流量	车流量	人流量	车流量	人流量	车流量	人流量	车流量	人流量	车流量	人流量	车流量	人流量	车流量
9:00—11:00																				
11:00—13:00																				
13:00—15:00																				
15:00—17:00																				
17:00—19:00																				

续表

商圈名称																			
流量 时间段	星期一		星期二		星期三		星期四		星期五		合计		星期六		星期日		合计		节假日	
	人流量	车流量	人流量	车流量	人流量	车流量	人流量	车流量	人流量	车流量	人流量	车流量	人流量	车流量	人流量	车流量	人流量	车流量	人流量	车流量
19:00—21:00																				
合计																				

主管核实与意见		填表人	
		填表时间	

备注

1. 周一至周五为一个阶段，周末为一个阶段，要保证每个阶段都有抽样数据。商品评估的时间内含有节假日的，节假日必须抽样统计；

2. 每个单位时间段内的（　　）人/半小时或者（　　）车/半小时，乘以 4，然后再加上每个时间段的抽样数据作为该商圈的日集客数量

　　除了做直接的客流量统计之外，还可以通过其他途径做间接的客流量测算。我总结了 5 种测算客流量的方法。

　　1. 找周边和自己客群接近的店面，测算其客流量。方法有很多，可以在店里蹲点统计，也可以根据店里小票的单号数来推算。

　　2. 测算平均客流量。在测算客流量时，如果想了解周边商圈内商家的整体客流量情况，可以分别测算周边生意最好的几家店以及生意最差的几家店，计算出平均客流量。

　　3. 根据线上推测线下。使用团购、点评、外卖等餐饮平台，根据线上商家的销售数据就可以推算出店面的大概经营状况。对比周边店铺的线上平台数据，也能大概了解周边的总体情况。

　　4. 根据座位数及翻台率测算客流量。观察饭点的长短以及顾客平均就餐时间长短，测算翻台率，根据店里的座位数就可以推测出全天客流量。

　　5. 以周边其他业态或公共设施做参考。比如共享单车的数量，公共自行车停车点的数量等。一般来说早上共享单车比较多的地方大都在住宅区附近，因为早上客流量比较大，这些地方更适合做早餐。中午共享单车多的地方多在办公区附近，这些地方白天客流量大，更适合做快餐和工作餐。

5.4 第四步：位置评估

在了解完商圈以后，就要着手考察店铺在商圈中所处的位置了。在选铺时我们经常会听到别人推荐所谓的黄金旺铺，要搞清什么是黄金旺铺，就要先了解常见的店铺位置类型。

常见的店铺位置有四种，分别是金角位置、银边位置、草肚皮位置、死角位置，具体如图 5-5 所示。

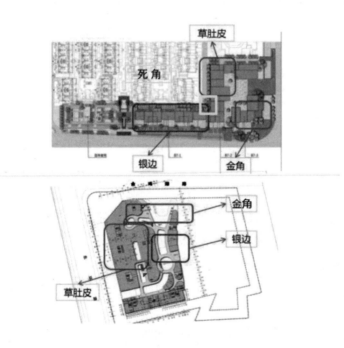

图 5-5　常见店铺位置示意图

金角位置是指街道的交界和拐角处的位置。金角位置占据了好几个面，可以汇聚多个方向的人流，展示面大，曝光度高，是品牌商家的必争之地。金角位置同时也是成本最高的，对小餐饮创业者来说，这样的机会要慎重对待。如果产品和品牌没有足够的吸引力，即使选择了这样的位置，经营压力也会非常大。

银边位置是指街道两端处于人流进入端口的位置，也是刚进入街道的顾客首先会注意到、有时间高密度停留的地方。因为距离金角不算远，所以银边的作用就是借力，能借助金角的优势吸引到更多的客流。银边位置的成本仅次于金角位置，相比而言更适合小餐饮店铺，性价比更高。

草肚皮位置是指街道中间部分的位置，这些位置更加靠里，因为金角位置和银边位置的店铺已经分了很大一部分客流，所以这些地方相对来说客流会比较少，在这些地方经营就需要依赖特色的产品或服务，吸引"回头客"。

死角位置是指完全在顾客视线之外、很难被主动看到的位置，这些地方相对来说成本比较低，但是获客难度也比较大。在这些地方开店，就需要完全依赖特色产品或服务来做客户留存，重点培养"回头客"。店铺开在这样的位置，如果产品特色不够、运营做得不突出，就很难存活。

以上四种类型是根据店铺所处的街道位置划分的。在进行位置评估时，除了根据店铺位置类型判断之外，还要掌握一些基本的评估原则。我结合多年的选址经验，总结了评估商铺位置的六大原则。

1. 离聚客点越近越好。聚客点就是那些能够吸引客流的商业体或者业态，比如购物中心、超市、大型卖场、学校、医院、车站等。这些地方都是一个区域中最繁华的位置，越靠近这些位置，客流量越大，越适合开店做生意。所以，当我们判断一个位置好与坏时，要先看它是否在一个聚客点附近，或者看它周边有没有能够吸引客流的业态。

2. 靠右行的原则。选择临街的商铺时，我们要谨记一个原则，就是行人车辆都习惯靠右行，如图 5-6 所示，这是学校到住宅区要经过的一个街道，早上学生由住宅到学校，靠右行就是靠近 A 的一面行走，那么 A 位置做早餐就很适合。下午学生由学校到住宅，靠右行就是靠近 B 的一面行走，那么 B 位置做午餐和晚餐就比较好。

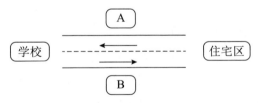

图 5-6　学校住宅区客流示意图

3. 扎堆原则。我们经常会看到各种各样的美食一条街、夜市一条街、餐饮街等。做餐饮的人都喜欢在这样的地方开店，因为餐饮选址就要选择餐饮气氛浓厚的地方，扎堆的好处就是周边吃饭的人都习惯了，一到饭点都来这里就餐。如果你要在周边别的地方开店，就很容易被人忽视和遗忘。

4.选择人容易驻足的地方。我在前边分析过一级街道和二级街道的优势和劣势。一级街道虽然交通便利，但是过往的人和车很难驻足，基本上是匆匆而过。这样的地方显然没有门口宽敞、停车位充足的二级街道有优势。

还有一些特殊的地方，比如上坡和下坡的地方，以及地面坡度比较大的地方，人在这些地方都不容易驻足，所以选址要尽量避开这些地方。

5.截流原则。越靠近上游越有优势。如果一条美食街的客流都是由一个方向来的，那么越靠近顾客来源的地方越有优势，因为前面的店都在截流，越往后人越少。如果一条街道沿着客流流动的方向到前面会分流，那么越靠近前面人流量越大、越有竞争优势，因为越到后面客流就越分散。

6.汇流原则。在客流汇集的地方开店效果最好。

除了这六大原则外，在实际选址过程中，评估街边店位置时还有以下 3 个小技巧。

1.分清阴阳面。很多二级街道都有阴阳面之分，尤其是车道比较多以及中间有栅栏的街道，基本都是做半边生意，分清阴阳面就能避免选址失误。要分清阴面和阳面，主要还是看周边的业态布局以及客流方向。周边做生意比较少的或者商业业态比较单一的，就是阴面。处于人群流动的方向，各类商业业态比较丰富的，就是阳面，在街道的阳面选址开店，会比在阴面更有把握。

2.找到生死分界点。三级街道一般连接着二级街道和住宅区或办公区，这些街道都有一个特点，那就是从街口越往里走人越少，这也符合我们上面说的截流原则。仔细观察，我们会发现这些街道通常都有一个分界点，在这个点的前后，客流量会有明显的差异，我把它称为生死分界点。

生死分界点的形成有两方面因素。

一是心理因素。大部分人在吃饭时不会见到第一家店立马就进去，而是会边走边看边决定。但是，越往前走选择压力就会越大，冒险的程度也会越高，因为前面一旦没有更好的选择，还得往回折返，所以大部分人都不会把整条街走完才做决定，一般走到一定位置之后就决定停留或折返了。

二是地理位置因素。一种情况是沿街的商铺突然出现往前凸出或者往后凹入，和前边呈现出不一样的状态，这可能就会成为顾客选择折返的动因。另一种情况是店铺形态发生变化，比如一条街全是餐饮店，突然到了某一个点，连着好几家都是杂货店或便利店，即使前边还有餐饮店，很多人也会选择返回，因为潜意识告诉他前面可能没有餐饮店了。

　　3. 分清客流移动方向。我们上面讲的无论是行人靠右行还是街道的阴阳面，这些都与客流的移动方向有关，所以评估街边店位置最重要的一点就是要搞清楚客流从哪里来，到哪里去。一般来说，客流的移动方向无非是如图 5-7 这样的。

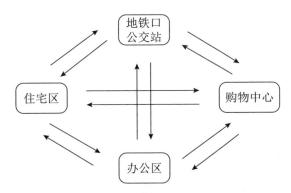

图 5-7　不同区域间的客流移动示意图

　　在评估一个商铺位置时，先要了解周边的环境，清楚不同时间段的客流方向，然后再根据自己的品类属性判断这个地方是否合适。比如在住宅区和地铁口之间，早上的客流肯定是从住宅区到地铁口的，那么在这个区域沿街卖早餐或许就比较合适。

　　除此之外，还有很多地方是需要慎重选择的。

　　（1）店铺地面与路面不平的慎选：高低不平影响顾客进店。

　　（2）店铺在斜坡上的慎选：斜坡影响车辆停放，不利于顾客进店购物。

　　（3）快车道旁的店铺慎选：路边无法穿过，影响顾客流动。

　　（4）居民稀少的地区慎选：增长慢，没有固定的消费者。

　　（5）门前有障碍物的慎选：影响店铺的展现效果，进而影响客流。

　　（6）车辆匆匆的地方慎选：在这样的街道，他们不会停下来。

　　（7）灯光暗淡的地方慎选：昏暗的地方影响逛街兴致。

　　（8）店铺不易被看到的地方慎选：要想生意好，首先得让顾客看到你，"酒香不怕巷子深"在如今的餐饮市场早已不适用了。

5.5　第五步：物业条件评估

考察完店铺位置，就进入物业条件评估环节了。这个环节主要考察商铺的各项硬件和软件条件。

通常，考察商铺的硬件条件需要了解的内容包括以下 7 个方面。

1. 房屋的产权。产权就是房屋的归属权，要先搞清楚和你谈的这个人是不是房东，有没有房屋的产权证明。如果是二房东，一定要清楚他把商铺出租或转让给你有没有经过原房东的同意，一定要防止日后因为这个事情扯皮。我认识的餐饮人里就有遇到过这种情况的，和二房东把合同签了、转让费交了，结果原房东来收房了，到最后打官司也没打赢，因为二房东早就带着钱跑了。

无论是出租还是转让的店铺，要谨记的一点是，最终必须要和原房东签合同，或者得到原房东的授权，以免日后再生争端。

还有比较重要的一点是，要看房屋是否具有商业用途，如果是住宅，后期办理各种证件可能就会遇到麻烦。

2. 基础建设条件。从餐饮店角度来说，就是指房屋是否具备开餐饮店的条件。一般来说，开餐饮店一定要考虑的条件有电力、燃气、上下水、排烟、排污以及消防。对小餐饮店而言，消防的管控一般不是特别严，但是其他条件都得考虑到，因为这是做餐饮的必备条件。

电和天然气是最基本的。首先要考虑你的项目是要用气还是用电，如果用电，最大的电量负荷是多少，看看实际情况能否满足。其次要看上下水有没有接通，污水和垃圾怎么处理，有没有排烟管道，是独立的烟道还是有公共的烟道可以连接，是否符合消防条件。尤其要注意的是排烟，现在有很多商铺是不具备排烟条件的，比如说居民楼下、学校门口，如果在这些地方开店，后期可能会和周边的人发生争端。

3. 面积大小。面积是需要考察的重要条件。你需要考虑店铺大小是否符合自己的需求，这个面积对应的租金成本是否在自己的承受范围之内。

这里需要注意的是，要分清建筑面积和实用面积。很多商场店铺一般都会有公摊，招商部门告诉你的面积一般是建筑面积，你要知道实用面积的大小，提前做好规划。我有一个朋友就犯过这样的错误，他在做店内设计的时候，错把图样上的建筑面积当作实用面积，等设计完成，所有定做好的设备都进场以后，才发现放不进去。

4. 房屋格局。格局就是商铺的平面布局。一般来说，展示面比较大、进深比较小、形状比较方正的铺子是最好的。其次就是那种进深比较深、展示面比较小、总体形状比较规整的铺子。再次就是那种形状不规则、利用率不高的铺子，比如说在关键位置有柱子、在显眼位置有不可改动的承重墙等，总之就是你的设计需要迁就格局的铺子都算不上好铺子。最差的就是那种倒梯形的铺子，口比较小，进去后里边比较大，这种铺子是比较吃亏的，因为展示面太小，所以在吸客方面就不占优势了。

5. 楼层高低。楼层的高低也会影响生意。小餐饮店一般选择临街纯一层的店铺比较好，尤其是带有快餐属性的，如果选择在二楼或者更高楼层，想让顾客上楼就餐会很难。如果是中餐火锅之类的，开在一楼黄金位置相对就不太划算了，可以选择稍微高一点的楼层以控制成本。

还有那种"一拖二"的商铺，要慎重选择，增加楼层就意味着要增加人手、增加经营成本。

6. 层高。店铺的层高也比较重要，太低会给人压迫感，太高会给人比较空荡的感觉。

局部的问题后期可以通过装修来解决。层高太高的，可以通过吊顶、装饰灯等途径来解决，甚至还可以通过增加小二层的方式来解决，这样还能变相增加店铺面积。层高太低的，可以通过温馨与舒适的环境营造一种小清新的感觉。

7. 外围环境。外围环境也比较重要。例如：门头展示面的宽窄、是否显眼；外围有没有其他的遮挡，是否会影响店面的展示效果；门口有没有停车位；门口有没有可以做广告的位置等。

总之，在硬件设施这块要尽量争取更好的条件，为以后的运营打基础。条件完全符合我们要求的铺子当然是最好的，但是这样的铺子往往比较少。有的商铺条件不符合自己的要求，但是后期可以调整，这样的铺子也可以考虑。还有的铺子条件不符合要求，也没有调整的余地，如果存在的问题确实会影响到后期发展，那么这样的铺子就要谨慎考虑了。

考虑完硬件条件之后，还要考虑软件条件是否合适。考察店铺需要了解的软件条件主要包含以下这些。

1. 租金。首先要了解租金按什么计算，是按一平方米多少钱来计算，还是一口价。如果是一口价，我们可以将它换算成每平方米的单价，然后再结

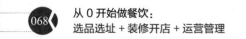

合周边商铺的租金水平对比租金的高低。

租金的高低要和店铺所处地段以及面积大小相匹配，要结合自己的实际经营状况来计算能不能盈利，毕竟开店的目的还是为了赚钱。如果不能赚钱，再便宜的铺子也没必要去租。如果能带来稳定的收益，哪怕租金高一点也要去争取。

2. 交租方式。一般来说，商铺租金都是按年付，或者半年付，或者按季度付。个人房东一般在租金方面的要求都是半年付或者一年付。具体情况可以根据自己的资金状况和房东谈。如果一次性可以多支付的话，也可以和房东谈相关的优惠条件。

3. 押金。租商铺的时候一般都会有押金，押金通常是一个月的租金。一定要和房东或物业说清楚押金的用途以及退押金的条件。

很多人开店开到最后押金很难从房东手里要回来，就是因为事先没有说好。房东会找任何理由扣押金，比如说要求恢复原来的装修，再比如说转租要缴纳手续费等。这些最好事先都考虑到，免得事后扯皮。做生意不要害怕鸡毛蒜皮，不要嫌很多小事太烦琐，只要关乎自己切身利益的，都要认真对待，毕竟要出的每一分钱都是自己的血汗钱。

4. 免租期。免租期有时候也叫装修期，指的是在租房的时候，房东或物业给留出来的装修时间，在这个时间段是不计算租金的。一般来说，商场店铺都会预留装修期，时间长短需要双方协商。至于个人商铺，一般来说房东不会给装修期，当然这个也要看怎么去谈，有机会还是要尽量争取。对于具体的商铺谈判技巧，我在后边会做专门的讲解。

5. 合约期。在考察商铺时，还有一个重要的因素就是租期，也就是我们通常所说的合同能签几年。这个主要是为了保障自己的权益，防止中途房东不让租了，或者恶意涨租。比如我服务的一个客户就有过类似的经历。他看到一个比较好的地方，各方面条件都好，房东要求合同必须一年一签。他明知道这个条件有风险，但又不想放弃，于是就签了合同。开业以后生意确实火爆，比他预期的还要好。然而干完一年之后房东不给他租了，因为房东想自己干。

6. 租金递增情况。在签合同时除了要约定好合同时间之外，还要约定好租金。如果房东不能承诺租金在合同期内不变，那么可以要求他承诺一个租金递增比例。一般租金的递增都以年为单位，比如每年递增 5%，或者每两年递增 5%，或者合同期满下次续签的时候租金递增多少。在签合同之前把这些都要说清楚，让开店的所有风险处于可控范围。

7. 有无拆迁风险。 在租比较老的小区商铺时，一定要考虑有没有拆迁的风险。如果有可能的话，在和房东签合同的时候要把这个写进合同里，做出明确的约定。比如说，如果在合同期内商铺面临拆迁，这个损失谁来承担？房东要不要赔偿部分装修损失？

8. 物业水电费用。 最后就是物业费水电费这些，物业费、水电费收费标准是什么，钱怎么交，后期水电等设施设备出现问题找谁来解决等，都要约定清楚。

在了解商铺情况时，以上这些软硬件条件都是需要考虑在内的。用表 5-6 如实记录各项数据，把所有情况都了解清楚，这样才能最大程度避免后期各种意外情况的发生。

表 5-6　门店选址评估报告

店址基本资料						
店址名称			所在地区		记录时间	
详细地址			签约人是不是产权人			
店址综述						
店址结构	**室外**					共 10 分，权重10%
	主楼层数（层）	楼龄（年）	门前空地面积（平方米）	人行道宽（米）	自行车位（个）	汽车位（个）
	门面长（米）	门面宽（米）	门面高（米）	店招长（米）	店招高（米）	卫生间（有/无）
	室内					
	形状	使用面积（平方米）	店深（米）	店宽（米）	隔断数（个）	立柱数（个）
交通概况	主要交通形式	□汽车　□公交　□轨道交通　□机场　□火车　□航运　□步行　□其他					共 15 分，权重15%
	店址干道属性	□主干道　□次干道　□支路　□步行道　□有隔离带　□无隔离带					
	主要交通线路						
	到店便利性	□到店方便　□到店不方便					

续表

评估记录								

评估项目							计分标准	评估得分
餐饮基础条件	上水	下水	排烟条件	排污条件	天然气	电是否够用	共 10 分，权重 10%	
	□有	□有	□有	□有	□有	□是		
	□无	□无	□无	□无	□无	□否		
店址属性	区域属性	□核心旅游区　□一般旅游区　□城市核心商圈 □地区性商圈　□人流集散地　□居民社区					共 20 分，权重 20%	
	区域发展趋势							
	邻铺情况	左三家店依次：						
		右三家店依次：						
租赁条件	原经营情况	经营项目		停租原因			共 20 分，权重 20%	
	现条件	租金（元／年）	租期(年)	免租期（月）	转让费（元）	转租约定		
	租金调幅约定							
	其他约定							
消费能力分析	消费构成分析						共 25 分，权重 25%	
	周边本公司的店面	＿＿家 /1 公里内		＿＿家 /2 公里内				
	预估销售金额	头年＿＿万元		次年＿＿万元				
	流动人口构成及比例							
	固定人口构成及比例							
	周边竞争对手							
合计							100 分	

签核意见

签字：

5.6　第六步：人文条件评估

除了硬件和软件条件之外，考察商铺还有最后一项，就是商铺的人文条件。人文条件主要指的是和房东、左邻右舍、小区物业、街坊等关系的处理。因为做任何事本质上都是和人打交道，选定了一个商铺，以后就要和房东打交道，和物业打交道，和左邻右舍打交道，所以这些都要事先有所考虑。商铺的人文条件主要包含 4 个方面的内容。

1. 能否直接和房东签约

在寻找商铺的时候，难免会遇到很多二房东，尤其是在转让店铺时，多数是和二房东甚至三房东打交道。这就牵扯一个问题：最后合同和谁签？

我的建议是一定要和原房东签，不管最后条件怎么谈，必须要和原房东重新签租房合同，约定租金、租期等条款。

2. 房东的个人品质和素养怎么样

在和房东交谈的过程中，要观察和了解房东这个人，看他是不是个讲理的人，是不是那种唯利是图的人，是不是难缠的人。因为最终你要和这个人打交道，必须得对他的情况有所了解，很多事情要防患于未然。

我之前有一个客户开了一家店，因为位置比较好，所以生意一直都很火爆。他的一个朋友看到了眼红，私下去找了房东，给房东塞了几千块钱，然后房东就找各种理由不让他租了。后来他才发现自己的朋友去那儿接着做他原来的生意了，为此他和朋友彻底闹掰了。不过他朋友也好景不长，没干多久就被房东赶走了，因为有人出了更多的钱租那个店。

所以，开店时如果遇到了这样的房东，那么再好的位置也不要去碰，能避开多远就避开多远。当然，只见一两面很难去判断一个人的人品怎么样，那就需要多和周边的人聊聊，从侧面打听一下房东的情况。

3. 侧面打探房东本人及其亲属有没有做餐饮的

前边我也说过一个例子，我一个客户的房东看到他生意好，自己也想干，于是就不让他租了。这种情况在餐饮行业并不少见，等你辛辛苦苦把店养起来了，房东就来截和了。所以在考察店铺的时候，我们有必要多一个心眼，了解一下房东是做什么的，他自己或者他的亲戚有没有在做餐饮或者准备做餐饮的，防止自己到最后成了给别人养店的。

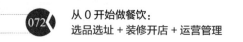

如果存在这样的隐患，自己又不想放弃这个地方，那就要事先在合同里把后续的一些问题约定清楚，以防后患。

4. 物业及周边居民关系是否好处理

物业和周边居民的关系是否好处理，这也是一个关键点。因为开店做生意，周边这些人不仅是你的顾客，还是你的邻居，如果关系处理不好，势必会对生意造成不良的影响。

我们之前接过一家在社区底商的店，位置不错，而且没有转让费。我们了解到，之前在这里租店的一个年轻人脾气比较爆，和物业以及楼上住户的关系处理得非常糟糕，物业整天找事情，楼上的住户整天投诉，最后小伙子扛不住跑路了，店也不要了。

我们当时分析了情况，主动去找了物业。经过充分沟通，物业这块儿基本上没啥问题了。开业前，我们给楼上的人发了店里的免费品尝券和优惠券，结果问题就很好地解决了。如果当时不把这些情况了解清楚，没有妥善的处理方案，那结果估计也会很糟糕。

5.7 第七步：谈判及签约

最后就是谈判和签约了。一般来说，在租商铺时，我们面对的要么是个人房东，要么就是商场或物业。

1. 与个人房东的谈判技巧

首先看怎么和个人房东谈判。在谈判之前，要做好以下 3 个方面的准备工作。

一是多方位了解情况，打探虚实。要了解店铺转让的原因、周边的客流情况、周边店铺的租金高低等，做到心里有数。这个可以通过周边的商家去了解，比如去旁边商店里买东西，或者去旁边餐饮店里吃饭，和老板闲聊几句，基本就能了解大致情况了。或者去物业了解一下情况，看一下这个商铺为什么转租，商铺的租金及转让费情况，以及老板的个人情况等。当对这些情况有所了解之后，再和店主本人交谈时，你就知道他说的是真是假了。

二是提前做好功课，想好谈判策略。 包括自己都要问哪些问题，以及面对不同的问题应该怎样来回应。比如说，要清楚自己能接受的租金水平和转让费大概是多少，自己能接受的付租方式是哪一种，哪些条件是自己可以妥协的，哪些条件是不能妥协的。再比如说，能不能用明火，电负荷是否够用，有没有排烟通道，能不能办理相关证件，等等。最好把自己要了解的内容列出来，以免到时候忘记了。

三是多找几家做对比，不要孤注一掷。 在选择商铺时一定要多看几家，多谈几家，对比租金、位置、店内环境、转让费以及周边的客流等。这样在和房东谈判时也能增加谈判的筹码，让他知道你有好几个选项，他在转让费这块就不会跟你漫天要价了。找店和买东西一样，要货比三家，综合考虑各方面情况之后再做最后决定。

在准备工作完成以后，就要和房东面对面交谈了。一般来说，待出租的店铺租金都是固定的，但对于转让的店铺，我们可以通过一些谈判技巧压低转让费。以下是我在实践中总结的几个谈判技巧。

（1）欲擒故纵：不要将满意写在脸上。 当你看到一个比较中意的店铺时，即使各方面条件都很好，也不能表现出非常满意、一定要拿下的态度。因为这样会给对方一个你铁定要租的信号，那么价格上也就不会给你太大的让步了。

（2）声东击西：暗示老板你随时走人。 在谈判时不但不要将满意写在脸上，还要找一些问题出来，同时要多拿别的店做对比，给对方一个信号——你还在犹豫不决，这个店目前的转让条件对你还没有足够的吸引力。如果对方急于转手，可能就会降低价格来留住你。

（3）迂回战术：为自己争取更多优惠。 谈判就是一个双方不断妥协的过程，在谈判过程中要懂得运用迂回战术，比如说你想和房东直接谈免租期可能不太好谈，你可以谈房租，看能不能优惠一些。如果房东在租金这块坚持不让步，你再提出来装修期免租这事，估计就会比较好谈了。毕竟谈生意嘛，双方互相让一步，事情就更好谈了。

（4）兵不厌诈：找人试探，压低对方预期。 兵法上常说兵不厌诈，谈生意也是这样，如果对方的转让费要得非常高，并且没有什么商量的余地，可以通过其他方法来降低对方的心理预期，比如说多找几个人去问，尽量把价格压低一些。这时候你再出面去谈，对方的态度可能会变得温和起来。

以上这几点都是我在之前的实践中总结出来的。当然了，谈判的方法还有很多，关键就是把握对方的心理，尽量争取对自己更有利的条件。

2. 与商场及物业的谈判技巧

商场和个人房东的不同之处在于，作为集体组织，它有一定的规范和标准，不像个人房东，一切都靠个人主观来决定。一般的商场招商都有品牌优先原则，如果有自己的品牌，那就需要提前准备好相关资料。

首先要准备的是**品牌相关资料**，包括品牌介绍、产品介绍、品牌目前发展状况介绍等，最好能做一个 PPT 或者宣传图册，显得更专业一些。

其次还要准备**产品和店面的图片，最好是现有店面的实拍图片**。商场招商一般都会要求提供店面设计图样，审核通过才可以进场，所以提前准备好这些会显示出专业性，也能体现诚意，有利于后期的谈判。

商场一般都有招商部门，这些人是专业招商的，肯定比一般个人房东更加精明，在和他们交谈时要掌握一些必要的谈判技巧。

（1）**对招商人员的介绍要有存疑心态**。一般商场的招商人员都会给你描绘一幅蓝图，包括自己的商场规划有多先进、周边的客源有多丰富、目前已经有多少大品牌入驻、现在商铺资源有多紧缺等。

对于这些官方的说辞一定要抱有存疑的心态，不能听别人一说觉得不错，立马就改变自己原有的想法，让自己陷入被动。一般面对这种情况时，可以要求对方更加详细地说明，说得越细越容易露出破绽。最好可以去现场查看。总之一定要有独立判断能力，并且要通过多个渠道来论证，不能只听招商人员的介绍就立马作决定。

（2）**要适时展现自己的专业水准**。这些招商人员都比较精明，他们和你交谈的过程也是对你摸底的过程，如果你表现得不够专业，那就更容易被忽悠。所以在交谈的过程中，要适时展示自己的专业水准，让对方清楚自己不是初入行者，玩虚的是不行的。

最简单的就是多用专业术语，不要问租金一个月多少钱，而是问一平方米多少钱；不要问你这里边都准备招啥，而是说要了解一下商场的业态规划；再比如翻台率、坪效、人均消费、客群定位等这些专业词汇，如果自己也不太懂，那就事先研究研究，用这些词的好处就是让对方觉得你比较懂行，他也就不敢跟你玩虚的。

（3）**在言谈中展示自己的实力，以增加谈判筹码**。如果其他地方有已经营业的店面，可以谈谈自己现有店面的经营状况、产品特色，以及自己的产品对顾客的吸引力等。尤其是你的产品的吸客能力，这对商场来说也是颇具吸引力的。很多商场在招商前期都会邀请一些大品牌免费入驻，目的就是为了借助大品牌的吸引力为商场引流。如果你的产品或品牌具有自带流量的属性，那么一定会受商场青睐，在谈判中也会更有优势。

在谈判过程中也要学会辨别商场招商常用的几个忽悠手段。

（1）**有多少大品牌已经入驻**。我之前也提过，很多商场前期为了吸引招商，会主动邀请一些大品牌免费入驻，所以这些大品牌的入驻情况只能作为一个参考。至于这个商场到底好不好、有没有吸引力，还需要自己去独立判断。

（2）**后期将有大型超市入驻**。很多社区楼盘在招商时都会把周边大型超市即将入驻作为一个宣传点，至于大型超市会不会在这里开，一定要有自己独立的判断。大型超市选址时，一般都会要求周边有一定的人流量，而且周边一定范围内没有其他大型超市存在，根据这两点就可以判断消息准确与否，不能轻信招商部门的宣传。

举个例子，我们曾经在西安南二环附近看到一个社区在招商，当时招商人员说人人乐超市会入驻，所以一楼的商铺很快就租出去了，结果过了一年超市也没有入驻，已经入驻的商家换了好几拨，越做越凄凉。

（3）**后期将有怎样的建设规划和宣传规划**。还有很多商场招商人员在招商时会告诉你后期会有怎样的建设规划和宣传规划，对一般小餐饮店来说，这就是望梅止渴、画饼充饥，你要考虑的现实问题是自己能不能撑到那个时间，毕竟活着才是王道，先生存下来才有后面的发展。

最后，总结一下和商场谈判的技巧——"三不急，三争取"。

谈判三不急：

（1）**不要急于表露自己迫切的合作意愿**。即使你觉得这个商铺非常不错，也要先冷静下来，进行客观的考察分析后再做决定，急于表露迫切合作的意愿容易让自己处于比较被动的位置。

（2）**不要急于透露自己的底线**。可以将其他商场的合作条件作为辅助话题，尽量少谈及自己店铺经营的核心内容，比如盈亏点、毛利率、产品的成本等。

（3）**不要急于描绘自己的未来规划**。不要急于描述你的这个店、这个品牌未来的发展规划。只要是对这个商铺谈判没有直接促进作用的，能少提尽量少提。

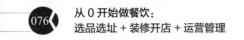

谈判三争取：

（1）尽量争取最好的位置。

（2）尽量争取最长的免租期。

（3）尽量争取最佳的租金水平。

做餐饮的利润来源于两个方面——开源和节流。一方面要争取更好的位置，追求更多的客流量，另一方面也要去考虑怎样更大化地降低成本。做过餐饮的人都知道，利润的很大一部分是省出来的。

第 6 章

设计是魅力之源

用户对餐饮连锁品牌的感知通常都是从店名和装修开始的。连锁品牌最主要的特征之一就是统一的门店形象和店内环境。作为就餐体验的重要组成部分，装修环境和设计呈现方式在餐饮经营中占据非常重要的位置。本章主要介绍餐饮装修设计的方法与技巧。

6.1 餐饮门店设计的六大原则

门店形象就像人的脸面一样，它是让顾客认识自己的一张名片。怎样才能通过装修将自己的产品和品牌想要表达的信息准确地传递给顾客呢？这就需要在装修设计时遵循以下 6 个原则。

6.1.1 美观性原则

在这个颜值即正义的时代，层出不穷的各种网红店，它们吸引年轻人排队打卡的主要撒手锏就是美观的设计。想要吸引顾客进店，先要引起顾客注意，为了能让顾客的目光在自己这里多停留几秒，餐饮老板们在装修设计上可谓绞尽脑汁。

无论在商场里还是大街上，各种不同样式和风格的餐饮店争奇斗艳，就像是一场选美大赛。很多人认为餐饮的竞争主要是产品和服务的竞争，实际上餐饮的较量从门店设计这里就已经开始了。

门店设计怎样才能做到更加美观？有以下几种方法可供参考。

1. **紧跟最时尚的设计风格**。文艺风、复古风、工业风、简约风……紧跟最时尚的设计风格以及流行色，可以让你的门店设计站在潮流的前沿。比如前些年洋快餐火爆的时候，红黄搭配几乎成了快餐连锁的标准设计，如今简约的冷淡风又成了网红店的标配。

2. **轻装修、重装饰**。通过装饰和装扮让门店看起来更加美观，让每一个普通的日子都变得像节日一样充满仪式感。

3. **美是设计出来的**。所有的美观都是设计出来的，而不是装修出来的，因此，在门店设计上要多下功夫。找专业的设计团队，多学习多借鉴，跨界找灵感，好的设计自己就会说话。

6.1.2 独特性原则

如果一条街上全是餐饮店，怎样才能让顾客首先注意到你的店？答案就是让你的门店具有独特性。我们经常听到这样一句话：万绿丛中一点红，这就是对独特性的精准概括。

怎样才能做出独特的设计呢？最重要的一点就是打破常规。比如传统的煎饼果子就是路边摊售卖，黄太吉将煎饼搬进了门店，重塑了整套的门店视觉设计以及产品包装设计，彰显出独特的风格。再如传统的烤红薯给人的固有印象就是路边小推车加上汽油桶做的烤炉，西安有个品牌叫薯小帅，将烤红薯卖进了商场，通过时尚又炫酷的门店设计，牛皮纸加卡通图案的产品包装设计，再配上颇有情怀的文案，让烤红薯成为潮流新品，通过"挖着吃的烤红薯"这一卖点塑造出独特性。

独特性就是在设计中做到人无我有、人有我优，但独特的前提是要符合产品的特征，不能为了追求新奇和噱头而背离了初衷，最后做成不伦不类的三俗设计。比如曾经火爆一时的便所主题餐厅，将餐厅装成了厕所的样子，"端着马桶吃便便"这样的恶俗设计最终把自己推向了失败的深渊。

6.1.3　统一性原则

门店设计的第三个原则是统一性原则。统一性包括风格的统一、色调的统一以及 VI 识别系统的统一。

风格的统一有助于强化顾客认知，让顾客对门店形成更加清晰的记忆。例如奶茶店顾客一般以女性为主，所以多为文艺清新、简约时尚的风格，顾客走在街上，仅凭装修风格就可以判断出这是一家奶茶店，这样才能最大化降低认知成本。

色调的统一能够强化品牌印象，相对于文字和图形，色彩的传递是更加直观的，也更容易形成记忆点。比如看到红底黄字，可能就会联想到肯德基和麦当劳，看到绿色就容易想到星巴克。每个餐饮品牌都有自己的品牌色，这些色彩在门店的应用本身就是一种营销。此外，色调的统一也有助于品牌规范的形成，会给顾客一种更加专业、更加放心的感觉。

VI 识别系统的统一，是强化品牌认知的必经之路。无论有没有品牌，都应当具备品牌意识，因为再小的个体都应该有自己与众不同的地方。VI 的统一能够让产品形象和品牌形象更加鲜明，从而提升价值感，让消费者感到安全放心，从而提高对店面整体的感知度。

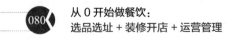
6.1.4 实用性原则

店面装修不仅为了美观，还要兼顾实用性，尤其是在寸土寸金的黄金商圈，要让每一平方米的空间都能发挥它的最大价值。

例如，我见过一家快餐店，店面总共不到两百平方米，为了凸显标准和专业，厨房里安装了洗碗机、净水器以及餐具消毒设备，将厨房搞成了一个小型"工厂"，占了近三分之一的面积。

除此以外，为了让自己店里更有文化气息，老板在刚进门的位置做了一个玄关，搞了一座假山，又占了两个台面的位置。结果店面座位不够，一到饭点就拥挤不堪，营业额怎么都上不去。这就是典型的装修不考虑实用性，只追求美观。为情怀创业，到头来只能为现实买单。

6.1.5 兼顾性原则

餐厅装修设计还要兼顾各方面的需求，不能天马行空地想象，到最后做得不伦不类。

1. 要兼顾产品品类属性。不同的产品有不同的表现风格，快餐店就要灯光亮一点、装修暖一点、音乐节奏快一点，打造出欢乐的氛围。西餐厅就要灯光暗一点、色彩深一点、音乐舒缓一点，塑造出高贵典雅的风格。设计如果只考虑自身喜好，不兼顾产品属性，到最后可能就会出现"在西餐厅里做夜市"这样的奇葩场景。

2. 要兼顾消费客群属性。设计要兼顾消费客群属性，正如我前边在美观性里谈到的饮品店、奶茶店，顾客以女性群体为主，在装修设计时就要围绕这个群体展开，满足她们的喜好。

3. 要兼顾市场流行趋势。市场在变，流行色在变，装修风格在变，包括环境、装饰、音乐等都在不断变化。还有最主要的一点是，客群也在变化，装修设计要紧跟流行趋势，这样才能更受消费者青睐。

4. 要兼顾产品客单价。店面装修和产品密切相关，快餐店的设计就要更加亲民一些，如果一个快餐店装修得金碧辉煌，一眼看上去就是吃不起的样子，那么就会将潜在客户拒之门外。同样，主打商务宴请的餐厅如果在环境设计上没有高规格，也很难成为顾客请客吃饭的首选，因为请人来这里吃饭会显得很没面子。

　　5.**要兼顾美观性和实用性**。美观性和实用性并不冲突，好的门店设计既要考虑实用性，同时也应该兼顾美观性，这样才能达到整体效果的更优化。

6.1.6　节约性原则

　　装修设计还要做到节约，因为流行的趋势一直在变，门店装修设计的更新换代频率也在加快。很多店面两三年就要重新装修升级一次，目的是给顾客带来持续的新鲜感，延长顾客吃腻看腻的周期。每一次翻新都意味着成本的增加，所以在设计时要尽可能做到节约成本。节约成本的有效方法之一就是**轻装修，重装饰**。在基础的硬装工程上尽可能做到少动少调整，而在软装和店内装饰上可以多花一些心思，多做调整，因为后者调整成本相对较低，而且还容易出效果。

　　所以，我给很多餐饮人的装修建议是，在消防通风等重要硬装上要保证品质，初次装修多花点钱能够延长设备的使用周期，而一些软装以及店内装饰可以常换常新，这样才能做到真正意义上的节约。

6.2　门店装修的四步流程

　　餐饮门店的装修总共可以分为四个步骤：实地测量设计，施工方选择，预算核算与工期安排，工程监督与验收。

6.2.1　第一步：实地测量与空间设计

　　装修的第一步就是设计。如果老板没有店面筹备的经验，那么设计就一定要请专业团队来做，因为餐饮设计不同于其他设计，专业人士更懂得需要考虑哪些因素、需要设置哪些功能区、怎样做空间布局更合理。

　　设计人员要去现场实地观察、拍照、测量。如果有特殊位置，如异形的角落、柱子，或者不能动的安全消防设施等，一定要画草图记录下来，设计时要把这些因素都考虑进去。实地测量得越准确、各种因素考虑得越全面，就

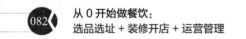

越有利于后边工作的开展，可以减少后期返工或临时调整，从而节省时间和成本。

测量完成以后，要结合项目的实际需求沟通设计，让设计师按照需求设计，并给出相应的设计图样。一般来讲，至少要有平面设计图、效果图、水路图、电路图，以及空间布局图等。在有必要的情况下，还应该设计出厨房布局图。厨房的设计也可以和厨师长或相关产品负责人沟通。

6.2.2 第二步：施工方的选择与要求

设计完成后就要选择施工方了，施工方的选择有三个途径：找设计和装修一条龙的装修公司合作；找设计公司做设计，然后找第三方来施工；找设计公司做设计，自行装修。三者各有利弊，要结合实际情况去判断和选择。

如果是找专业的装修公司来做，设计和施工就可以同时交给他们。这样的好处是从设计到装修一条龙，减少了中间的沟通环节，能够提高效率、节约成本。但是，同时能将设计和施工都做到最好的公司相对较少，除非是特别大的综合性装修设计公司。一般专业的设计公司都是以设计为主，装修都是找第三方合作，这样才能保证设计和装修都能达到最佳效果。

如果选择设计公司做设计，然后找装修团队来装修，优势是能够保证设计和装修都能达到更高的水准、更好的效果。但是，这需要老板、设计方、施工方之间进行项目衔接，中间的沟通成本比较大，而且总体来讲装修成本也会比较高。

如果是自行装修，相对沟通成本会小一些，但前提是对装修要足够了解，足够专业。如果选择的施工人员不够专业，或者只负责施工，不提供后续服务，后期出现问题就会比较麻烦。自己招人装修的好处是能够做到全程监管，品质保证，成本可控。劣势就是比较费时间，因为开店前老板要操心的事情非常多，如果把所有精力都耗费在装修上，那么有可能会因此耽搁其他的事，最后同样会延长筹备期，影响顺利开业。

综上，在选择施工方时要结合自身的需求，对施工方的经验、资质等做多方面的考核对比。

6.2.3　第三步：装修预算与工期安排

施工方确定了以后，就要由其根据设计要求来做装修的预算和报价。装修预算通常包含装修工程、设备安装、标识系统以及其他增项内容。具体的项目预算可以参考表 6-1 所示的装修预算计划表。

表 6-1　项目装修预算计划表

序号	装修事项	预算（元）	序号	装修事项	预算（元）
第一部分：装修工程			第四部分：设备安装		
1	打围、临水临电		1	空调风幕	
2	拆卸工程		2	空调机组	
3	后厨砌墙		3	灭蝇灯	
4	主体电路布置		4	卫生间	
5	后厨墙砖地砖		5	更衣间	
6	后厨排水系统		6	仓储间	
7	给水工程		7	其他设备	
8	给风工程		第五部分：变更工程洽商		
9	排风工程		1		
10	电路工程		2		
11	照明亮化工程		3		
12	吊顶工程		4		
13	包柱包梁工程		第六部分：交叉作业协调		
14	墙面工程		1		
15	消防工程		2		
16	通信工程		3		
17	燃气工程		4		
18	吧台工程		第七部分：竣工时间把握		
19	花廊花带工程		1		
20	空调工程		2		
第二部分：厨房设备安装			3		
1	厨房排烟工程		第八部分：装修中的其他费用		

续表

序号	装修事项	预算（元）	序号	装修事项	预算（元）
2	设备安装工程		1	政府部门协调费	
3	设备调试工程		2	外部单位协调费	
	第三部分：标识系统工程		3	装修管理费	
1	店头招牌		4	其他杂费	
2	路边招牌				
3	门头水牌				
4	楼顶招牌				
5	店内餐牌				
6	店内招牌				
7	其他招牌				
8	其他标识				

店面装修过程中，时间的把控很重要。如果项目不能按时完成，会耽误开业，扰乱原订经营计划，同时也会增加租金成本、人工成本、时间成本。

因此在做完店面装修计划以后，还要对筹备计划做进一步细化，做出详细的筹备进度表。合理安排每一项工程，明确每一阶段的目标，这样有利于做项目的实施监督，保证项目能够如期完成，保证能够在计划时间内顺利开业。

6.2.4 第四步：工程监督与验收

装修完成以后，最后一步就是工程验收。不同板块的验收标准不一样，如果在签约之前就已经谈好了验收标准，那就按照约定标准来验收。如果在合约里没有谈到这些，那就可以按照公认的验收标准去做考核。表 6-2 是我整理的一份工程验收时间安排表，表 6-3 是具体的验收作业执行表，可以在此基础上结合自己项目的实际情况做调整和修改。

表 6-2　工程验收时间安排表

项目名称	完成时间														
	1	2	3	4	5	6	7	8	9	10	11	12	13	14	15
测量场地															
出方案平面图															
出效果图和报价															
拆除工程															
电路改造															
水路改造															
烟道改造															
通风及新风系统															
空调安装															
吊顶															
墙面															
厨房地面及防水															
大厅地面															
厨房改造															
墙面隔断改造															
灯具安装															
通信系统安装															
安防系统安装															
门头安装															
卫生间改造															
前厅墙面装饰															
外围装饰															
广告及灯箱安装															

表 6-3　验收作业执行表

店面地址		完工时间		
验收内容	要求		是否合格	备注
门头招牌	按照图样施工，颜色、字体、灯光符合要求			
形象墙形象台	按照图样施工，形象统一			
墙面	涂料的颜色、材料符合要求，墙面平滑，瓷砖粘贴牢固			
地面	石材、地砖的颜色和图案符合要求，铺贴平整；木质地面表面光滑，无裂痕，木纹清晰			
顶棚	吊顶平整，材质色泽一致，协调美观			
玻璃	安装平直，不受扭力，打胶均匀美观，边沿整齐			
门窗	开启方向符合设计要求，型材色泽一致，无变形，开启灵活，周边密封良好，间隙均匀			
货柜	符合图样设计要求，位置合理，安装牢固			
收银台工作间	有关设施齐全，摆设妥当			
排水设施	排水管道畅通，无渗漏，无积水，各种阀门位置正确，供水管无渗漏，开关阀门运转良好			
电路、开关、插座	电路铺设符合安全标准，三相插座接地线，空调线路专线铺设，总闸安装防漏电开关；开关、插座安装牢固			
灯具灯光	灯具安装牢固，灯光符合照明要求			
消防设施	客流的疏散路线设计、灭火器的配给符合要求			

整体验收意见：

6.3　门店设计的四大核心内容

餐饮门店设计的核心工作可以概括为四个方面：门头设计，空间设计，动线设计，VI 设计。门头是门店的脸面，是门店对外的名片；空间设计包含前厅和后厨，是门店装修的重点；动线设计是围绕管理运营做的空间布局，是空间设计的延伸；VI 设计是门店装修的优化，是对门店形象的系统梳理。

6.3.1　门头设计

门头是门店对外的一张名片，也是门店宣传营销的重中之重，所以门头设计可谓餐饮门店的战略级工作。

怎样的门头设计才是好的设计？认识这个问题，我们要先了解门头的四大系统。

1. 文字系统

文字系统就是由文案组成的品牌塑造和营销系统。餐饮门头上的文字包含以下内容。

（1）**品类**。品类就是产品的类别，例如火锅、小吃、快餐这些都是品类。区别就在于有的是一级品类，例如小吃，有的是二级品类，例如肉夹馍。品类描述要做到清晰明了，因为品类展现的是品牌的识别力。所以相比之下，二级品类比一级品类的描述更加精准。

（2）**品牌**。品牌就是店名，例如肯德基、麦当劳、魏家、老乡鸡、吉野家这些都是品牌。品牌要有记忆点，能够让用户过目不忘，体现出强大的吸引力。所以在起名字时一定要深思熟虑，想一个能够让用户好记的名字。例如，"老乡鸡"听起来朗朗上口，如果它不改名，还用原来的"肥西老母鸡汤"，估计就很难被人记住了。

（3）**口号**。我们通常又把口号称为 Slogan，简言之，就是一句话的自我介绍，让别人认识你。Slogan 的提炼方法有很多种，我整理了一些常见的餐饮品牌口号，如表 6-4 所示。

表 6-4　常见餐饮品牌口号

类别	提炼方法	示例
信任承诺型	表明态度，立下信任状	西贝：闭着眼睛点，道道都好吃 禄鼎记：油，我们只用一次 李子坝：缺斤少两死全家
强调产品型	强调产品品质、味道等	王品牛排：一头牛仅供六客 钱大妈：不卖隔夜肉 和府捞面：1 斤骨头 3 碗汤
数字强化型	用数字强化核心卖点，增强说服力	老乡鸡：全国 800 家直营店 一把骨：13 年累计销量 100000000 根骨头 徐记海鲜：每年有 400 万人在徐记吃海鲜
情怀塑造型	用情怀或调性吸引潜在客群，引起情感共鸣	张亮麻辣烫：我们不一样 武圣羊杂割：成功是熬出来的 黄太吉：良心用好料，还原老味道 瑞幸咖啡：这一杯，谁不爱

续表

类别	提炼方法	示例
抢占先机型	在某个领域占领第一的位置，抢占用户心智	黑白电视：长沙小吃，就是黑白电视 乐凯撒：榴莲比萨创造者 一尊皇牛：打造中国肥牛第一品牌
强调氛围型	通过氛围的塑造突出品牌感	木屋烧烤：有爱、有乐、有生活 全聚德：全聚时刻当然在全聚德 必胜客：爱分享、开心时刻必胜客
价值引导型	通过某种特定的价值引导突出品牌特色	九毛九：手工做好面 真功夫：营养还是蒸的好 丰茂烤串：羊肉现穿才好吃 旺顺阁：鱼头越大越好吃

（4）**卖点**。卖点就是突出餐厅经营的核心优势。很多餐厅是将卖点和 Slogan 结合起来的，例如西贝：闭着眼睛点，道道都好吃。此外，还有一些餐厅将卖点作为宣传语，在广告宣传中突出强调。

（5）**信任状**。信任状就是通过第三方的点评或者借他人之口来强调自己的优势和特色。例如：大众点评必吃榜推荐品牌，米其林一星店，××明星强力推荐。

（6）**订餐电话 / 加盟电话等其他信息**。订餐电话、加盟电话、全国连锁、官网地址等通常都是品牌连锁店门头必备的信息，可以增加门店的宣传渠道，同时也是在强化自己的"信任状"。

文字系统中的这六项内容并不是都要在门头体现出来，一般最常见的是以下这几种组合。

● **品牌 + 品类 + 口号 + 电话**。这类店铺门头是最常见的，通常以快餐和小吃店居多。品牌加品类为一般店名标准格式，例如魏家凉皮、袁记肉夹馍、叁宝烤肉、北京亚辰自助涮烤，前边是品牌，后边是品类，很容易让顾客了解这个店是做什么的。

● **品牌 + 口号**。一些知名度较高的连锁品牌，因为用户已经非常了解，所以在招牌上没有添加品类，而是直接展示品牌，例如肯德基、麦当劳、老乡鸡、星巴克等。

● **品牌 + 品类 + 口号 + 加盟电话 / 网址**。一般以加盟为主的餐饮品牌，门头都会突出显示公司网址、加盟电话等信息。通过门头这个绝佳的广告位，实现品牌的展示和传播。

● **品牌＋品类**。很多传统餐饮店的门头设计习惯以"品牌名＋产品类别"这种方式来呈现。例如好再来餐馆、大众餐馆、××饭店等。一个招牌，下面再加点产品类别，这种方式的门头是最不推荐的，既缺乏吸引力，也很难让顾客清晰地知道你卖的是啥。不要试图让顾客去猜测，门头的表达一定要简单明了。

2. 色彩系统

除了文字之外，门头中辨识度最大的因素就是色彩。相比文字，色彩在识别上有以下 3 个优势。

（1）**识别范围更大**。顾客看一个店的门头时，大老远就能看到它的底色，再走近一些才会看到门头上的大字，再近一些才能看清门头上的小字。所以色彩的辨识度是最高的，因为色彩不分形状、轮廓，看起来更直观。

（2）**更容易形成记忆**。相较于抽象的文字，颜色更容易被用户记住，更容易让人产生品牌联想。比如你经过一条美食街，然后去回想每个店，印象最深的应该是门头色彩，而不是店面名称。一旦一个品牌和某种颜色组合进行捆绑，那么顾客只要看到这种颜色组合，就会联想到该品牌。比如西安的湘菜品牌兰湘子，它的主色调是蓝色的，所以在西安的商场中只要看到蓝色，就很容易联想到兰湘子。

（3）**识别成本更低**。只有识字的人才能看得懂文字，用户要记住你的店名和口号需要经历从识别到转码再到解码的过程，要经过一系列联想和记忆。每个人对内容的理解不同，解码的方式不同，记忆的结果也不同。但色彩是没有歧义的，红就是红，绿就是绿，任何人都可以直接辨认出来，中间不需要复杂的转码和解码过程，相对来说识别成本更低。

因为色彩在传达上比文字有更大优势，所以色彩一直都是门头系统最重要的组成部分，每个品牌都应该有自己的品牌色。

品牌色要结合产品以及品类的特征来决定。例如，火锅品牌最常用的是红色，因为红色会让人联想到辣，火红的辣才是火锅该有的样子。做炸鸡、小吃类的店面最喜欢用黄色，因为黄灿灿的颜色容易让人联想到油炸食品，激发人的食欲。做轻食营养减肥餐的往往喜欢绿色，因为绿色代表着健康和营养。每一个产品品类都有它对应的色彩，色彩运用得当，基本上就解决一半的用户认知难题了。

3. 符号系统

在用户识别系统中，还有一类比文字和色彩更容易记忆的形式，那就是符号。我们通常把符号称作 Logo，但符号又不仅仅是 Logo，它还包括与之相关的辅助图形、品牌 IP 形象等。

餐饮行业最有名的符号应该是麦当劳的"M"了。无论在哪里，只要远远地看见一个大"M"，就知道这附近有麦当劳。除此之外，还有肯德基老人头像、KFC 组合符号、星巴克美人鱼 Logo 等，这些都是餐饮界的著名符号。

既然符号如此重要，那是不是所有的餐饮店除了店名以外都需要再设计一个图形 Logo 呢？这个就需要见仁见智了。

首先，Logo 的设计是为了增强顾客记忆，让顾客通过符号和你的店建立更强的联系，比如看到 M 就想到麦当劳。如果你的 Logo 能够达到这一目的，那就再好不过了。如果达不到，增加一个 Logo 也只不过是在门头上多了一点装饰，谈品牌时增加了一点谈资罢了。

其次，国外品牌用图形 Logo 是因为他们的品牌名是英文，以字母为主，字母的设计发挥空间较小，所以增加图形作为辅助手段能够有效降低用户的认知成本。而汉字本身就是一种象形符号，具有独特性和记忆点，所以品牌名稍作字体上的设计，就是极好的 Logo 了。比如图 6-1 这些品牌 Logo，看起来都极具设计之美。

图 6-1 常见餐饮品牌 Logo

再次，对于一个新的餐饮店或餐饮品牌来说，用户要记住你的名称是第一重考验，要记住你的图形 Logo 是第二重考验，同时还要将二者联想到一起，这就是第三重考验了。很多老板花大价钱请设计公司做了一套设计，从名称到 Logo，整个故事讲得非常完美，结果在顾客看来啥也不是，这就是严重的设计本位思想。如果你的 Logo 不能做到像西贝的那种从 "I love you" 联想到莜面，那么建议还是直接去设计文字，让名称本身变成 Logo，这样能够减少中间的记忆和联想环节，降低顾客的认知成本。

最后，除了 Logo 之外，如果还要设计一些辅助图形作为展示的符号，那么这个符号最好能够和产品或品牌 Logo 形成直接的关联。最典型的案例就是阿迪达斯的三道杠，还有厨邦酱油的绿格子、莆田餐厅的波纹线等，都是辅助的符号元素。品牌方如果能以战略眼光来看待这些符号，不断地对这些符号进行宣传和展示，让顾客对其产生联想，让品牌与之产生关联，到最后这些符号就会成为重要的品牌资产。

4. 感官系统

门头系统中的最后一个部分是感官系统，主要包含顾客看到的、感受到的、触摸到的以及听到的，它是顾客对门头所有感知的综合。影响感官系统的因素主要包含以下这些内容。

（1）门头的材质

门头就是脸面，材质的选择很重要，因为材质代表着质感，会直接影响顾客对品牌的感受。这就好比人的穿衣打扮，正所谓人靠衣装，餐厅门头也要看"衣装"。以前很多餐厅为了简单省事，直接用喷绘做门头，虽然这种材质的门头在很多城中村依旧是主流，但其实早已逐步被市场淘汰，取而代之的是 PVC 板、吸塑灯箱、水晶字、拉布灯箱以及其他各种五花八门的高端材质。

（2）门头的样式

走在大街上，我们会看到各式各样的门头，有整个门头都选用发光材质的，有选择发光字的，还有整体都不发光、外边打灯的，等等。门头样式的选择有这样几个注意事项。

a. 差异化。门头要做出差异化，如果颜色、材质、字体、灯光都和周边一排的店面一模一样，那差异化就很难凸显出来。

b. 协调性。差异的前提是要整体协调，有的老板为了让展示效果更加突出，会把门头做得伸出去一些，比别人都靠前，这样效果是有了，但是城管可能会来找你麻烦。

c. **保持亮度**。无论门头用哪种灯光，都要尽可能让它更亮一些，亮的目的是让顾客更容易发现。别人都是 50 米可见，如果你能做到 70 米可见，那么你在营销上就已经胜人一筹了。

d. **兼顾白天与夜晚的展示效果**。一二线城市的夜生活越来越丰富，夜晚的门头也能被更多人注意到，所以做门头时不只要考虑它在白天不亮灯时呈现出的模样，还要考虑到夜晚亮灯以后的效果。很多门头白天看着很好看，晚上却漆黑一片，这样的门头就丧失了很大一部分宣传功能。

（3）门头字体的大小

国内有家策划公司给所有客户设计门头和 Logo 都有一个原则，就是尽可能放大、再放大，引来无数同行的嘲笑。但仔细想想，他们的做法是有道理的。

超市里的产品都摆放在货架上，一个产品想吸引人注意就要考虑如何让自己在货架上看着更显眼。货架原理在线下门店同样适用，如果我们把整条街道看作一个货架，一个个门店就是摆放在货架上的"商品"，一家店面的门头无论多大，放在整条街上去看都是一小块，那么在这个小空间里，只有将内容放到足够大，才能保证它的可被识别范围足够大。如果门头本身就不大，字和图又很小，那么它的可见度势必会大打折扣，这样一来，门头的作用就无法充分显现。

综上所述，一个好的门头就应该把文字、符号、色彩、感官这几个系统努力改善到最佳，让品牌名好记好懂，让色彩更具代表性，让符号更加形象生动，让整体设计更有质感。

6.3.2 空间设计

门店的空间设计主要包含两部分内容：营业区的设计和后厨的设计。营业区是门店为顾客提供服务的区域的统称，包括前厅就餐区、休闲区、吧台、过道、包间、卫生间等区域。

就餐区的设计是最重要的，因为该区域是顾客停留时间最长的地方，也是门店为顾客提供服务的核心区域。就餐区的设计要考虑的因素包括色彩的运用、材质的选择、桌椅的选用、灯光的设计等。

空间设计的目的是给顾客更好的体验，因为环境会直接影响人的心情。在温馨舒适的环境中，顾客的心情会更好，对门店也会产生更好的印象。如果环境让顾客感觉不自在，即使饭菜味道很好，顾客的体验也不会太好，甚至会对门店产生不好的印象。

一般火锅或中餐厅会设置休闲区，主要是为了给顾客提供等位或者饭后休息服务。休闲区可以设计得相对舒适一些，营销学中有个首因效应，指的是一个人对一个人或一件事的第一印象会影响对其结果的判断。如果顾客还没就餐就已经感受到了温馨的氛围，那么接下来的就餐过程就会更加顺利和愉快。

吧台和过道这些公共区域，在设计时要考虑到美观性和实用性，因为这些区域都是人比较容易聚集的地方，如果设计不合理，很容易造成拥堵，甚至还会有安全隐患。

卫生间是一个非常重要却又容易被忽视的地方。卫生间是否干净会影响顾客对店面的印象。如何保持卫生间的清洁和通风，这些在设计时就要考虑周全。

后厨的设计要和运营结合起来考虑。首先是后厨的面积要合适，一般占到总面积的四分之一就可以。如果店铺面积比较大的话，这个比例还可以再小一些。

后厨功能区的划分要结合具体的产品加工需求来定。一般餐厅后厨都会包含择洗区、切配区、加工区、凉菜间、洗碗间等。后厨装修需要着重考虑的问题是安全和卫生。水电燃气的安全、设备的安全，还有上下水的设计、污水的排放和处理、烟道及通风的设计等，这些都是需要重点考虑的。

后厨的设计部分建议由设计团队和后厨运营团队共同来讨论决定，毕竟设计最终是要为运营服务的。

6.3.3　动线设计

餐厅的动线设计是空间设计的延伸，着重强调的是内部的布局结构。动线设计的重要性主要包含以下几点。

1. 节约成本。前厅动线设计合理，厨房出餐就可以少走路，前厅服务人员也能更方便地服务顾客，既能节约人力成本，又能提升服务效率。后厨动

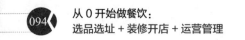

线设计合理有助于合理安排员工工作，提升工作效率。

2. **强化顾客体验**。从顾客进门、点餐，到顾客找座位入座这个过程中，如果能减少顾客走动，减少顾客和服务人员移动轨迹之间的交叉和重合，就能够减少碰撞和混乱，给顾客更好的就餐体验。

3. **提升运营效率**。肯德基点餐竖着排队，星巴克却选择横向排队，这都是从运营角度出发去做动线设计。快餐店用户在点餐前基本上已经有了计划，所以设计为两排队，一排点餐一排取餐，能够更好地提高效率。而咖啡厅顾客在点单前是不清楚自己想要什么的，那么他们在横向排队的过程中可以多观察柜台里的产品，边排队边做决定，这样的设计也是为了提升效率，同时能提高客单价。

在做动线设计时，要着重考虑以下几条线。

1. **顾客的动线与员工的动线**。顾客的行动路线和员工传菜出餐的路线最好能够少交叉或者不交叉，交叉越多冲突越多，在忙碌时越容易出现突发状况。

2. **出餐的路线与收餐的路线**。如果条件允许，出餐的路线和收餐的路线尽量分开，这样能防止收餐人员和传菜员之间发生冲突，尤其是在顾客比较多、手忙脚乱的时候，动线设计不合理会带来安全隐患，也容易造成拥堵，影响运营效率。

3. **厨房的动线**。在厨房中，厨师到配菜、打荷到出餐之间也有动线，设计合理就能够降低沟通成本，提升运营效率。

6.3.4　VI 设计

VI 设计是对门店形象与品牌形象的系统梳理，是完善店面视觉体系、提升品牌形象的必备途径。

完整的 VI 设计包含品牌 VI 的基础设计和应用设计两部分内容。根据设计和使用的时间先后，VI 系统设计通常又分为前期设计服务、中期设计服务以及后期设计服务，不同阶段需要不同的设计服务及售后服务。完整的企业品牌 VI 设计内容包含上百项内容，但是餐饮门店需要的并没有那么多，结合餐饮门店运营的实际需求，我整理了一份餐饮品牌 VI 设计内容目录，如表 6-5 所示。

表 6-5　餐饮品牌 VI 设计内容目录

品牌 VI 基础设计部分	
品牌主画面	品牌中文标准字
创始人或代言人介绍	品牌中文标准字网格制图
品牌文案阐述	品牌英文标准字
品牌调性释义	Slogan 广告语中文标准字
品牌 Logo 释义	品牌标识组合
品牌形象释义	品牌标识的墨稿及反白稿
品牌标准色	特殊印刷工艺色
品牌辅助色	标准色色阶（标识横版）
品牌标志的网格制图	品牌标识的最小规范
标志的墨稿及反白稿	品牌标识的安全空间
标志的最小使用规范	墨色色阶（标识横版）
品牌标志的安全空间	标识横版的错误使用
品牌 VI 应用设计部分	
服务员服装（春夏装）	筷子 / 筷子套
服务员服装（秋冬装）	打包袋
服务员帽子	打包碗碗身贴图
胸牌	打包碗顶面贴图
围裙	礼品盒
洗手间标识牌	公仔
营业时间 / 警示牌	抱枕
节约用水提示牌	桌贴提示
小心地滑提示牌	餐桌垫纸
禁止吸烟提示牌	会员卡
防撞条	吊旗
名片正面	招聘海报
名片背面	围挡
合同封皮	湿巾套
授权牌	牙签套
手提袋	Logo 吸塑灯箱
饮品杯子	Logo 店招排列效果
餐具样式	店面海报、挂画

除了 VI 系统以外，很多连锁品牌还会做 VIS 视觉识别系统设计。尤其是在团餐行业，在团餐的标准化管理体系中，VIS 是非常重要的一部分。表 6-6 是我整理的一份团餐行业餐厅的 VIS 标识标志设计目录。

表 6-6　VIS 标识标志设计目录

序号	类别	区域	项目	内容	规格	数量	备注
1	前厅	入口	宣传栏				
2			公告栏				
3			餐厅平面图				
4		用餐区域	大幅标语				
5			文化标识	餐厅文明公约			
6			意见箱				
7			窗口名称				
8			菜价表				
9			蔬菜、副食市场行情价格一览表				
10		售餐间	宣传标语				
11		吧台	价格表及产品照片				
12		招待间	房间号				
13			字画	装饰画			
14	库房	主食库	制度牌、设备操作责任牌与操作规程	库房管理规定、领料程序及时间、库管岗位职责			
15		调料库					
16		副食库					
17		物料库					
18		杂品库					
19		商品库					
20		冷库					
21	初加工	毛菜间					
22		择洗间					
23		切配间					
24	操作间	烹制间		煤气灶操作规范			
25		主食间		和面机操作规范			
26		西点房		电烤箱操作规范			
27		凉菜间		凉菜加工操作规范			
28	更衣室		员工个人卫生标准				
29			岗前操作规范				
30	消洗间		餐具洗消程序	版面制作			

续表

序号	类别	区域	项目	内容	规格	数量	备注
31			标识的使用方法	内厨色系管理图			
32			留样操作规范				
33			消毒的种类和标准				
34		物流通道	文化看板	消防架构图、食物中毒应急预案、厨房安全操作制度、厨房防火制度、质量控制流程图、食品进货查验及索证索票制度			
35			资质	企业资质、供应商资质			
36		超市货架	价格条				
37			岗位职责	经理、厨师长、会计岗位职责			
38		综合办公室	企业文化	表扬栏、曝光栏、培训计划、本月重点工作、员工生日、企业通知、卫生管理、本月优秀员工			

VI 和 VIS 设计有助于提升门店和品牌的整体形象，也有助于实现管理和运营的标准化，提高服务质量，提升运营效率。在做餐饮时，产品固然重要，设计也不能忽视，毕竟这是个看脸的时代，颜值不够，再有内涵也没有机会向顾客展现，所以要想做好餐饮，先得做好设计。

6.4　门店装修中的营销技巧

在餐饮开店过程中，运营和营销是自始至终贯穿全局的，门店的装修设计也要带着营销的思维去做，让设计最终能够为运营服务，好的设计也能够成为营销的利器。在这一部分，我主要讲门店装修设计中的营销技巧。

6.4.1　灯光营销技巧

灯光是门店环境中非常重要的元素，不同类型的门店、不同的消费场景、不同的产品展示，需要用到的灯光效果都不一样。灯光对环境的影响主要体现在灯具的选择、灯光的亮度、色温这些方面。

首先，灯光的亮度不同会带来不同的营销效果。一般糕点店、水果店、饮品店的灯光会非常明亮，顾客大老远就能通过灯光识别出这是一家什么店。这些店为什么需要更亮的灯光呢？因为蛋糕、甜点、水果的主要卖点之一就是颜值，在灯光的照耀下，这些产品会显得更加诱人。服装店、化妆品店的装修通常都比较明亮，也是因为这个原因。相反，西餐厅、咖啡馆、酒吧的灯光就会暗一些，若隐若现，塑造出朦胧感和神秘感，因为顾客进这些店通常都是以社交为主，在谈天说事的时候，需要一定的私密空间，比较暗的灯光设计会给人安全感。

其次，灯光的颜色会带来不同的营销效果。一般餐饮店的灯光主要有暖色灯光和冷色灯光两种，灯光不同，营造出的氛围就不同。冷色灯通常更适合用在小吃店、快餐店、火锅店、中餐店，就餐区、卫生间、门口等位置一般会用冷色灯，突出环境洁净明亮。暖色灯更适合主题餐厅、文艺清新风格的小馆子，或者要突出年代感的餐厅，塑造温馨怀旧的氛围，调动用户的情绪。还有一些特殊颜色的灯光，比如红色的灯光，在餐饮中也比较常见。很多餐厅在门头上用红色的灯箱或者红色跑马灯吸引人，因为红色的灯光更有穿透力。很多卖调料的店、熟食店、卤制品店以及自助烧烤店，通常也喜欢用红色灯光，因为在红色灯光的照射下，调料以及肉制品的颜色看起来更加鲜艳，让人更有食欲。

最后，灯光本身也是一种指引。灯光的样式有很多，吊灯、吸顶灯光线比较分散，主要是用来照明的；射灯、筒灯光线聚焦，通常用来给局部照明和打光，目的是将照射的物品和周边环境区分开来，最大化地引起人们的注意，同时塑造出高级感。

6.4.2 色彩营销技巧

在餐饮门店营销中，色彩也是非常重要的营销工具之一。有研究表明，人对色彩的记忆要优于图形和文字。当你从一条街走过，你可能不一定记得你看到的店铺名称，但某些店铺的色彩可能会留在你的记忆里。正因为如此，大多数品牌都在打造自己的品牌色，比如星巴克的绿色、肯德基的红色、大米先生的绿色、兰湘子的蓝色等，都是通过色彩强化顾客对品牌的记忆。

餐饮店色彩营销主要体现在空间环境、菜单广告物料、餐具及人员服装等地方，其核心主要体现在以下几个方面。

1. 色彩统一才有高级感。 首先就是色彩的统一，从品牌的 VI 设计开始，到所有的 VIS 展示，以及餐厅中的每一个细节，色调统一，主色明确，就会给人一种很规范的感觉，有助于提升品牌形象。如果颜色搞得花里胡哨、五彩斑斓，那就会给顾客一种很乱很轻浮的错觉。

2. 色彩搭配合理。 一般来讲，餐厅的主色调不能超过三种，在选择颜色时要注意色彩的合理搭配。色彩搭配合理、有美感，这样才有记忆点。

3. 色彩的选择要符合品类特征。 我们前边也提到过，不同的颜色代表不同的含义。比如绿色代表健康、天然，那么做轻食、减肥餐、素食馆就可以选择绿色作为主色调。红色代表热情，能够烘托氛围，所以很多快餐店、火锅店都以红色作为主色调。炸鸡、汉堡以及各种油炸类小吃品牌喜欢以黄色作为主色调，因为黄色能够彰显青春和朝气，而且黄色和油炸类产品的颜色也比较吻合。如果做高端餐饮，要显示出与众不同的气质，那就可以选择黑色、蓝灰、深红等颜色作为主色调，因为黑色是比较沉稳的颜色，更容易营造出高端典雅的氛围。

6.4.3　音乐营销技巧

营销要尽可能地调动人的感官系统，和听觉对应的就是音乐。很多餐饮老板往往喜欢在餐厅里播放自己爱听的歌曲，不考虑就餐顾客的反馈。我记得之前经常去一家面馆，老板就很喜欢听一些苦情的歌，有一次中午我就在空无一人的面馆里听着《铁窗泪》吃完了一碗面……

餐厅音乐的选择非常重要，因为音乐能够向顾客传递老板的品位，同时音乐也是品牌形象的一种展示，一个品牌连锁店如果天天播放广场舞神曲，那么我想这个品牌形象一定好不到哪里去。

怎样用好音乐、做好音乐营销呢？我总结了以下几个方法。

1. 选择合适的音乐。 首先要选择合适的音乐。过于悲伤沉闷的音乐不太适合在店里播放，会影响顾客的情绪，情绪不佳时就餐体验会比较差。太过劲爆的舞曲、广场舞歌曲以及乡土气息浓厚的歌曲也不太适合在餐饮店里播放，这些都会影响顾客就餐的心情。快餐店里可以放一些轻松欢快的音乐，调动顾客的情绪，提高顾客的就餐效率，间接提升餐厅的翻台率。西餐厅、咖啡馆等场所更适合播放舒缓悠扬的音乐，这样的音乐能让顾客慢下来，让他们心情舒缓放松。

2. 选择合适的播放时间。同一家餐厅里，不同时间段播放的音乐也会有差异。比如快餐店在就餐高峰期更适合播放一些节奏比较快的音乐，因为音乐会在潜移默化中影响顾客吃饭的节奏，音乐节奏快，顾客吃饭也会不自觉地快起来，这样就能提高翻台率了。在下午茶时段就要播放比较舒缓的音乐，因为在这个时间段里顾客不需要赶时间，餐厅也不需要考虑翻台率，舒缓优雅的音乐能够营造更好的氛围，会给顾客更好的体验，所以西餐厅、咖啡馆、茶馆里的音乐都是比较舒缓的。

3. 选择合适的音量。播放音乐时要注意调节好音量，声音太小顾客听不到，声音太大会影响顾客用餐。店内音乐最合适的声量是当顾客不注意时它就是背景音乐，不会喧宾夺主，当顾客仔细听时也能欣赏到音乐内容。

餐厅音乐选得对、用得恰当，对于营销起到的就是锦上添花的作用。如果音乐选得不合适，宁可不要音乐，也不能画蛇添足，因为这一个小细节影响了生意。

6.4.4　座位设置技巧

餐厅桌椅的选择和座位的设计也有很大的学问。经常有人吐槽肯德基和麦当劳的桌子很小、凳子很硬，极度不舒服，觉得大品牌经营也不过如此。实际上吐槽者是没有洞察到这些品牌餐饮在运营上的心思。

我总结了餐厅选择桌椅的一些技巧，看完这些你应该就会明白肯德基、麦当劳为什么那么做。

1. 快餐店的桌子通常会选择 60 厘米 ×120 厘米这个尺寸，而火锅店、烧烤店以及中餐店的四人桌椅通常会选择 70 厘米宽的。从运营角度来讲，快餐店顾客点餐一般不会太多，桌子大也是浪费，每张桌子都窄 10 厘米，餐厅里就能增加一些台位。火锅、烧烤、中餐店如果桌子太小，餐品可能放不下，桌子宽一些能够增加舒适度，提升顾客体验。

2. 快餐店里 60 厘米 ×60 厘米的双人桌比四人桌更实用，因为单人桌在遇到进店顾客较多时可以自由组合，人少时可以拆分使用，这样可以提高上座率。在很多店里四人桌通常都是坐两个人，尤其是在寸土寸金的商城，小桌子能解决大桌子解决不了的很多问题。

3. 快餐店里通常会使用比较硬的凳子，座位靠背也比较低，靠背斜度小，桌间距比较小，相对来讲舒适度比较低，这样设计同样是出于运营考虑，是为了让顾客吃完快速离开提升翻台率。茶楼、咖啡厅以及西餐厅里会使用比较舒适的沙发，给顾客更好的体验，目的是让顾客喜欢上这里，他们更多考虑的不是翻台率，而是顾客的体验感。

4. 咖啡厅、酒吧、饮品店里桌子更小，因为在这些场合，顾客主要是聊天谈事情，需要私密空间，围着小桌子能够拉近人与人的距离，会让人更有安全感，相反大桌子会让人产生距离感。而且一般在这些场合，用户也不会点一大堆东西，不用担心桌子放不下。

5. 很多餐厅在桌位底下设计了抽屉，将筷子、餐巾纸、牙签、开瓶器等物品直接放置其中，这样就很方便顾客自取，降低了运营成本，同时还能提升顾客体验。

6. 很多餐厅在靠近窗户的位置会放置比较舒适的卡座，目的就是吸引顾客更多地选择这些地方，这样外边经过的人随时都会看到里边就餐的人很多，会产生这家店人气高的印象，从而愿意进店就餐。

第
7
章

产品是核心驱动

　　谈到餐饮，大多数人会认为餐饮就是销售饭菜，实际上餐饮行业发展了这么多年，虽然以美食为根本这一特性没变，但是体验的过程早已发生了变化。要不然为什么同样的产品放在不同的地方就能卖出不一样的价格？为什么有的餐厅人均 15 元依旧无人问津，有的餐厅人均上千元还需要提前预约？

7.1　餐饮的产品是什么

谈到产品，根本话题只有一个：餐饮的产品究竟是什么？这一节就来讲讲我理解的餐饮产品。

7.1.1　"好吃"时代的产品

餐饮行业的发展，经历了从"好吃"到"吃好"的转变。在"好吃为王"的时代，餐饮经营主要以味道取胜，谁家厨师经验更丰富、技高一筹，谁就能吸引更多顾客光顾。好吃的核心有 3 个。

一是技艺。厨师做菜凭借的是技巧的娴熟程度以及多年的经验积累，经验会告诉他某一道菜应该如何烹饪，烹饪时要注意哪些因素，什么是让菜品更好吃的关键。

二是烹饪方式。蒸、煮、煎、炒、炸、焖、炖、熘、烧、烤，在烹饪方式里边也有一个价值链，顾客普遍认为蒸的要比煎的好，煎的要比炸的好，像真功夫这样的快餐品牌之所以受青睐，正是因为它打出了"营养还是蒸的好"这个口号，直接对比以油炸为主的快餐店，突出了自己的烹饪优势。

三是食材和原料品质。当口味竞争演化到一定程度以后，大家的烹饪方式和技巧都大同小异，没有太大区别，口味的竞争就上升到了食材和原料的竞争，食材就成了好吃与否的最后一个影响因素。内蒙古的羊肉、贵州的辣椒、陕西的面……地域食材的优势形成了消费者对产品口味的地域认知。

无论是讲经验、讲烹饪方式，还是讲食材和原料，核心都是强调产品好吃，在"好吃为王"的时代，只有将产品做好才是最核心的追求。王品牛排讲"一头牛仅供六客"，西贝讲"闭着眼睛点，道道都好吃"，巴奴讲"服务不是特色，毛肚和菌汤才是"，都是在强调自己的产品品质更高、味道更好，好吃就是它们参与市场竞争的王牌。

然而在新餐饮时代，仅仅做到"好吃"还不够，还得做到"吃好"才能吸引更多的关注。

7.1.2 "吃好"时代的产品

在新餐饮时代，餐饮消费的核心是"体验"。从追求是否能吃饱、是否实惠、是否好吃，到追求就餐环境、服务品质、品牌格调以及就餐体验，顾客的选择经历了从"好吃"到"吃好"的转变。

"吃好"是一个综合体验，从顾客体验角度出发，我将"吃好"细分为以下多个维度，方便大家更好地理解。

1. 好味道。味道永远是做餐饮要考虑的核心因素，但餐饮老板们要明确的一点是，好味道不一定就等于好吃。因为好吃是一个主观概念，一千个人对好吃可能会有一千种理解。只要产品口味不违背大多数人基本认可的好吃标准，只要没有难吃到让大多数人受不了，就没有太大问题。好吃的关键在于有特征有记忆点，比如吃川渝火锅，顾客想要的最大刺激就是麻辣，只要麻辣味足够突出，就能征服大多数人的味蕾。

2. 好出品。如果说味道是产品的内在表达，那出品就是产品的外在表现。在如今颜值当道的社会环境中，产品的出品成了影响顾客体验的至关重要的因素。器皿的选择、菜品的摆盘、内容的搭配、色彩的调整、辅助装饰物的运用，这些都是产品的一部分。高颜值的产品更容易让人心生好感，也能吸引顾客拍照传播，替门店做宣传。

3. 好食材。随着健康理念的普及，越来越多的人开始重视食品健康问题，食材的重要性自然不言而喻。产品口味的竞争、品质的竞争最后都会聚焦到食材的竞争上，因为好食材才能成就好味道。很多餐饮门店为了突出食材的健康打出了"乡下菜，城里卖"的口号，把食材摆在显眼的位置，让顾客可以看得见，就是为了突出食材的好品质。还有一些品牌会选择大的供应商，通过供应商的行业影响力增加自身的信任背书，以此来凸显自己的好食材。

4. 好故事。好的菜品还要有好的故事，这样才能让产品更加生动，更容易被人记住。比如东坡肉、老婆饼、过桥米线、张飞牛肉等经典美食背后都有一个生动的故事，通过故事的传播让菜品更有文化内涵，更容易加强顾客记忆。

因此很多品牌在打造产品时都会包装一些产品研发的故事、品牌创立的故事、品牌成长的故事等。比如鼎泰丰的产品研发故事，就是宣传它的品质的关键。西少爷肉夹馍的创业故事当年也在网上掀起一波热议。还有西贝，它的每一个爆品的背后都有一个产品研发故事，就是为了突出产品的价值感。

5. 好环境。环境也是产品的延伸，尤其是针对聚会、宴请等场景化消费比较强的产品，环境已经成了不可缺少的部分。例如很多网红打卡店，顾客关注的点并不是产品，而是环境，因为顾客的兴趣点就是拍照分享到社交网站，至于吃什么、味道如何，他们都不在意，他们在意的是环境是否能给他们带来满足感。经常有老餐饮人对网红店嗤之以鼻，觉得它们就是环境好，店里根本没啥好吃的，殊不知它们的"撒手锏"就是环境。

6. 好服务。服务是顾客体验的核心，也是产品的一部分。很多老店经常被人诟病没有服务。因为服务差，它们在年轻人心中失去了吸引力。为什么很少有人去谈论海底捞的产品？海底捞的产品要比同行贵很多，即便如此依然阻挡不了顾客对它的喜爱，因为海底捞用服务征服了所有人。

服务是产品的延伸。如果从广义的角度来理解产品，服务就是产品的一部分。深谙此道的餐饮品牌，在产品设计时便已经将加工方式与出品方式融合起来，现场加工出品，和顾客互动，通过这样的方式强化顾客认知，加深顾客好感。

比如海底捞的舞面、小龙坎现包的抄手、炉诱的招牌烤鱼，都是产品服务化的表现。

还有越来越多的餐厅重视打造明厨亮灶，开发让用户 DIY 的产品，这都是为了通过表演和现场服务彰显产品价值，让产品的价值不仅仅停留在食材本身，还要彰显出更多的体验价值。

好的服务除了能给顾客带来更好的体验、提升顾客满意度，还能提升产品的价值感。比如，有一家主打特色牛肉的火锅店，它的招牌菜是牛排。如果你点了牛排，会有服务人员专门给你介绍牛排的产地、特色、食用方法，并且直接为你把肉切好煮好，这样的一套服务让你顿时感觉这个菜太实惠了。实际上这道菜价格并不低，但是火锅店提供的服务会让顾客感觉这道菜价值感很足，物超所值，这就是服务的魅力。

7. 好传播。检验一个产品能否让顾客满意，就看它能否被用户传播。现在年轻人吃饭的习惯是饭前先发朋友圈，产品能否成为顾客在社交媒体晒图的素材，甚至成为检验产品竞争力的最高标准。

产品出品是否吸睛，颜值是否爆表，店内环境是否足够吸引人，还有品牌的调性能不能彰显自己的品位与格调，这些都是顾客满意与否的关键，也是顾客是否愿意传播的关键。

年轻人吃饭本身就是一种社交行为，吃什么不重要，能传递怎样的生活方式才是最重要的。网红餐厅东西好不好吃并不重要，重要的是过程，因为产品本身充当的就是社交货币的价值，能够被分享才是顾客吃好了的标志。

8. 好品牌。顾客在做就餐选择时，总是习惯用品类去思考，用品牌去做选择。比如要吃毛肚火锅，就会想到巴奴；要吃韩式烤肉，就会选择九田家；要吃重庆火锅，就会想到周师兄……从品类到品牌，通过特定的关联实现了认知的聚焦，这就是品牌通过定位在顾客心中给自己做标记的方法。

定位理论里讲，品牌是品类及其特性的代表。特性就是自身和竞争对手相比更与众不同的地方，这也是让顾客吃好的核心与关键。

顾客因为你的与众不同去感知你的产品和品牌，形成品牌印象和记忆，好吃只是诸多可塑造的特性之一，除此之外，塑造品牌还有很多方式。

比如海底捞的特性是服务好，蜜雪冰城的特性是性价比高，很久以前的特性是羊肉串来自内蒙古、品质高，西贝的特性是味道好。

创立品牌是降低顾客选择成本的最佳方法。伴随品牌产生的高溢价，也是顾客为了达到吃好的目的所付出的代价。在未来的餐饮竞争中，品牌将成为核心竞争力，也会成为用户做出选择的核心标准。

能让顾客"吃好"的产品，必定是融合了味道、出品、食材、故事、环境、服务、传播和品牌的综合体。在体验经济时代，餐饮人要对产品建立新的认知，用新的思维去塑造体验型产品，只有这样才能打造出更多让顾客满意的产品。

7.2　从大而全到小而美

五六年前，我们满大街看到最多的大概是"×× 餐厅""×× 餐馆"，在很多四五线城市，这样的店面还有很多，但是一二线城市几乎很难再看到这样的店面，取而代之的是"×× 湘菜小炒""×× 烧烤""×× 龙虾"等，以餐馆、餐厅命名的店面都变成了聚焦某一类产品的专门店面。

7.2.1 从"杂货店"到"专卖店"

很多传统餐厅的菜单上，基本都是密密麻麻的产品名称和价格，从米饭到炒菜，从传统产品到特色产品，从中餐到西餐，应有尽有。我们再看很多新兴的餐饮品牌，菜单就显得比较"克制"了，可选的东西没有那么多，但是生意反而非常好。

从店名到菜单的变化，反映出餐饮行业的一个变化趋势：从"杂货店"向"专卖店"转变。为什么会发生这样的变化？核心就在于市场需求与竞争关系发生了变化。

以前餐饮行业的竞争没有那么激烈，实体行业也没有遭遇互联网冲击，线下经济比较繁荣。在一条街上，不光有餐饮店，还有服装店、文具店、建材店、工艺品店……这个时候餐饮店面临的竞争是行业竞争，餐饮店门头的作用是区分自己和别家的行业，所以店名叫"××餐馆"是为了告诉别人这是吃饭的地儿，不是理发店，不是超市，也不是卖五金家电的，目的是把想要吃饭的人吸引进来。

以前顾客吃饭都是进了饭馆以后看着菜单才知道自己要吃什么，选择是从进店以后开始的。所有的产品都在菜单上罗列着，想吃什么只能看着菜单点，所以，产品足够丰富才可以满足更多顾客的需求，否则就有可能面临顾客的流失。

现在线下实体店不好做，餐饮成了实体门店的救星，这导致餐饮门店剧增，一条街上可能全是餐饮店，商场里餐饮的比重也越来越大，餐饮的竞争进入白热化阶段。这时候门头的作用就不是为了告诉别人自己是卖饭的，这样说没有任何意义，因为整条街都是卖饭的。门头要传递的是自己的饭和别人的不一样，所以要强调品类，通过品类和其他餐饮店做出区分，再通过对自己特色的描述让潜在顾客在自己的门店和他人的门店之间做出选择。

现在有了大众点评、团购、短视频等媒体平台，顾客在出门之前已经清楚自己想吃什么，有了对品类的预判。这时候选择餐厅只是决定选择哪个品牌，选择某一个特征的产品而已，所以现在顾客选择门店是用品类做思考，用品牌做选择，在线上选择，在线下体验。

综上，"杂货店"是在未知里边帮助顾客做选择，"专卖店"是在已知的方向上帮顾客确认选择，这就是消费逻辑的变化。如果你的餐厅没有聚焦品类，还是大杂烩，那么在顾客做选择时很可能会遗忘你，因为无论什么品类都有专门的店在做，顾客的潜意识会认为专门做某个产品的应该会做得更好，这就是专业的力量。没有品类聚焦的门店在竞争中就会始终处于弱势地位。

7.2.2　产品聚焦的终点是打造极致爆品

我问过很多餐饮老板，在营业额不变的情况下，你是希望菜单上的产品更多还是更少？大部分人都希望产品更少一些。每个人都清楚，更多的产品意味着更多的人工支出、更多的原材料支出、更多的场地和软硬件设备投入。实践告诉我们，菜品更多和营业额更高之间并没有关联性。菜单产品过多反而会造成精力不聚焦，难以形成特色，导致营业额下降。

很多餐饮老板都意识到了聚焦的重要性，正如前文提到的，要做小而美的"专卖店"，而不是大而全的"杂货店"。聚焦的终点则是打造极致爆品。

什么是爆品？我说几个品牌——太二、肯德基、巴奴，你可以在心里联想一下。是不是想到了酸菜鱼、炸鸡汉堡、毛肚火锅呢？爆品就是让顾客能够和品牌直接关联并产生化学反应的产品。上边提到的这些品牌都是因为它的招牌产品而在业界广为人知的。还有黄焖鸡、柳巷面、摔碗酒、毛笔酥，这些都是爆品的典范。一个产品撑起一家门店、成就一个品牌，这就是爆品的魅力。

什么样的产品才能成为爆品呢？我研究了很多爆品案例，总结了爆品的四大特征。

1. 极致。能够成为爆品，一定是把某一个点做到了极致，因为极致才更容易被人记住，比如非常低价、非常实惠、非常好吃、非常鲜美、非常健康等。爆品不一定要面面俱到，但一定要有一个点做到极致，让人能够因此记住你。有个做米粉的品牌叫霸蛮，曾经打造了一款最辣米粉，因为极致辣这一特征广受消费者喜爱，成了当时店里的绝对爆品。

2. 刚需。一个产品要成为爆品，就得让更多人知道和接受，这就要求我们选择认知度比较高、用户面比较广、客群覆盖面比较宽的产品。刚需型产品能提高复购率，比如黄焖鸡米饭、兰州拉面，这些产品之所以能在全国火爆，是因为大家日常都爱吃。

很多创业者出于情怀或个人喜好选择用自己家乡的小吃或者一些非常小众的产品来创业，这些产品看似特色鲜明、有差异化，实际上客群很窄，想做大很难，想做成爆品更不容易。

3. **话题**。一个产品要想成为爆品，就一定要充满话题性，让顾客愿意去讨论、去互动、去传播。只有更多人愿意去讨论和传播，产品才能被更多人知道，成为现象级爆品。比如太二酸菜鱼、茶颜悦色，它们的门店一开就会成为大家讨论的话题，想要买到茶颜悦色甚至还要找黄牛代购，这就让它更加具有话题性，有话题自然能带来更大范围的传播。

4. **创新**。爆品的吸引力以及话题大都源于产品的创新。常规的东西很难引起注意，只有那些反常态的、能够造成认知差的、能够带来强记忆的产品才更容易被传播和讨论。比如网上曾经火爆一时的摔碗酒和毛笔酥，就是违背了碗不能摔、毛笔不能吃的常态，形成了新奇的体验，从而吸引用户大量传播。

清楚了爆品的四个特征以后，餐饮老板们就可以去对比自己的菜单和产品，想一想自己的产品中有没有能够打造成爆品的潜在产品。至于爆品如何去挖掘和包装，我在本章节后边的内容中会做详细讲解，这里不再赘述。

总之，在未来的餐饮市场，无爆品不餐饮，爆品能重新为你塑造利润点，提升价值感，重塑品牌。

7.3 未来餐饮产品的三大发展趋势

我们常说选择大于努力，做餐饮更是如此。餐饮行业正处于高速发展阶段，行业变革剧烈，很多现在火爆的项目三五年后可能就会被行业淘汰，所以做餐饮不仅要了解行业现状，更要把握行业未来的发展趋势。我结合餐谏对于餐饮行业的观察和研究，总结了未来餐饮产品的三大发展趋势。

7.3.1 品类细分

正如前边提到的，从"杂货店"思维到"专卖店"思维的转变是市场需求与行业竞争关系变化的必然趋势。行业竞争进一步加剧带来的另一个变化是品类细分化。

品类细分指的是在一个完全竞争的品类中，竞争者为了凸显自身的差异性，围绕大的品类延伸出细分品类，在细分品类里做差异化竞争。比如火锅是个大品类，火锅里又细分出四川火锅、重庆火锅、老北京铜锅涮肉等小品类，四川火锅又根据食材差异性细分出毛肚火锅、鸭血火锅、卤味火锅、鲜货火锅等更小的品类，这就是品类细分化的表现。

我专门对一些重点城市的餐饮细分品类做了数据统计（见表7-1），发现：

餐饮市场发展越成熟的城市，餐饮品类细分越完全，具体表现就是品类的数量比较多；**餐饮市场发展越落后的城市，餐饮品类细化越缓慢**，具体表现就是细分品类比较少。

这给餐饮人的启示就是：一二线城市餐饮市场发展比较成熟、竞争比较激烈，要在细分品类里找机会。三四五线城市餐饮市场品类发展还不够成熟，品类细化可能是个伪命题，因为市场用户基数太小，细分品类的用户可能难以维持店面的正常发展，所以在这些城市发展餐饮要从大品类里找机会。

表 7-1　重点城市的餐饮品类数量统计表

业态分类	细分总数（类）	北京（类）	上海（类）	成都（类）	西安（类）	长沙（类）
中餐正餐	130	38	36	28	27	25
特色小吃	66	6	7	11	10	7
快餐	30	11	13	11	12	11
火锅	20	7	5	7	5	5
亚洲料理	18	12	12	3	3	2
烧烤	11	2	2	2	1	2
海鲜	10	3	4	2	2	2
西式料理	8	5	5	3	3	3

注：本表格数据整理自网络，截至2021年10月，仅供参考

7.3.2　口味融合化

未来餐饮产品发展的第二个趋势是口味融合化。虽然从整个地理环境来看，中国人的饮食口味素来有南甜北咸、南米北面、南清淡北重口的划分，但实际上随着经济发展，人群的融合加剧，城市与城市之间、人与人之间的饮食习惯差异已经越来越小。

就拿吃辣来说，川湘菜和川渝火锅的盛行让全国人民都成了麻辣爱好者。如果要比较哪个地方的人更能吃辣，陕西人说我们油泼辣子一道菜，四川人

说我们不怕辣，湖南人说我们怕不辣……在无辣不欢的年轻人面前，口味早已没有了地域之分。

餐饮行业的发展，尤其是调味品行业的发展也在不断地解锁国人的味蕾，更多新的味型被创造出来，给消费者带来新的刺激和体验。关于消费者口味的变化我总结了以下几个趋势。

1. 地域融合加剧。以前专属于某一个区域的美食，现在可能全国各地都会有，而以前专属于某一个地区的味道现在也逐步成为全国性的味道，地域融合让口味不再有地域的区分，这促使越来越多的地方美食走向全国，成为全国人民耳熟能详的口味。

2. 口味融合加剧。未来市场上的很多产品不再是非咸即甜，很多我们常讲的黑暗料理可能会成为年轻人追求新体验的主流。比如油泼辣椒味的冰激凌、小笼包口味的奶茶、芝士味的抄手等，会打破我们对传统味道的定义。

3. 重口味成为大趋势。因为消费者每天品尝到的味道太多，所以新产品想要被顾客记住必须突出味觉的刺激，重口味会成为未来的主流趋势。味觉不够突出，不能形成强记忆的产品很难被消费者记住。

4. 鲜味成为顾客评价产品的重要维度。在之前很长时间里，麻辣一直是年轻人评价食物好坏的重要指标。泛滥的麻辣味道越来越缺乏记忆，再加上调味品工艺的进步、提鲜技术的进步，各种鲜味调味品成为产品制作的新利器，鲜香会成为评价产品口味的新标准。

7.3.3　小吃小喝小贵

西贝的老板一直热衷于做快餐，这几年也一直在折腾快餐品牌，虽然都不怎么成功，但他说的一句话概括出了未来餐饮产品的趋势：小吃、小喝、小贵。

小吃小喝小贵将是未来餐饮产品发展的新趋势，为什么这么说呢？我们来逐一解读。

1. 小吃。每天一到饭点，最让消费者头疼的就是不知道吃什么。不是因为没啥可吃，而是啥都想吃，不知道如何取舍。因为心比胃大，所以面临选择困难。很多老板听顾客抱怨没啥可吃，以为自己产品太少，便拼命增加产品，结果顾客抱怨得更厉害了。

啥都想吃，但又吃不下那么多，而且很多年轻人还面临肥胖的困扰，这就成了新的消费痛点。这个痛点怎么解决呢？解决办法就是减少产品的分量。

把传统的大份美食做成小份，解决顾客一次想吃好几种的需求。有很多品牌用这种模式重构产品，采用小吃集合店的模式大获成功，比如点兵点将、宽窄巷、长安大排档、永兴坊、袁家村等，都是通过小份小吃来解决用户痛点。

2. **小喝**。传统餐饮只重视餐，不重视饮，没有考虑顾客的需求。吃完火锅再去买奶茶，吃完晚餐再去找个地方喝点，吃饭喝酒唱歌基本上是年轻人夜生活的主旋律。很多品牌看到了这个趋势，将餐和饮结合起来，在火锅店里卖奶茶冰激凌，结果打开了营收的新局面。

传统的酒吧一般人消费不起，对于需求旺盛但收入有限的年轻人而言，去酒吧消费只能是偶尔的奢侈，更多时候只能在夜市摊撸串喝啤酒。有人看到了这样的消费痛点，推出了低价位的小酒馆海伦斯，几年时间就做到了拥有全国 400 多家连锁店。用小喝的低价位、极致性价比提高用户黏性，做高频复购，立马打开了营收增长的新市场。

小喝就是将饮品、酒水这些产品的消费场景化，探索在更多场景下的可能性，同时将低频高消费的酒水消费用高频中低消费的新模式代替，从而扩展出更多的消费可能性。

3. **小贵**。传统餐饮人做营销的一贯思路是打折促销代金券，目的都是想通过降价去提升人气。但是很多人搞不明白的是，消费者要的实惠是物超所值的实惠，而不是真的便宜。

我们前边也提到，从好吃到吃好的转变，核心就在于体验和价值，通过更好的体验塑造让顾客感觉到物超所值，这才是未来产品竞争的核心。但是，好的产品体验就意味着更高的成本，也就意味着更高的价格。所以，贵并不可怕，可怕的是让顾客感觉到贵。一旦价值的塑造超出顾客预期，价格的小贵就会变得合理。

小吃小喝小贵为什么能成为趋势？根本原因在于消费升级。消费观念的变化，超前消费的兴起，让未来的年轻消费者有消费的能力，同时也有消费的欲望，缺的就是能满足需求、解决消费者消费痛点的产品和服务。小吃解决需求的痛点，小喝解决复购的问题，小贵提升消费的品质，三者结合就能够提供全新的消费解决方案。

7.4　爆品打造与菜单规划方法

有很多餐饮店,菜单上密密麻麻上百道菜,但你要问一下店里有什么特色,恐怕老板自己也说不上来。这样的店经营起来会很累,产品没有特色,很难吸引人。

7.4.1　爆品打造方法论

在如今的餐饮市场,顾客的选择非常多,而且顾客的需求在不断细化,很少有人因为一家店啥都有而去选择这家店,反而可能因为这家店有某个菜多次光顾。因此,开一家店,开发爆款产品很重要,这个重要性体现在以下几点。

1. 做爆品能够有效降低成本。做过餐饮的人都知道,产品并不是越多越好。在保证同等营业额的前提下,产品越少,需要用到的原材料数量以及人员数量就越少,边际成本也越低。

2. 做爆品能够提高效率。一个餐馆如果进来十个顾客点了十道菜,那么后厨就得一道一道去做,效率肯定低。如果十个顾客都点了店里的招牌套餐,那么后厨只需要一道菜做十份,效率肯定会高出很多。这样味道有保证,速度也快了,顾客满意度自然会提升。

3. 做爆品能够强化顾客认知。爆品才是一个店的活招牌,是形成顾客记忆点的关键。比如一说吃鱼头就会想到阿瓦山寨,一说吃煎饼就会想到味立方,是因为鱼头和煎饼分别是他们店里的招牌,已经形成了自己的特色和认知。

4. 做爆品能提高竞争壁垒。在餐饮行业同质化竞争越来越严重的情况下,是否能打造出招牌特色,成了在竞争中能否胜出的关键。一道招牌菜能够拯救一家店,一道特色菜能够提高一家店的行业地位,这就是开发爆品的最大魅力。

很多人知道爆品的重要性,但是苦于不知道怎样去找到自己餐厅的爆款产品。我结合自己做餐饮项目咨询的经验,将餐饮爆品的挖掘归纳为以下三部曲。

第一部:做三维数据分析

爆品不是凭空捏造的,而是来源于现有的产品,所以开发爆品的第一步就是分析现有的数据。要结合产品销量数据、产品评价数据以及菜品的利润率去做数据的统计和分析，如图 7-1 所示，我称之为三维数据分析。

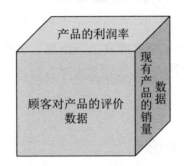

图 7-1　三维数据分析图

在这里边，产品销量可以结合点餐系统的后台统计数据来看。产品的毛利率可以结合我们前边提到的菜品标准卡，给每一道菜品做出菜品标准卡，然后根据这个核算出所有菜品的毛利率、出品率等数据。产品评价可以结合线上点评数据，如果点评数据比较少，也可以在店内发起投票活动、制作投票系统，让顾客扫码给自己喜欢的菜品点赞，然后在后台做数据统计。

第二部：产品四象限分析

四象限分析法是咨询行业通用的产品分析模型，亦可用于餐厅产品诊断。在做完了数据分析统计之后，把所有产品中销量、利润率、评价度排名靠前以及靠后的产品列出来，再放到四象限分析表中，就可以很清楚地将产品归为四类，如图 7-2 所示。

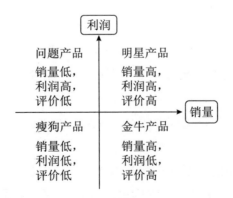

图 7-2　产品四象限分析图——产品归类

根据产品的销量以及产品的利润高低，可以把所有产品归为四类：明星产品、金牛产品、问题产品以及瘦狗产品。从销量排在前列的产品里选出利润最高的产品，这就是明星产品。从销量排在前列的产品里选出利润相对较低的产品，这就是金牛产品。从利润比较高的产品里选出销量最少的十款产品，这就是问题产品。剩下的销量低利润也低的，就是瘦狗产品。

可以把所有产品都归在这个四象限里边，在每个象限里结合顾客的评价数据再做一个排序，从明星产品里选出超级巨星，从金牛产品里选出实力型金牛，从问题产品里选出问题不大的产品，从瘦狗产品里选出绝对瘦狗。

第三部：爆品打造

做完产品归类以后，每个产品都处在相应的位置上，接下来就是结合每个产品的定位给出相应的调整策略。

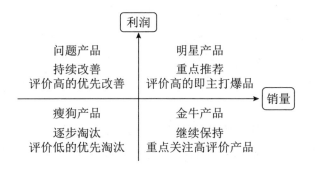

图 7-3　产品四象限分析图——调整策略

瘦狗产品既不赚钱又评价低，应该逐步淘汰。结合评价的高低，优先淘汰那些评价比较低的产品。

问题产品虽然销量低，但是利润高，所以要不断地改善以增加销量。在这些产品中，要根据顾客评价，优先选择调整那些评价比较高的产品，努力使之成为明星产品。评价比较低的就有待观察了，如果不能持续改善，下一步可能就会成为瘦狗产品，等待被淘汰。

金牛产品属于薄利多销型的，是店里盈利的主力军，要继续保持。但是一家店单纯依靠金牛产品也就是赚个辛苦钱，抗压能力非常弱，稍微遇到一点儿市场危机，就会首当其冲。所以要在金牛产品里重点关注顾客评价比较高的产品进行调整和改良，使之成为明星产品。

明星产品就是那些销量好、利润高的产品，这一类产品应该重点推荐。在这些产品里，把顾客评价比较高的筛选出来，就是绝对值得推荐的爆款产品。

7.4.2　科学菜单规划方法论

如果说门头是展示门店对外形象的一张名片，那么菜单就是展示门店内涵的一张名片。很多餐饮人认为菜单就是点菜的一个工具，对菜单并没有足够的重视，实际上，菜单在餐饮运营、利润提升以及营销推广中起着非常重要的作用。

1. 菜单是提升品牌形象的利器。顾客在店内除了对环境和服务的感知之外，能够了解产品的唯一途径就是菜单。菜单的整体设计、品牌元素的呈现，以及菜单样式的选择、整体的质感，这些都是对品牌形象的映射，好的菜单设计能够突出品牌形象，给顾客留下更深的印象。

2. 菜单是提升营业额的利器。我们前边讲过爆品的开发，菜单就是爆品展示的重要渠道，招牌菜、主打菜以及组合套餐都可以通过菜单得以呈现。菜单设计能够对顾客点餐形成有效引导，最终达到提升客单价、优化产品成本结构的目的。

3. 菜单是门店最好的宣传。菜单本身就是门店的超级广告位，品牌的经营理念、产品特色、核心卖点都可以通过菜单呈现给顾客。还有门店的优惠活动、特价菜品、新品推荐等，也可以通过菜单这个窗口传递给所有顾客。

餐饮门店的种类不同，菜单的呈现方式不同，那么最终选择的菜单样式也不一样，包括同一家门店内也会有多种形式的菜单共同出现。我整理了常见的菜单类型以及适用场景，如表 7-2 所示，可供参考。

表 7-2　各类菜单的适用场景

菜单类型	适用场景
翻页菜谱	翻页的菜谱属于比较常见的菜单类型，通常用于中餐宴会、西餐厅
单页菜单	比较适合快餐店、小吃店、商场店，也可用于广告宣传
折页菜单	属于单页菜单的延伸，适合快餐店、小吃店、商场店铺使用
桌面立牌	一般放置于桌面，适合做新品推介以及会员推荐等
点餐灯箱	一般位于吧台后方，适用于快餐店、小吃店、饮品店以及一些商场店铺，适用于进店之后先点餐后消费的店面
橱窗菜单	通常位于门口，主要用于宣传，适合一些临街店铺以及商场店铺
餐垫纸	适用于快餐店，可以借助餐垫纸宣传新品以及店内优惠活动
电视菜单	主要用于店内，通过宣传片、幻灯片等形式做产品宣传
海报菜单	放置在店门口，作为每日特价菜推荐或者新品推荐
手写菜单	适用于一些文艺小清新的饮品店或私房菜馆

续表

菜单类型	适用场景
木质吊牌	适用于一些具有复古特色、以农家小吃为主的快餐店或者美食城
电子菜单	用电子设备代替纸质菜单，顾客直接翻页或滑动
扫码菜单	用户扫码就可以直接点餐，用于一些适合线上点餐的场合

以上只是一些常见的菜单形式，除此之外菜单的形式还有很多，最常用的就是单页/折页菜单和翻页菜谱。很多餐饮店的菜单就是简单的菜名加价格，最多再加几张图片，这样的菜单我们只能称之为价目表。好的菜单是内容与设计的完美结合，内容有规划，才能更好地实现运营目标；设计有章法，才能够达到品牌宣传的目的。下面我总结了一份好的菜单应该具备的元素：

1. 产品名称。产品名称是必须要有的。结合品牌定位，产品名称可以进行一定的优化。产品名称有个万能公式，即"产品名称 = 原料产地 + 形容词 + 菜品"，比如大烩菜，可以写成"商州农家特色大烩菜"，小炒肉可以写成"陕南经典小炒肉"。名称可以优化，但必须有理有据，不可夸大其词。

2. 产品价格。可以写两个价格——原价和特惠价，或者原价和会员价，通过价格做会员推广。

3. 产品图片。图片是菜单最核心的部分，因为菜单上除了文字就是图片，而图片对人的吸引力远远大于文字，画面感也更强，更容易促进销售。图片的运用有以下几个技巧。

（1）图片选择要美观，要让人看着就有食欲。如果图片让人看着都没食欲，顾客还会点这道菜吗？

（2）图片要真实，不能夸大或作假。图片要和真实产品差不多，如果最终的产品和图片严重不符，遇到较真的顾客估计就麻烦了。所以如果条件允许，菜单上的图片建议实景拍摄，尽量不要用网上下载的图片。

（3）不是所有的菜品都要有配图。配图的目的是做产品推荐，但是如果菜单上密密麻麻的菜品都有图片，就起不到推荐作用了。所以在做菜单设计时可以结合产品规划，给重点推荐的菜品、招牌菜品配上图片就行，这样顾客一目了然，知道哪些是主推产品、哪些是备选菜品。

（4）图片大小也是结合菜品推荐来定的。主打菜品就要用更大的图片、更重要的篇幅去展示，利润高的菜品、热销菜品图片都可以大一些，其他菜品的图片可以适当小一点，毕竟篇幅有限，不可能把所有菜都做成招牌。在这一点上，巴奴毛肚火锅的菜单就很值得借鉴，其招牌菜品的图片非常突出，重点推荐的菜品图片次之，一般菜品没有图片，这样孰重孰轻一目了然，直接减少了用户的选择难度。

4. **品牌和品类**。菜单上一定要有品牌名称、品牌 Logo（标识）以及品类名称，因为菜单就是绝佳的广告位，要充分利用顾客点餐的时机多做一次品牌曝光。

5. **口号**。菜单上应该印上你的战斗口号，随时随地做好品牌传播，让顾客记住你，知道你的品牌，清楚你在做什么。

6. **品牌故事**。品牌故事或者招牌菜的故事也应该通过菜单体现出来，因为人对故事的兴趣要远大于干巴巴的文字，故事会给人留下更深的记忆。

7. **标签**。菜品标签也是必不可少的。顾客面对密密麻麻的菜单时，往往容易陷入选择困难，这时候，标签就会给顾客带来点菜的引导，让顾客更容易找到想要的菜品。常见的菜品标签见表 7-3 整理的这些类别。

表 7-3　常见菜单标签归类

标签维度	标签内容	标签维度	标签内容	标签维度	标签内容
点菜引导	人气	原料维度	产地	产品口感	麻辣
	招牌		直供		微辣
	推荐		限量		重辣
	必点		新鲜		热/凉
	特价	烹饪工艺	手磨		酸/甜
	热卖		手打		脆/酥
	主厨推荐		现做	客群引导	老人/儿童
	店长推荐		现熬		荤菜
	时段		传统		素菜

8. **会员信息**。现在都在做私域流量，餐饮做私域流量最好的方式就是发展会员，所以菜单上一定要展示会员招募信息，让顾客主动了解店里的会员政策及优惠活动。

9. **信任背书**。店内的获奖信息、获奖人物、名人推荐、大众点评必吃榜推荐等信息，都有助于借助第三方来塑造自身的影响力。

10. **合作商信息**。为了证明你的食材是精选好食材，可以在菜单上展示合作商信息，用有知名度的合作商来给自己的产品做信任背书。

第 8 章

团队是成功的核心

在影响一家餐饮店成败的各种因素中，团队是最重要的部分。好的产品需要人去做，好的服务需要人去提供，好的口碑是团队运营出来的，好的体验是团队配合的结果。所以，好的团队才是成功的保障。

8.1 团队"招/育/用/留"体系

招人难几乎是所有餐饮老板面临的问题，尤其是规模小的品牌和店面，不但面临招人难的问题，还面临留人难的问题。

8.1.1 招：团队招聘

为什么招人难？原因主要在 3 个方面。

1. 餐饮行业比较辛苦。相对其他行业而言，餐饮算是比较辛苦的行业，起早贪黑，劳心劳力，很多年轻人吃不了做餐饮的苦。

2. 年轻人就业渠道多。以前没学历没本事的年轻人会去饭店打工，因为管吃管住，收入稳定。新一代年轻人赚钱的渠道越来越多，网上搞个直播都能轻松变现，去餐饮店打工往往会被误解为伺候人，是下等职业，所以去餐饮店打工成了年轻人退而求其次的选择。

3. 餐饮行业人员流动大。餐饮行业门槛低，很多人通过打工积累经验以后，会选择自己开店当老板，毕竟现在创业的成本越来越低，即便是没有钱的年轻人，通过支付宝等各种借贷平台也很容易筹到启动资金。人员的流动导致餐饮老板们整天为招人发愁。

人不好招，很多老板还不懂得使用各种招聘渠道，仅局限于在门口贴招聘广告，这就造成很多店面的"用工荒"，人手不足的结果就是产品品质和服务水平跟不上，员工也累。如果问题不能及时解决，还有可能引发在岗员工离职。那么，应该通过什么方式和渠道去招人呢？我总结了一些招聘的渠道和方法。

1. 线上渠道招聘。除了朋友圈和微信群之外，还可以在一些网络招聘平台上发帖，吸引人注意。此外，可以搞有偿推荐制，只要推荐合适的员工入职就能够得到奖励，这样也能吸引更多人介绍合适的人才。

2. 线下渠道招聘。门店招聘广告不能等到开业以后再做，在店铺租下来开始装修的时候就要把招聘广告贴出去，这样才能达到广而告之的目的。

3. 人才内推计划。要充分利用现有员工资源，他们身边可能也会有很多同样在打工的同学或朋友，员工介绍朋友来工作可以拿到提成，这样就能实现人才的裂变。

4. 找人力资源机构。有很多专门做人力资源输出的机构，还有一些开设了餐饮相关专业的技术院校，可以和它们合作，通过这些机构或平台找到想要的人才。

清楚了渠道以后还要制订招聘计划，明确招聘岗位要求以及相关人员的薪资条件。如果是招聘管理层，还要计划好面试考核内容，设计好面试方法，因为招错人比招不到人更可怕。

如果品牌想要长久发展、有扩张的计划，那么人员招聘就要作为一项常规工作来开展。企业最好设置人事部门，专门负责员工的招聘管理，因为招聘不仅仅是为了招人，它也是企业文化输出、品牌对外宣传的重要途径。

8.1.2　育：团队培训和培养

很多老板抱怨留不住员工，尤其是新员工，好不容易招来了，干不了几天就走了。

实际上问题都出在门店内部。无论是单一门店还是连锁门店，对新员工的培训都是不可缺少的环节。一个员工本来是属于社会的，他所拥有的都是以前工作积累的经验。员工入职以后，要通过培训对他进行"同化"，让员工由社会人变成企业内部人，能够为自己所用。

换位思考一下，一个人到了一个新环境都会产生不适应感，逐步适应的过程也是他和新工作新环境融合的过程。如果融合得顺利，员工就会找到存在感和归属感，自然愿意长久待下去。如果融合得不顺利，员工感觉待着不舒服，自然就会选择离开。有数据表明，餐饮行业新员工入职半个月内是流失的高峰期，决定员工去留的关键因素就是培训。

对新员工的培训，主要包含4个方面的内容。

1. 企业文化培训

要让员工清楚企业的使命、愿景、价值观，清楚企业的历史和发展历程。企业文化培训就是和新员工建立亲密关系的第一步，只有企业文化与员工自身三观相符时，彼此才会感觉比较舒服，所以企业文化培训过程也是对新入职员工进行筛选的过程，通过文化认同找到那些真正能够和现有团队融合、和企业同进退的优秀人才。

很多老板说自己就开了一个小店，没有企业，哪有什么企业文化。这个想法实际上是不对的。为什么小餐饮店招人难？因为优秀的人才都去了大品牌连锁店，连锁店能够给他们更好的未来成长和进步的机会。但实际上，很多基层岗位的员工无论是到连锁企业还是小餐饮店，干的工作都差不多，区别就在于连锁企业会通过培训给员工塑造更好的未来，让他能看到自己将来从服务员晋升到店长的机会。

企业文化培训就是给员工勾画一个更美好的未来，让他看到未来的方向，这样才有进步的动力。

2. 岗位技能培训

岗位技能培训就是让员工了解自己所处的岗位以及具体工作内容，包括每一项工作应该如何去做、做到什么标准。一般门店培训主要分为前厅岗位和后厨岗位，前厅以服务岗为主，工作重点是服务顾客；后厨以技术岗为主，主要工作是产品加工制作。

岗位技能培训的前提是岗位分工的标准化。对于连锁企业来讲，这是门店经营管理最基础的工作。很多个体门店还未形成标准化，培训通常采用老带新、师徒制，每个新员工都是跟着老员工去学习，主要依靠经验的传授。经验传授不方便统一规范化管理，所以门店最好能形成标准化管理手册，以手册为依据去做培训，才能达到科学化和系统化。

对于新入行的餐饮人而言，岗位培训非常重要。一方面能够让员工快速掌握工作要领，建立自信心，快速融入状态，从而降低新员工流失率；另一方面也能提升工作效率和品质，减少因工作失误造成的损失。

比如我们曾经有个客户给后厨招了个新员工，这个员工第一天上岗没有任何工作经验，在开燃气灶阀门的时候因为不懂操作流程险些酿成大祸。事后总结，根本原因就在于门店缺乏对新员工培训工作的安排，所有工作都让员工自己去观察和感悟，这样培养一个熟练员工的周期会拉长，在此期间员工不熟悉工作流程也会影响产品和服务的品质。

3. 专业知识培训

除了岗位技能以外，员工还要掌握一些必备的专业知识。比如对自身产品的了解，很多餐饮店员工都不知道自己的招牌菜是啥口味的，更不知道如何去给顾客推荐产品，这样的服务在顾客眼中当然算不上专业服务了。

要让员工学习的专业知识包括：产品的介绍，特色菜品卖点的介绍，服务中遇到各种问题该如何应对，遇到各种危机事件该如何处理，遇到顾客投诉事件该如何处理，遇到设备出现故障该如何应对，遇到有关部门检查该如何应对，等等。很多老板觉得这些都是店长该管的事情，店长负有全面管理责任没错，但是店长不可能事无巨细地把所有事都做完，更关键的是要学会分级授权。

我们看到海底捞服务好、巴奴产品体验好，是因为海底捞每一个服务员都有决定如何和顾客沟通、如何解决顾客问题的权利，巴奴的每一个员工都是毛肚专家。要通过专业知识培训让每个员工都成为服务高手，掌握应对各种问题的技能，这样才能提升整体的服务品质。

4. 管理技能培训

针对领班、经理、店长及更高级别的管理层还要做管理技能培训。很多餐饮店店长是对外招聘的，老板们通常喜欢找那些在大的连锁企业做过店长的人来管理店面。殊不知每一个品牌都有自己的风格和管理方法，用别人的方法来管自己的店，其结果可想而知。

如果是单店经营，招聘一个好店长是非常重要的事；如果是连锁品牌，对外招聘店长就不可取了。我建议连锁品牌发展到一定规模后要自己去培养店长。一方面，培养出来的店长更加了解企业文化，更加熟悉企业情况，知道该如何做好管理；另一方面，内部晋升通道打开，底层员工会更有目标感，都想竞争成为新店店长，这样整个团队才能被激活，迸发出前所未有的战斗力。

管理培训主要培训如何做好门店人财物的管理、顾客管理、门店对内对外关系的维护、新员工的招聘和入职管理。

8.1.3　用：岗位分工和考核

用人的关键在于把合适的人放在合适的位置，发挥员工的最大优势。如果用人不当，比如让技术人员去做服务，让服务员去后厨打下手，结果必然是工作效率低、效果差，老板不满意，员工也怨声载道。

如何才能做到人尽其才，达到效率最大化？要分 3 步走。

第一步：**定岗、定标**。先要清楚店里的岗位分工以及每一个岗位的职责。前厅要有前厅的岗位，后厨要有后厨的岗位，先形成组织架构图。明确岗位以后还要清楚每个岗位的工作内容、工作要求以及考核标准。从管理岗到基础岗都要有明确的职责划分，让每一个人都清楚自己所处的位置，清楚自己的工作内容以及自己所做工作的重要性。

定岗、定标能够让员工更有目标感，同时也让每个人更有责任心，明确责任分工能够消除浑水摸鱼的侥幸心理，进而提升工作效率。

第二步：**培训**。很多店定了标准，结果依然做不好，原因就在于员工不知道该如何去做。每个人对标准的理解有偏差，这就会导致做出来的结果和预期会有差别。消除偏差的方法就是培训，通过培训可以更快地教会员工如何去操作，如何去落实标准，能够减少员工自己摸索和试错的成本。

培训也需要方法，不能讲一遍就完事，而是要手把手教会他。教完以后还要让员工自己演示，直到演示无误，确认完全掌握了才算培训合格。培训越详细，越能保证落地效果。

第三步：**考核和奖惩**。制度有了，方法也教了，怎样保持效果持久？这又成了餐饮老板要面临的新难题。人都有惰性，如果没人监督考核，好的状态就很难保持下去。所以用人的第三步是考核和奖惩。

要对每个岗位的工作进行考核，按照培训标准和岗位分工，每个岗位工作都确定一个合格标准和优秀标准，达到合格可以享受合格的待遇，达到优秀可以获得优秀的奖励，如果没有达标则要接受相应的惩罚。通过考核和奖惩，每个人都清楚自己的工作是和结果挂钩的，这样才能激发每个人把事做好的决心。

8.1.4 留：团队文化和激励

餐饮是员工流失率非常大的行业之一，即便如此，我们仍然能看到很多优秀的企业始终保持很低的员工流失率，关键就在于它们更懂得留人的技巧。

华为的任正非说过一句话：只要钱给够，不是人才也能变成人才。金钱激励确实是留人的一个好方法，但它也不是任何时候都能奏效的。有的人更看重收入，也有人更看重前途和未来，"前途"和"钱途"都是良药，只有对症下药才能保证药效良好。

年龄比较大的员工更看重眼前的收入，针对这些员工就要多关心他们的生活，保障他们的收入。工资福利多一点，自然就能让他们更加卖力地工作。

年轻员工相对更有拼劲，希望成就一番事业，针对他们就要通过梦想去激励，通过晋升机制的设计让他们有更大的舞台，更好地施展自己的才华。

不同年龄、不同层级的员工对于品牌的理解和个人未来规划不一样，他们的诉求也不一样。结合员工的诉求，企业在做团队激励时也要有不同的侧重点。

比如基层员工可能更看重收入以及学习环境，希望在保障收入的同时能够学到更多东西；中层管理者除了更高的收入追求之外，可能还需要有更多的发展机会以及成就感，因为他们想要寻求更加稳定的未来；高管团队收入有保障，他们更看重的可能是成就感。

针对不同层面的员工的诉求以及激励方法，我整理了我给客户做的多维分层激励模式，大家可以对照图 8-1 去思考该如何设计自己品牌或门店的晋升和激励机制，强化门店的留人能力。

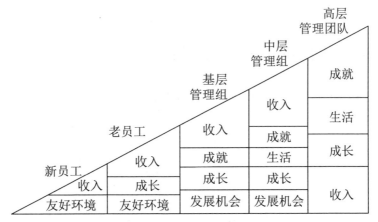

图 8-1　餐饮店多维分层激励模式图

从图 8-1 中我们可以看到，随着层级的提升，对成就感与成长空间的追求是越来越高的，如何让员工获得更高的成就感，有更好的归属感，关键就在于团队文化的打造。

有的企业提倡兄弟文化，有的企业提倡家文化，有的企业提倡儒家文化……无论提倡什么文化，目的都是通过文化建设增强团队的凝聚力，强化员工的归属感。有一句话说：小企业管理靠老板的魅力，大企业管理靠制度，真正伟大的企业管理都是靠文化，强大的企业文化和团队文化才是留人的"撒手锏"。

8.2 超级组织力打造六个步骤

餐饮门店管理的核心在人，管理者的管理能力和个人魅力就能决定管理的效果。小团队的管理者可以用个性化的方式去了解每一个人，在管理中很容易发现问题并及时做出调整。

餐饮连锁品牌的管理核心在组织力。随着门店数量和团队人数的增加，管理者能顾及的人和事越来越少，这时候要保证系统正常运转，就必须强化组织力，靠组织去管理，组织力打造就成了连锁餐饮管理的重要课题。

组织力打造的关键在于四点：定规矩，讲方法，看执行，做奖惩。围绕这四点，我结合餐谏咨询的工作方法总结了组织力建设的六个步骤，接下来逐一展开。

8.2.1 第一步：设定组织结构和岗位划分

谈组织力首先要看组织结构，组织结构包括组织的层级设定、各层级的职能部门划分以及层级之间的领导关系。

一般来说，组织规模越大，层级划分就越多。层级多的好处是管理更加精细化、责权更加明确，但是也带来凡事流于形式、决策效率低的弊病。我们看到很多公司，尤其是市场变化快、产品更新迭代节奏比较快的互联网公司都在提倡扁平化管理，通过减少层级数量实现管理效率的提升。还有很多公司倡导阿米巴的管理模式，都是为了解决组织结构带来的管理弊病。

餐饮的组织结构分为两个系统，一个是门店的组织结构，另一个是公司的组织结构。

门店的组织结构通常由基层、中层、管理层三个层级构成。基层主要包括前厅服务人员、后厨基础操作人员、打杂打荷传菜等基础岗位，中层包括前厅组长、主管、经理以及后厨厨师长、主管等，管理层就是门店店长和经理。我们拿小型的中餐门店来举例，一般小型中餐门店的管理结构如图 8-2 所示。

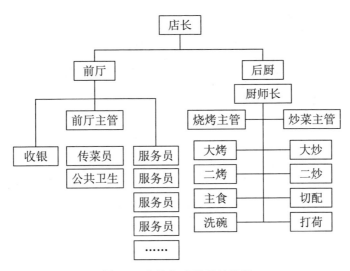

图 8-2　餐饮门店组织结构图

餐饮公司的组织结构要比门店复杂得多。一般的餐饮公司的结构规划里包括人事行政等职能部门、与一线门店对接的运营部门、负责品牌策划宣传的品宣部门、负责市场推广的推广部门、负责工程建设的工程部门、负责后端供应链的工厂及中央厨房等。就拿一个中型餐饮企业来举例，图 8-3是我给这个企业做的组织结构图，做好组织结构规划以后，还要明确岗位的划分。

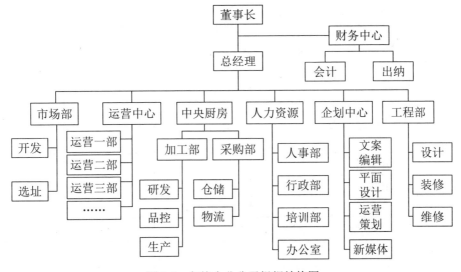

图 8-3　餐饮企业公司组织结构图

运营、品牌、推广，这 3 个部门工作中有很多交叉的部分，小规模的公司会统一合并为企划部，也有公司将品牌和推广合并为企划部的。总之，明确部门设置以后，就要进一步明确各部门的工作范围和职责，以及各个子部门之间向谁汇报工作等，这些都要进一步明确。这是组织力打造的第一步，第一步做好了才方便开展接下来的工作。

8.2.2 第二步：明确岗位职责与工作要求

完成岗位划分之后，接下来就是明确各个岗位的任职要求、主要工作职责、工作考核标准以及向谁汇报工作。

明确任职要求，便于人事部门在招聘时明确方向，找到团队需要的人才；清楚工作职责，便于员工熟悉工作内容，快速进入工作状态，也有助于工作正常开展；清晰考核标准以及工作汇报对象，能够帮助员工明确工作目标，以目标为导向顺利开展工作。

岗位职责内容和要求要结合具体的经营项目以及餐厅实际需求来确定。一般在岗位职责的确定上可以对照行业普遍要求，结合企业自身情况做调整。内容梳理清楚以后，可以用统一的表格整理出来。表 8-1 是我们团队给客户做的门店岗位职责表，表 8-2 是公司总部岗位职责表。

表 8-1 门店岗位职责表

岗位	岗位名称	岗位任职要求	主要工作职责	向谁汇报工作	考核人
店长	店长				
	见习店长				
前厅	前厅主管				
	收银				
	服务员				
	传菜员				
后厨	厨师长				
	烧烤主管				
	炒菜主管				
	烤肉岗位				
	炒菜岗位				

续表

岗位	岗位名称	岗位任职要求	主要工作职责	向谁汇报工作	考核人
后厨	主食岗位				
	切配岗位				
	打荷岗位				
	洗碗岗位				
	保洁岗位				

表 8-2　公司总部岗位职责表

部门	岗位名称	岗位任职要求	主要工作职责	向谁汇报工作	考核人
总经办	董事长				
	总经理				
	董事长助理				
财务部	财务总监				
	会计				
	出纳				
运营中心	运营总监				
	运营经理				
	运营督导				
企划中心	企划经理				
	文案编辑				
	平面设计				
	运营策划				
	新媒体				
人力资源	人事总监				
	人事专员				
	培训专员				
	行政专员				
中央厨房	厂长				
	加工主管				
	采购主管				
市场部	招商总监				
	选址专员				

续表

部门	岗位名称	岗位任职要求	主要工作职责	向谁汇报工作	考核人
工程部	装修主管				
	维修专员				

8.2.3　第三步：制订各层级的培训计划

标准确定以后，接下来就是培训，通过培训让员工明确自身工作的重要性，清楚自己的工作内容，知道怎么去做好工作。

团队培训的内容包含企业文化培训、岗位技能培训、专业知识培训、管理技能培训四部分。具体内容我们在前面员工培训的章节已经讲过，这里不再展开论述。

培训的关键是要结合具体岗位分工做有针对性的培训计划。从基层员工到中层管理者再到管理层，各个层级的岗位从事的工作内容不同，工作目标不同，使用的工作方法不同，要培训的内容也不一样。

基层员工主要是学习企业文化以及岗位技能；中层管理者除了掌握基层员工必须掌握的所有知识之外，还要掌握行业知识和管理知识；到了管理层就要系统地学习企业管理方法与技能，学会通过科学系统的方式去做好团队管理。

我分享一下餐谏咨询针对不同层级的员工为餐企客户做的培训计划表，如表 8-3 所示。

表 8-3　餐饮企业员工培训计划表

职位	培训内容	工具	职位	培训内容	工具
新员工	企业文化	员工手册	经理	职业素养	培训课程
	服务意识与技能	员工手册		投诉处理	培训课程
	岗位职责与工作要求	员工手册		排班管理	排班管理
	食品卫生管理制度	管理手册		宿舍管理技巧	管理手册
	工作制度	管理手册		工作考核方法	管理手册
	宿舍管理制度	管理手册		团队建设	培训课程
	熟悉门店环境			目标管理	培训课程

续表

职位	培训内容	工具	职位	培训内容	工具
基层员工	工具与设备使用方法	安全手册	店长	店长职业素养	培训课程
	岗位工作规范与服务技巧	管理手册		员工招牌面试技巧	管理手册
	人际关系处理	培训课程		门店财务管理	财务手册
	团队文化	培训课程		门店安全管理	员工手册
基层员工	安全管理	安全手册	店长	团队文化建设	培训课程
	QSC 相关内容	运营手册		内外公关技巧	培训课程
主管 /领班	开门 / 打烊流程	运营手册		管理能力提升	培训课程
	值班管理	值班手册		企业文化	培训课程
	团队绩效考核	绩效手册		投诉处理	培训课程
	管理技能	培训课程			
	盘点业务	培训课程			

8.2.4　第四步：制定各层级的考核标准

很多企业给员工定了标准，也做了培训，刚培训完效果很好，没过多长时间又回到了最初的样子。为什么培训效果不持久？关键原因在于缺乏考核。

人都是有惰性的，"企业是我家，自觉靠大家"这样的激励语对员工来说只是口号而已，想要工作出成绩必须得有监督和考核机制。

培训是讲做的标准，考核是要看员工能否按照标准来执行。在运营环节我们会讲到 QSC 现场管理，现场管理就是工作考核的具体表现形式。

考核标准的制定也要分层级，针对不同层级应该有不同的考核侧重点。

1. 新员工的考核。对新员工的考核重点在于是否通过基础培训：是否了解并认同企业文化，是否具有服务意识，平时的工作状态是否符合公司要求，是否了解公司的各项制度，以及具体的工作内容是否达到标准要求。对新员工的考核可以通过基础考试来进行。

2. 基层员工考核。对基层员工的考核重点在于工作技能是否过关：是否能够熟练使用各项工具设备，是否掌握和顾客沟通的技巧，是否具备最基本的服务礼仪和技巧，是否了解相关的安全知识。对基层员工的考核可以采用考试与实践操作相结合的方式来进行。

3. 主管考核。针对中层管理者的考核重点是各项管理技能是否熟悉掌握：开门及打烊的流程是否清晰，业务盘点的内容和方法是否掌握，排班管理的方法是否掌握，团队绩效考核的方法是否清楚，自身业务技能是否熟练。对主管的考核就要将现场管理结果与业绩相结合来进行，只有能够带领团队完成相应的业绩指标，才算是真正的合格。

4. 门店管理层考核。对管理层的考核重点是门店业绩与顾客满意度，包括团队建设情况、业绩完成情况、各项管理任务落实情况、各项培训事务进展情况、顾客投诉处理情况、和顾客的关系维护情况以及门店对外关系的维护等方面。对管理层的考核以业绩为主，同时还要将团队建设和品牌建设结合起来综合评定。

以上是针对餐饮门店各层级的考核内容和考核重点梳理，如果针对餐饮公司做考核，那要涉及的层级和岗位会更多。分层级考核的好处是更有针对性，具体的岗位、具体的事情会有具体的考核方法和标准，这样能够做到责权明确、奖罚分明，也更加科学化、系统化，能更好地达到通过考核激励团队的目的。

8.2.5　第五步：设订各层级的晋升计划

很多老板反映，有的员工跟了自己好多年，以前觉得做事还挺踏实，现在感觉越来越浮躁、越来越不服管教了。这其实不是员工的问题，而是老板的问题。员工不是工具，而是追求上进的人，任何人做同一件事好多年难免会心生厌倦，关键是在做的过程中还没有得到新的收获、没有看到新的未来的情况下。

要给员工追求更好的目标的动力，这样才能激发他的战斗力。这就和打游戏升级是一样的，每一个层级都有它的挑战性，完成挑战之后会获得成就感，而激发参与者完成挑战的动力是追求更高级别，因为更高的级别会有更大的挑战，相应地会带来更大的成就感。

如果说考核是工具，那么晋升才是它的结果。就像游戏一样，餐饮老板也要给员工规划一个晋升机制，从初级员工到中级员工到高级员工到管理层直到最终成为品牌合伙人，要让员工看到自己职业生涯的未来。有了晋升空间，员工才会有拼搏的动力，一潭死水才会变成长流水，团队才能焕发更强的生命力。

8.2.6　第六步：设定各层级薪资及激励标准

考核的结果除了职位晋升之外，还有奖惩。员工愿意参与考核，除了希望得到精神激励之外，也期待获得物质激励，这个激励就是奖惩制度。因此在制定考核标准的同时，也要制定相应的奖惩标准。

在运营中定奖惩，其实更多的是以奖励为主，以惩罚为辅。奖惩标准明确，能够更好地激发员工的斗志。在连锁品牌运营中，还可以将考核与 PK 机制结合起来，区域之间 PK、门店之间 PK、员工之间 PK，将 PK 结果和奖惩制度结合起来，这样就能激发团队的斗志。

和员工职位晋升对应的是薪资标准的升级，这个大部分企业都能做到。结合不同的岗位标准制定不同的薪资等级，在制定薪资等级的时候，可以将职位、岗位评级、工作年限、评优情况结合起来。薪资标准的细化和层级设定目的还是为了激励那些真正表现优秀、为企业作出更大贡献的员工，激发企业发展的活力，也激发员工奋斗的动力。

以上就是打造企业超级组织力的六部曲。在经营过程中，管理者还是要以人为本，以制度化为主，同时也要结合人性化管理，让管理更加科学的同时也更有温度。当然，在这个过程中也要加强团队的文化建设，用文化去黏合团队，让组织更有凝聚力、更具竞争力。

8.3　新餐饮时代的用人新趋势

新餐饮时代，影响行业发展的最大变量是人，人的观念变化会影响对事情的理解和判断。每一代年轻人都有自己的性格标签，现在餐饮行业从业者多是"90 后"和"00 后"，他们更崇尚个性和自由，对责任的理解不同于传统。因此，在新餐饮时代，管理者在用人方式上也要有一些新的变化。我总结了新餐饮时代餐饮行业用人的四个新趋势。

8.3.1　从"雇佣制"到"合伙制"

在餐饮竞争中，服务和体验越来越重要，已经达到了可以和产品比肩的地位。服务和体验的核心是人，所以拥有一个好的团队成了餐饮品牌在竞争中取胜的关键。

能否带出一个好团队，关键在于老板的思维方式。我见过一些餐饮老板特别享受当老板的感觉，每天在店里转悠，对员工吆五喝六，让员工给他端茶倒水、鞍前马后，甚至还要照顾他的衣食起居，开一家店就等于给自己招了一堆管家。在这些老板眼里，员工被招来就是给他打工的，自然要按照他的要求去做事，这就是典型的"领导思维"。

用"领导思维"带出来的团队自然就是一切行动听领导安排，老板让做什么就做什么，老板没说的坚决不做，遇到任何事都要找老板定夺，员工只是执行老板命令的工具。因为每个人都只做老板安排的事，所以遇到突发状况时，员工们自然就会互相推诿。结果可想而知，一到关键时候，所有的弊端都会暴露出来。最后老板觉得心很累，经营管理还一团糟。

正确的做法是把员工当伙伴，让每个员工都能拥有主人翁意识，遇到问题都愿意往前冲，主动出击去解决问题，想方设法把事情做好。老板要给予员工足够的信任，给他们授权，让他们能够主动去思考如何将事情做得更好。当然，到最后老板也要拿出部分利润来和员工分享。有事一起干，有钱一起赚，这就是"伙伴思维"。

用"伙伴思维"去思考问题，把员工发展成为合伙人。老板要学会逆向思维，要明白老板是为员工服务的，只有自己为员工服务好了，员工才愿意为企业卖命，才能够给予顾客更好的服务。像海底捞这样的餐饮头部品牌，对员工的关注和照顾是无微不至的，除了给员工高于行业的薪水和福利之外，公司还会为员工提供超级豪华的宿舍，配专人给员工洗衣、做饭、打扫卫生。正是因为老板把员工当兄弟，给予员工更好的照顾和尊重，员工才会以公司为家，给顾客提供更好的服务。

从"领导思维"到"伙伴思维"是正确看待老板与员工关系的关键。现代社会的职场关系已从"雇佣制"转变为"合伙制"，尤其在招工难、离职率高的餐饮行业，只有转变思维，重新审视老板与员工的关系，才有可能打造出一支更加优秀的团队，给顾客带来更好的体验。

8.3.2　从"全日制"到"灵活用工"

如果认真研究肯德基、麦当劳这些西餐连锁品牌的运营，我们会发现这些餐厅中全职员工的比例越来越小，兼职员工的比例越来越大。这在中餐中简直不敢想象，但是不得不承认，灵活用工或许是未来餐饮行业用人的趋势。

首先，灵活用工能大幅降低餐厅的人力成本。一个餐厅培养一个全职员工的成本非常大，除了薪资福利之外，还有吃住、社保以及其他可能产生的人力成本。但是在餐厅运营中除了一些核心岗位之外，很多基础服务岗位的员工每天真正忙碌的时间只有饭点的几个小时，其他时间大多处于空闲状态。也就是说餐厅真正用人的时间在就餐高峰期。肯德基、麦当劳灵活用工模式的巧妙之处就在这里，它可以根据就餐人数调整工作人员的数量，通过合理排班保障人力效率，从而达到控制成本的目的。

其次，产品标准化会降低对技术岗位的依赖。传统的餐厅因为所有工作都要现场操作，因此需要大量的人工，很多岗位还需要有一定技术基础的老员工。未来产品标准化程度会越来越高，原料加工这些步骤会通过供应链解决，门店只需要完成出品加工环节，降低了对人工的依赖。产品的标准量化让操作变得简单，因此很多需要一定技术基础的岗位完全可以被小时工代替。肯德基、麦当劳为什么可以大量使用小时工？就是因为其标准化程度高，操作者很容易上手。用普通岗位代替技术岗，也可以进一步节约人力成本，餐厅可以将这些费用补贴到关键岗位上，以此来吸纳更优秀的人才。

再次，设备的创新让灵活用工成为可能。设备的创新让很多之前需要手工操作的工作都可以使用机器来代替，从而节约人工，进一步提升效率。使用设备就不需要太多经验和基础，只要熟练操作就可以轻松完成，这也降低了餐厅对人才的要求。

最后，灵活用工不等于缩减人工。灵活用工不等于缩减人工，而是结合餐厅的实际运营需求来灵活调整，实现科学排班，让员工在空闲时段可以轮流休息，这样才能保证在忙碌时的状态和精力。大部分餐厅都是所有人从早熬到晚，有人没人都得待着，这样的结果就是员工很累，效率很低。灵活用工就可以弥补全日制用工的不足，也能优化员工的工作体验感，提升员工的满意度，从而给顾客提供更好的服务。

8.3.3　从"定岗制"到"轮岗制"

很多餐厅经常因为员工请假导致人手不足，临时顶替的人操作不熟练，结果做出来的产品和服务体验很差，严重影响顾客对店面的评价。因为一个员工请假，影响到整个餐厅经营，其中最根本的原因就是采用了"定岗制"。

定岗制就是每个人做自己岗位的事，一个萝卜一个坑，收银就负责收钱，现场服务的就负责给顾客点单，传菜的就负责出餐……结果服务员请假了，传菜员就点不了餐了，收银员休息了，换个人过来就不会收钱了。

定岗制确实有助于做到责任明确，避免所有人陷入手忙脚乱中，但定岗制也存在很多弊端。

轮岗制是定岗不定人，不定萝卜只定坑，简言之就是进了哪个坑就做好哪个萝卜。比如传菜员和服务员要经常交换岗位，收银员可以和接待员交换岗位，后厨传菜和打荷的也可以交换岗位。

轮岗制不仅能让每个人掌握更多的服务技巧，也能让每个人切身体会到身边的小伙伴是如何工作的，从而进一步加深团队成员之间的了解，理解彼此的不容易，进而增强团队的凝聚力。采用轮岗制，可以很轻松地解决员工休假或离职带来的职位空缺、工作受影响问题。

当然，轮岗制更多的是针对前厅岗位，后厨岗位，尤其是涉及技术的岗位还是要做到术业有专攻。一些技术难度不大的岗位也可以使用轮岗制度，在轮岗的过程中，管理者也更容易发掘每个人的特长，可以安排更合适的人去做更合适的事。

8.3.4　从"人管人"到"事管人"

传统的餐饮管理模式以人为中心，强调的是领导关系。新员工就得听主管的话，基层岗位员工就得听管理层的话，后厨学徒工就得听师傅的话……驱动管理的核心是人，处于什么位置，就有相应的权力，就能够管理对应的人。

"人管人"模式的弊病就是在门店和公司内部会形成拉帮结派的行为，主要是因为管理层之间的权力之争导致员工的站队行为。比如厨师长和前厅经理的矛盾会导致前厅后厨形成对立，店长和经理的矛盾会造成工作安排难以落地执行，这些行为的结果是店里内耗严重，员工的工作积极性受挫，整体服务水平和产品质量下滑。

导致公司内斗的原因，通常是责权不明确，也有很多其实是老板所谓的"经营策略"。政治场合有一个词叫"权衡"，很多老板用这套理论来管理门店，因为害怕店长太强或者经理太强，会造成自己对店里的管理失控，所以老板通常会在管理者之间制造一些小矛盾引起双方争斗，最后自己就成了那个能掌控全局的人。我之前接触过一个客户，就在用这一套理论去管理店面，最后导致店里乌烟瘴气。

实际上老板的担忧不无道理，人管人的模式本身就缺乏科学性，就像俗语说的"兵熊熊一个，将熊熊一窝"，一个团队是否优秀，通常取决于团队最高管理者。门店的好坏全看店长，店长权力过大，必然会形成个人英雄主义，从长期来看，这对品牌的发展是不利的。

怎样做才能更加科学合理呢？答案就是从"人管人"转变为"事管人"。

事管人的核心是关注问题本身，而不是关注提出问题的人。员工需要为顾客提供某项服务，并不是因为店长说了要这么做，而是店里规定就应该这么做；员工需要按时完成对应的任务，并不是因为那是领导交代的，而是工作流程就是这么安排的；员工月底要拿到多少奖励，并不是领导给自己照顾的，而是根据考核规定自己应得的。管理者不是发号施令者，而是事情的监督者，所有人做所有工作的出发点不是为了讨好某一个人，而是为了事情的结果更佳。这就是事管人的核心。

从"人管人"到"事管人"，本质上是从经验型管理模式到科学化管理模式的转变，是从个人色彩到集体意识的转变，这样的变化能够给团队更好的成长环境，也能创造出更适合未来年轻人的职场环境。在追求个性化表达、不习惯被约束的年轻人心中，没有领导只有事情，干好事情拿结果，这才是最酷的方式，而这也是更利于做好餐饮管理的最佳选择。

运营是盈利的关键

　　让店面持续盈利，让团队稳步成长，需要用到"管理"这个工具。餐饮管理是个系统工程，简单来说就是管人管事，展开来讲，包含运营管理、制度管理、服务管理、环境管理、顾客管理、财务管理、形象管理以及安全管理。

　　管理围绕人和事展开，目的是更好地推动事情发展，让店面更好地实现盈利目标。接下来展开讲解餐饮管理的各个方面。

9.1　餐谏餐饮九维诊断

餐饮管理就是一个不断发现问题、解决问题、总结经验的过程。解决问题的前提是准确地发现问题，就好比去医院看病，看病的过程比治病的过程更复杂，因为要经过系统检查，对比各项指标，准确无误地发现问题后，才能够对症下药，寻找解决问题的办法。

图 9-1　餐谏餐饮九维诊断图

所以管理工作的第一项就是为门店把脉，通过系统的营运诊断发现店面经营中的问题。我结合自己多年餐饮经营管理的经验，总结了餐谏咨询的餐饮九维诊断模型，如图 9-1 所示。

9.1.1　数据诊断

店面经营好与坏，看数据就能说明一切。在日常经营中，我们通常需要关注的数据主要有表 9-1 列举的 15 个。

表 9-1　餐饮日常经营数据及计算方法表

数据指标	计算方法
毛利率	毛利 = 营业额 - 食材成本　　毛利率 = 毛利 / 营业额
净利率	净利 = 营业额 - 所有支出成本　　净利率 = 净利 / 营业额
食材成本占比	原材料成本 / 总支出
燃料费用占比	燃料费用成本 / 总支出
人工成本占比	人员工资成本 / 总支出
房租成本占比	房租成本 / 总支出
翻台率	每日消费总人数 / 餐厅实际座位数
客单价	每日消费总额 / 消费人数
月均坪效	月营业额 / 餐厅实用面积
月均时效	日营业额 / 每日上客高峰期累积时长
月均人效	月营业额 / 餐厅员工数量

续表

数据指标	计算方法
回本周期（月）	餐厅总投入 / 月度净利润
盈亏平衡点营业额	每日盈亏平衡点销量 × 菜品平均售价
现金平衡点营业额	现金平衡点营业额 = 盈亏平衡点营业额 - 折旧 - 摊销
利润满意点营业额	投资总额 / 预期回报周期 /30/ 毛利率 + 盈亏平衡点

通过数据就能判断出店面经营状况的好坏。比如，快餐毛利一般在 60% 左右属于正常，毛利如果高于 70% 或者低于 50%，都说明经营有问题。可能有人会纳闷，毛利高了还有问题吗？毛利过高可能意味着产品品质不够好，这样会影响顾客体验，除非是一些特殊场合，比如旅游区、车站等本身商品售价就比较高的地方。

通过经营数据不仅可以判断出店面的经营状况，还可以计算出店面的回本周期以及盈亏平衡点。在投资之前如果能做这样的精准计算，投资就会更加有胜算。

9.1.2　市场诊断

市场诊断主要通过研究分析店铺所处的商圈环境以及周边客流情况，判断是否适合在该商圈内开店。

针对商圈的诊断，首先要考核商圈的类别、商圈的形成时间，以及商圈的发展演变。首先看商圈属于核心商圈还是边缘商圈，商圈正处于成长阶段还是衰落阶段；其次要看商圈的消费定位，清楚商圈内的消费者属于哪个群体，是否和自己经营的产品品类受众吻合；最后要看店铺在商圈中的位置，看看店铺是处于黄金位置还是次级位置还是边缘位置。

诊断商圈客流，主要看周边经营的各种业态，以及能够聚集客流的营业场所，通常包括地铁站或公交站、商业街、学校、培训机构、网吧、KTV、电影院等娱乐场所，以及酒店、理发店、便利店等。此外还要看周边同业态的竞争情况，比如有没有美食城、美食街，有没有大型的连锁品牌店，有没有直接的竞争对手等。研究清楚周边的业态和竞争状况，就能知道周边的客源情况。

9.1.3 环境诊断

环境诊断主要是分析店铺内外及周边环境，看环境能不能吸引客流，会不会影响顾客进店，主要包括周边环境、门头环境以及内部环境。

看周边环境主要看附近有没有停车场，有没有垃圾处理站，有没有菜市场，有没有电线杆或者其他能够吸客的营业场所和公共场所，包括门店外马路宽窄、有无栅栏、有无台阶、有无上下坡等，所有这些因素都会影响顾客的行动轨迹以及进店的动机。

门头的重要性我们在前面也讲到过，对于门头的诊断主要从清晰度、美观度、指示性、记忆点这几个方面来进行。好的门头一定是能够吸引顾客注意、容易被顾客记住的，在做环境诊断时着重要看的是门头是否显眼、是否更容易被顾客看到，这是环境诊断中非常重要的一个环节。

内部环境主要包括装修的风格、氛围的营造、环境卫生状况以及店内的广告装饰。装修是否让人感觉到舒适和便利，是否能给顾客带来更好的感受，店内是否整洁干净、给顾客一种宾至如归的感觉，这些都是内部环境诊断的重点。

9.1.4 产品诊断

产品是餐饮店的核心，产品诊断主要包括产品的出品、成本把控、产品结构以及菜单四大类内容。

产品出品主要看品质和效率。品质的核心是食材以及口味，用好食材，做出好味道，让顾客准确无误地感知到，这就是成功的产品。品质好、味道好还不够，还要努力提升出品的效率，这样既能提升顾客的满意度，也能达到提高营收的目的。

产品成本诊断主要是看原材料的采购渠道，加工过程中如何提高食材的利用率，是否做到菜品的标准化管理，是否对菜品进行数据化管理。

产品结构主要是和产品利润结合起来的。通过利润、销量以及用户口碑等因素进行产品的分类管理，找到热销菜品以及爆款产品，在产品宣传时能够做到有针对性推广，让好的产品被更多顾客熟知。

菜单是产品的外在表现，也是产品战略的延伸。菜单诊断主要看菜品的

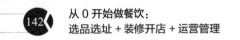
美观度、版面的设计、材质的选用、色彩的搭配等，从这些角度综合来看菜单是否反映产品战略，看看菜单是否体现品牌形象和品牌诉求。

9.1.5 团队诊断

团队诊断主要看 3 个方面：团队配置是否合理，团队服务是否到位，团队建设的工作情况。

团队配置主要结合工作内容以及业务量来综合判断，团队配置是和岗位分工以及工作标准化分工相结合的。

服务诊断主要是从服务人员的形象、语言、业务熟练程度、专业性、服务意识以及危机处理能力等方面来综合判定团队的服务是否达标、团队培训是否达到应有的效果。

团队建设主要从团队制度、员工的薪资福利、团队的培训培养以及激励政策等角度来分析，看团队建设工作是否有序开展、所有工作是否落实到位、是否达到预期目标和效果。

9.1.6 竞争诊断

竞争诊断主要是分析竞争对手的情况，以及对比竞争对手做 SWOT 分析。分析竞争对手，主要选择产品、环境、服务、营销等几个维度。产品方面主要包含产品的味道、分量、形式、数量、利润率、顾客评价等内容。环境卫生方面主要考核店面的美观度、店内的舒适度、卫生状况、店内的装饰和店外门头展示效果等。服务方面主要看出餐速度、服务态度、顾客评价以及遇到危机事件的处理能力等。营销方面主要看竞争对手都开辟了哪些渠道、活动力度大小、活动效果如何。

通过对比竞争对手，结合自身情况分析，就能找到自己的优势和劣势，从而制定下一步的竞争策略及调整方向。

9.1.7 管理诊断

管理诊断主要是用来分析店面的管理情况。管理诊断主要从店面的制度建设、人员的岗位分工、前厅日常管理运营的细节、后厨的日常管理等多个方面来分析整个店面的管理经营状况。

管理制度诊断主要看门店的各项管理制度是否健全，是否适合自身门店，以及是否能促进门店发展。餐饮店需要的管理制度和手册主要包括店面管理制度、店长手册、员工手册、后厨管理手册、产品量化标准手册、上下班制度、员工奖惩制度、工作考核及晋升制度、财务管理制度、采购管理制度、环境卫生检查制度等。

对于人员的考核主要包含 3 个方面，分别是工作能力、个人素质、工作业绩，具体到每个岗位又有所不同。比如对店长的考核，更加侧重于管理能力、经营能力以及员工培训能力和团队领导能力。从素质层面看，店长需要有包容力、忍耐力、决断力和表达力。此外，忠诚度也是考核店长的重要标准。对厨师长的考核则更加偏重于产品制作能力以及后厨团队管理能力，能否知人善用，能否在保证产品出品的同时更好地控制成本。

日常运营诊断主要是定期对餐饮店内外做详细检查，主要包含店面外围和周边、收银台周边、就餐区、厨房通道、库房、后厨操作间、洗碗间、洗手间等位置。主要看物品是否有序摆放、卫生状况是否良好、是否消除了所有的安全隐患、设备是否按照规定定期保养等。

后厨管理的诊断主要看人员的仪容仪表是否符合规范、环境卫生是否达标，设备设施是否干净卫生、是否定期保养和检修，物品的摆放是否有序、是否进行标签标识定置管理等。

此外，诊断店面的运营需求还可以做一些专项的诊断。首先是管理目标诊断，结合营业状况制定年度目标，也可以制定产品利润目标、店面营销目标等。目标的制定要结合实际情况，不能盲目制定不切实际的目标，也不能将目标定得太小，影响整个团队的斗志。其次是顾客管理诊断，主要是研究顾客消费数据，分析客群构成，研究顾客消费习惯、消费喜好等。最后是顾客调研，根据顾客反馈做店内产品和服务的升级和调整。

9.1.8　营销诊断

最后就是做店内的营销诊断。大部分餐饮老板对营销有很大的误解，认为店面生意不好就是营销不够，认为营销就是搞打折活动吸引人进店。实际上营销的玩法和意义远不止于此。所以营销诊断是店面诊断的重中之重。

营销诊断的基础是营销认知。要清楚营销的作用以及重要性，同时要清楚营销的目的。新店开业营销的目的是吸引顾客进店，那么搞特价促销是有意义的。老店为了吸引"回头客"低价促销可能就有点吃力不讨好了，这个时候就应该在环境、服务、产品的附加值上多下功夫。解决了认知问题，基本上就解决了一半的营销难题，很多店面营销做不好都是因为老板对营销的重要性认识不够，不清楚营销的目的，所以盲目做活动，花了钱却达不到预期的效果。

营销诊断的重点是做营销渠道分析。从线上到线下，营销的渠道很多，内容呈现的形式也很多，有些渠道是需要付费的，有些则是免费的，究竟应该选择什么样的渠道，以及在什么时间做比较合适，这都是应该仔细考虑的。

最后就是形式和内容。最常见的营销形式就是活动营销，除此之外还有会员营销、口碑营销、语言营销、社群营销、新媒体营销、产品营销，以及服务营销等。所有的形式和工具都是为目的和效果服务的，所以要结合营销的目的去选择合适的渠道，同时通过效果的反馈不断去调整营销计划。这就是做营销诊断的意义所在。

9.1.9 品牌诊断

品牌诊断主要围绕品牌定位展开，通过分析品牌的市场竞争环境、竞争对手、品牌的经营历史和经营成果，梳理品牌核心资产，研究品牌拥有的市场机会点。

品牌诊断主要是围绕品牌名称、品牌 Slogan（口号）、品牌广告语、品牌视觉系统、品牌 VI 系统、品牌故事、品牌信任状以及品牌形象展开。通过诊断发现品牌存在的问题，继而确立品牌升级方案。一般品牌存在的问题主要表现在以下 3 个方面。

1. 品牌老化。很多经营多年的品牌都会面临品牌老化问题，从经营理念、管理模式、营销模式上都需要做调整升级，以适应新的市场变化，迎合新的消费需求。

2. 品牌缺乏差异化。大部分品牌都在模仿头部品牌，互相模仿和借鉴会让品牌丧失竞争力，除非你是领导品牌，否则都需要将差异化视为最重要的品牌战略之一，因为只有差异化才能让你的品牌在顾客心中占有一席之地。

3. 品牌竞争力薄弱。品牌竞争力薄弱除了差异化不够之外，还有一个原因是"连而不锁"。很多品牌虽然门店数量不少，但是并没有进行统一的管理运营，没有形成标准化的管理模式，后端产品和供应链也没有形成协同效应，这样会导致管理团队精力分散，门店越扩张整体竞争力反而越差。

通过系统诊断，经营者能够更好地发现品牌存在的问题，结合问题就更容易找到品牌调整和升级的方向。

9.2 餐饮九大运营管理系统

餐饮是个易学难精的行业，入行门槛很低，但是想真正搞懂很难，因为要学习的东西太多。正如我在本书第 2 章提到的，开一家餐饮店的难度不亚于建立一座工厂。餐饮管理学问很大，不同品类、不同店型、不同发展阶段的门店管理方法各不相同。我结合多年来对不同餐饮品类的研究，以及对不同餐饮门店管理方法的摸索，总结了餐饮经营管理的工作内容，并把这些内容分了九大类，取名餐饮九大运营管理系统。

9.2.1 成本管理

很多店的生意很好，老板辛辛苦苦忙碌一个月，月底一算没赚钱，这是因为在成本管理上出了问题。很多经营者干餐饮好多年，却不知道自己的毛利净利是多少，甚至有很多人不知道毛利净利怎么算。如此稀里糊涂地做餐饮还能赚钱，真的就是全靠市场行情和运气了。

做成本管理，首先要清楚餐饮的成本有哪些。我习惯把餐饮的成本分为固定成本、可变动成本和边际成本三部分。

固定成本包含转让费、房租、人工费、装修投入以及软硬件设施投入、设备折旧。固定成本是在开店时必须要投入的成本，无论生意怎样，这部分费用都需要支出。我们讲日常管理其实是管理固定成本之外的成本。

可变动成本包括日常原料食材成本，水电气等能源成本，产品采购、储存、加工、销售所需的相关物料成本，以及因为经营情况发生变动而产生的部分人力资源成本。

边际成本就是在门店正常经营之外的其他成本，比如宣传推广成本，与工商、城管、税务等管理部门沟通的公关成本，人员招聘、团队管理、培训、营销策划等产生的成本，日常运营中解决各类危机事件的额外支出，以及其他相关的开支等。

成本管理的关键在于合理控制可变动成本和边际成本，具体做法如下。

在食材管理上，要做好订货管理和收货管理，严格把控食材品质，做好品控管理。在配菜和加工环节，要做好菜品规划，制定产品加工标准，保证食材的利用率，减少浪费。在盘点环节，做好食材的盘点工作，制订合理的采购计划，减少因食材过期或变质带来的浪费和安全隐患。

在物料管理上，要使用物料管理计划表，结合产品和服务需求制订物料定制和采购计划。在物料方面，多使用通用版物料，尽量减少特殊定制的物料，以免因为产品更新或升级造成物料浪费。

在能源管理上，要做好水电气的登记和管理，随时掌握使用情况，同时要合理规划设计水电，将不同区域的灯光照明分开管理，结合使用情况制订灵活的开关计划，以减少能源的浪费。

在人力管理上，要做到岗位分工标准化，在标准化基础上可以增加小时工和临时用工人员的比例。同时要结合不同运营时段制订合理的排班计划，以减少因人员冗余造成的人力资源浪费。

9.2.2　利润管理

餐饮经营的最终目标是保障门店利润，因此利润管理是餐饮运营管理的重中之重。餐饮盈利的核心就 4 个字：开源节流。利润管理的本质就是在做好成本管理的基础上，想方设法提高营业额，在营业额增长与成本可控之间找到最佳平衡点，这就是合理的利润。

利润管理的第 1 步：做经营数据分析。要分析门店的收入结构以及收入渠道。研究收入的构成能够让经营者更加清楚收入的来源，以便做好产品的调整优化。研究完收入还要分析成本结构，结合我前边讲的九维诊断中的数据诊断，对各项支出费用进行分析对比，就能够找到经营中存在的成本结构问题，以便及时寻找解决方案。

利润管理的第 2 步：完善财务系统。合理的经营分析是建立在合理的财务系统上的，因此要选择合理的收银系统，做好现金管理、支付管理、成本费用管理、固定资产管理以及发票管理。同时要定期做财务数据核算，做财务报表分析，分析同比数据以及环比数据，及时发现经营中的变化和问题，以便合理调整经营计划。

利润管理的第 3 步：制订合理的经营计划。要结合财务数据分析找到影响营收的原因。通过各项外在影响因素（市场趋势、环境因素、季节因素、竞争因素、营业额系数）以及各项内在因素（产品、服务、清洁度、门店环境、产品价格调整、市场推广策略、商圈营销策略、营销平台选用等）的分析，合理制定营业目标，结合目标制订实施计划。

真正做过餐饮的人都知道，餐饮的利润不是赚出来的，而是省出来的，"省"的主要途径就是采用科学合理的利润管理方法。

9.2.3　厨政管理

厨政管理是餐厅后厨团队与产品管理的统称。大的餐饮企业的厨政由厨政总监统领，除了负责店面后厨团队管理、产品加工生产之外，还要负责产品研发、中央厨房的管理、采购和供应的管理等。一般餐饮店的厨政管理多以厨师长为首，管理内容主要是产品管理、后厨团队管理、后厨环境卫生管理。

产品管理是从产品的研发创新，到产品原材料的采购、验收、储存，再到产品加工和出品，最后到产品成本管理整个流程。产品开发前半部分的调研和后面的推广是市场部的工作，销售环节是运营的工作，剩下的从研发到产品加工制作出品都是技术部的工作，由此我们可以看出厨政管理工作的重要性。

后厨团队管理主要是合理安排人员，负责产品加工制作及出品标准的制定，以及后厨各项工作的操作规范制定和监督落实。

环境卫生管理主要包含人员的仪容仪表和卫生健康管理，后厨空间环境的管理，设备的定期检查和清洁，以及安全隐患排查。后厨管理常用的方法有四种：一是"常整顿、常整理、常清洁、常检查、常自律"的五常管理方法；二是"天天处理、天天整合、天天清扫、天天规范、天天检查、天天改进"的 6T 管理法；三是"整理、存放、清洁、标准、修养"的 5S 管理法；四是"整理到位、责任到位、执行到位、培训到位"的 4D 管理法。

这些管理方法各有千秋，都是餐厅做好厨政管理的有效工具，无论使用什么方法，核心都在于定方法，做培训，然后监督执行，效果如何关键在于能否完整落地并坚持做好。厨政管理是个深入细致的系统工作，功夫都体现在细节里。

9.2.4　服务管理

餐饮行业属于服务业，服务是餐饮产品的重要组成部分。在当下的餐饮市场环境中，服务甚至可以放在和产品同等重要的位置，做好服务管理是提升顾客满意度的重要工作。

我把餐饮服务分成了 3 个级别：**最低级别的服务是标准化服务，中等级别的服务是个性化服务，最高级别的服务是人性化服务。**

标准化服务是餐饮管理要突破的第一道关卡。除了一些连锁餐饮品牌之外，现在大部分餐饮店还没有实现标准化服务，基本还停留在服务好坏全靠服务员个人状态的阶段。标准化服务就是要做到"**定岗、定人、定责、定标**"。首先是明确岗位分工和岗位工作要求，然后责任到人，让每个人都清楚自己的工作内容和工作标准。明确这些以后还要制定服务标准和服务流程，比如中餐服务就可以拆分为 7 步 30 个环节，每一个环节都有对应的工作内容和要求，都要按照要求去做，这就是标准化服务。

个性化服务是在标准化服务的基础上，员工针对顾客的一些特殊需求提供的服务。比如：满足顾客对产品的特殊要求，为顾客提供送餐服务，为会员顾客提供会员专享服务，为带小孩的顾客提供儿童座椅，为儿童赠送专享儿童餐等。个性化服务是对标准化服务的延伸，是为了满足顾客的更多服务要求，让服务更加灵活多变的一种方式。餐厅如果能提供个性化的服务，就能进一步拉近与顾客的距离，让顾客对餐厅好感倍增。

人性化服务是指在个性化服务基础上，服务人员能够学会换位思考，站在顾客的角度考虑，提供让顾客意想不到的惊喜服务。比如主动给顾客提供围裙、眼镜布，下雨天给顾客提供雨伞，经常来的顾客可以记住他的喜好、赠送礼品等。人性化服务是对常规服务的升华，让服务更具营销性。我在本书营销章节中会讲到服务营销，服务营销中的行为设计营销就是个性化服务，用让顾客意想不到的惊喜给顾客带来难忘的甜蜜，以此来提升顾客满意度。

从标准化服务到个性化服务，再到人性化服务，餐厅经营者需要做的是加强对员工的培训。除了最基础的服务技能培训之外，还要加强对员工服务意识的培训，让员工认识到服务的重要性，认识到自己所做的工作的意义和价值，以此来激发员工发挥主观能动性，为顾客提供更加人性化的服务。

9.2.5　财务管理

财务管理是公司管理的重要内容，连锁餐饮财务管理工作的职责与内容和公司的发展阶段有关。处于不同发展阶段，财务管理的重点也不相同。

处于原点期的餐企，财务管理应围绕门店展开，工作内容包含建立会计核算制度，完善门店财务管理规范，完善门店采购管理、资金计划与费用控制，完善信息系统，完善财务的信息化。处于发展期和扩张期的餐企，公司处在快速扩张阶段，这一阶段财务工作的重点是系统化建设，主要的工作内容是建立基于品牌发展战略的财务管理系统，加强资金及税务筹划，加强连锁网络的财务监控，做好业绩与成本管理。发展进入成熟期的餐企，需要进一步加强财务体系的规范化，根据公司发展情况，从财务层面完成股权结构优化，同时要结合公司战略方向完善战略财务管控体系。

餐企财务管理工作的重点主要包括：**财务制度化管理、财务流程化管理、财务规范化管理**。

财务制度主要包含企业的财务内控制度、门店的财务检查制度，通过管理制度对门店财务规范、现金、费用、发票、资产等进行统一的管理；财务流程管理主要包含公司的年度财务决算流程、加盟商的财务结算流程、供应商的财务结算流程、公司的财务报销流程、门店的财务管理流程、公司的财务审计流程等；财务的规范化管理是基于财务制度和财务管理流程实现的规范化管理，通过明确每一项工作的管理目的、管理范围、具体操作流程以及负责人，让每一项财务收支操作都合法合规、有章可循、有规可依。

餐饮门店的财务工作主要设置收银员、财务专员、会计、出纳等岗位。根据不同的店面面积设置不同的岗位，小店以收银为主，面积较大的店面会设置会计和出纳岗位，具体岗位的设置要结合具体的运营需求来定。门店财务工作主要向店长汇报，由店长负责，公司财务向财务经理或财务总监汇报，由财务负责人向老板直接汇报。

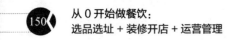
9.2.6　人资管理

人资管理是人力资源管理的简称，是品牌或门店专门负责人员招聘、培训、绩效考核、薪资发放、职位升降的部门。人力资源管理与我前面讲的团队管理有所不同。

团队管理是从团队培养角度讲管理，更侧重团队的激励、人员工作内容的分配、工作积极性的调动等，团队管理属于运营部门的工作，是管理层的重要工作之一；人资管理则是从企业用人角度做规划，更注重人力资源的投入产出比，主要负责人事制度的建设和考核，它是人事部门的重要工作。

人力资源部门主要负责：**岗位的招聘，新员工的培训，员工的薪酬、绩效、考核制度的制定，员工福利的发放，以及员工入职、转正、晋升、调岗、离职等具体的人事变动工作。**

在员工招聘层面，首先要制订合理的招聘计划，明确招聘对象、招聘人数、招聘时间、招聘条件以及薪资待遇设定；其次要开辟招聘渠道，使用 58 同城、智联招聘、BOSS 直聘、猎聘等线上招聘平台，同时也要积极开辟各类线下招聘渠道；最后，要明确招聘工作流程，从信息发布更新到面试、复试、试岗、入职，做好招聘管理工作。

在员工培训层面，要建立培训制度，明确培训主题，确定新员工培训的内容（包括实操培训和理论培训），同时还要做好培训后的考核跟踪，对培训效果进行评估，同时不断完成培训体系的优化和升级。

在员工薪酬、绩效、考核层面，要做好试用期、转正后、晋升后的薪资规划，明确岗位等级与薪资设定，明确薪酬发放的日期。绩效的设定不但要和出勤情况挂钩，还要和营业情况结合，可以设置菜品提成、酒水提成、会员提成等多种绩效奖励方式。对员工的考核，不仅要和考勤挂钩，还要和顾客满意度、员工满意度、经营的各项数据指标、QSC（商品质量、服务质量、清洁状况）指标相结合，做到薪酬、绩效、考核和运营效果结合得更加科学、合理。

在员工服务层面，要明确社保和五险一金的规定，明确员工加班福利与节假日福利，明确员工住宿补贴、交通补贴、员工餐等相关内容，让员工满意。

在员工变动层面，做好入职、转正、晋升、调岗以及离职的各项规定，让管理更加透明化、科学化。

以上就是餐饮公司及门店人力资源管理的主要内容。

9.2.7　形象管理

我把餐饮品牌的形象分为内部形象和外部形象，下面分别进行说明。

内部形象主要是餐饮门店形象，是餐饮品牌展示给顾客的店面形象。顾客只有靠近门店，或进入门店消费才能感受到。内部形象再细化，又可以分为产品形象、人员形象、服务形象、店面环境形象。

产品形象包括产品的色彩搭配、内容组合、摆盘样式、出品方式、产品故事、菜单的设计和呈现方式。这些因素都是顾客接触门店产品的基本媒介，每一个环节的呈现都会影响顾客对产品的感知度。

人员形象是门店服务人员呈现给顾客的状态，具体表现为员工的仪容仪表、行为规范、语言表达能力、服务态度和服务意识。员工形象代表着门店形象，也会影响顾客对品牌的判断。服务形象是人员形象的延伸，主要通过服务技能、服务流程、服务中的细节礼仪展示来提升顾客对服务的满意度，继而影响顾客对品牌形象的认知。

环境形象是内外环境的统称。外部环境包括门店的外立面设计、门头装修和设计、外部广告呈现，内部环境包括空间装修设计、灯光呈现方式、店内广告和宣传物料的呈现方式、品牌整体 VI 系统的呈现等，这些都会影响顾客对品牌形象的记忆，改变顾客对品牌的认知。比如星巴克的绿色和麦当劳的红色，这些都会在顾客脑海中形成记忆点，方便顾客下次调用，用以更好地进行品牌识别。

外部形象是品牌对外的公众形象，这个主要通过品牌的公关和宣传行为来塑造。比如老乡鸡在所有媒体平台塑造的都是一个有趣的、喜欢搞怪的，但是对产品很认真、精益求精的形象。再比如西安本地的湘菜品牌兰湘子，它的短视频平台对外呈现的是温馨的品牌形象。

品牌外部形象塑造的第一个途径是品牌自身的官方媒体渠道，包括抖音、快手、视频号等短视频平台，也包括微博、微信、知乎、小红书等社交媒体平台，口碑、点评等行业平台，还有品牌官网以及各类网络论坛等平台。通过这些平台的内容运营，可以在线上塑造品牌对外的公众形象。

品牌形象塑造的第二个途径是品牌公关。品牌公关包括品牌日常的危机处理行为，品牌和本地美食媒体的关系维护，日常的公益、慈善、事件类公关活动策划，以及品牌信任状的打造。

通过上面这些方法都可以有效完成品牌外部形象的塑造。

在塑造品牌形象时，我们要尽可能保证内部形象和外部形象的统一，这样就会给顾客形成统一的印象，也更利于顾客自行验证对品牌的判断，实现打造品牌信任状的目的。如果内部实际形象和对外形象不统一，就会造成顾客实际体验感低于顾客期望，从而影响顾客满意度，降低顾客复购率，同时损害品牌在顾客心中的口碑和形象。

9.2.8　顾客管理

门店经营的对象是顾客，管理运营的目标是提升顾客满意度，因此顾客管理也是门店管理的重要工作。

做顾客管理的第一步是做精细化的顾客分类。餐饮营销的闭环思维分为"吸引－转化－锁定－裂变"四部曲，顾客和门店的关系也可以围绕这 4 步来理解（见图 9-2）。

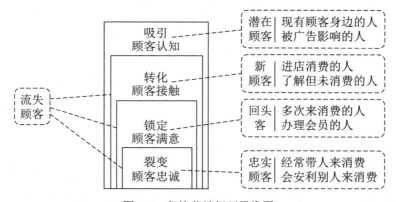

图 9-2　餐饮营销闭环思维图

通过门店的推广宣传影响到的顾客是门店的潜在顾客；潜在顾客中，和门店有接触的，也就是进店消费的顾客是门店的新顾客；门店新顾客中，消费以后对门店产品和服务比较满意、能够多次复购以及办理会员的顾客就是门店的"回头客"；门店的"回头客"中，能够经常来消费并且推荐身边的朋友来消费的就是门店的忠实顾客。从潜在顾客到新顾客到回头客再到忠实顾客，这同样是一个流量漏斗。在这个漏斗中，每一个环节都有客户流失，这些就是门店流失的顾客。顾客管理的目的就是提升转化率，尽可能减少顾客的流失，努力提升顾客的复购，提高回头客和忠实顾客的比例。

怎样降低顾客的流失率、提升顾客的满意度？我总结了 5 个方法。

1. 掌握客户信息，做精准的客户画像。要服务好顾客，首先要了解顾客，所以要做精准的客户画像，清楚客户的年龄、相貌、兴趣爱好、生日信息、消费喜好、个性化需求等。通过掌握这些信息，可以为经常来的顾客提供个性化服务，给顾客制造惊喜，从而提升顾客满意度。

2. 做好客户关系维护。做好客户关系维护，可从 3 个层面开展工作：**第一层面是物质维护**，通过优惠、折扣、礼品等，让客户感受到实惠，从而对门店产生好感并经常光顾；**第二层面是精神维护**，通过记住顾客的喜好、给顾客提供温馨的服务、用更加亲近的称呼或者使用敬语，让顾客感受到自己被尊敬被重视；**第三层面是身份维护**，针对会员顾客，要推出会员专享优惠、会员专享特权、会员专享产品和服务，让顾客体验到作为会员的尊贵感。

3. 提供超预期服务。顾客满意度来源于其对产品和服务的期望值与实际得到值的差，只有当顾客得到的产品和服务远远大于期望值的时候，顾客才会超级满意。所以在运营过程中可以通过利用峰终定律，通过行为设计在服务中设置峰值体验和收尾体验来提升顾客满意度（在本书营销章节会有详细介绍）。超预期的服务除了设置峰终体验外，还体现在服务中的换位思考。服务人员要设身处地为顾客着想，给顾客提供殷勤的款待，让顾客发自内心地感受到门店产品和服务的优质、用心，这样的满意度才是持久和有价值的。

4. 做好客诉处理。好的服务不只看我们做什么能让顾客满意，还看在顾客不满意时我们能做什么让顾客回心转意。当顾客在就餐中遇到菜品问题、服务问题、环境问题、物品问题的时候，要及时发现问题并为顾客解决问题，这就是客诉处理。客诉处理是服务中非常关键的工作，客诉处理做好了，不仅能让不满意的顾客回心转意，甚至还能让新顾客成为门店的忠实顾客，因为处理客诉的过程就是服务人员向顾客更好地展示门店和品牌的过程，抓住客诉处理的机会，将它变成宣传自己的公关时刻，这才是客诉处理的最高境界。

处理突发事件一般的顺序是这样的：

（1）**聆听**。先听客人的投诉，不要急于解释。越解释越有急于摆脱干系的嫌疑，越容易激起顾客的不良情绪，事情也就越会朝着更糟糕的方向发展。

（2）**道歉**。搞清楚问题后，先道歉，摆明自己承认错误、表示歉意的态度。对于大部分顾客来说，店家已经认真道歉了，一般都会认可并理解，也就不会再继续追究了。

（3）**承诺**。第一时间给出解决方案，给顾客一定的补偿，并在最短时间内兑现承诺，让顾客感受到被重视、被尊敬。比如说饭菜里发现头发，我们通常的做法是给顾客重新做一份，如果顾客要求退钱那就给退钱；同时也可以给予一定的优惠券，欢迎顾客下次再来。

（4）**致谢**。感谢顾客理解，并且强调此类事件的偶然性，欢迎顾客继续监督和支持。

5. 做好突发事件处理。如果遇到一些意料之外的让顾客不满意的突发事件，把这些事件处理好了，也相当于在顾客面前塑造了门店品牌的正面形象。在处理突发事件时有几点原则是需要谨记的。

（1）**要给足顾客面子**。道歉、承诺、致谢的目的都是给足顾客面子，让顾客感觉被尊重。有时候，顾客本意并不想和老板计较，但因为老板的态度不友好，让顾客觉得没有被尊重，双方就会陷入对抗的僵局。

（2）**态度要诚恳，语气要温和**。在处理突发事件时，无论老板还是服务人员，道歉态度要诚恳，语气要温和，常言说伸手不打笑脸人，好好说话，再蛮横的顾客也不好意思再计较了。毕竟顾客来餐厅是为了好好吃饭的，没有谁是奔着惹事来的。

（3）**细节处理要到位**。比如说，菜出现问题，答应顾客重新做，更好的做法是，把出现问题的菜肴放在客人看得到的地方，等重新做好的菜端上来时，要征得客人同意才能把有问题的菜撤下。

9.2.9　安全管理

门店经营最怕的是遇到安全事故，尤其是涉及顾客安危的危险事件，因此安全管理是门店管理的头等大事。

门店安全管理包括食品安全、设备安全、消防安全、财物安全、运营安全等的管理。

食品安全是餐饮安全问题的头等大事，也是餐饮经营绝对不能触碰的红线，每年都有很多因发生食品安全问题而倒闭的餐饮门店。要保障食品安全，首先要从源头上保证采购安全，要慎重选择产品原料供应商，加强供应商的管理和筛选，同时要制定严格的产品验收标准，实施收验货责任人制度，从源头上杜绝问题产品进店；在产品储存环节要做好分类储存，做好原料的保质期管理，坚决不用过期食品，同时要注意生熟分离、荤素分离，避免交叉感染；在产品加工环节，要严格按照加工流程和标准，加强产品加工安全控制；在出品环节，要做好出品的安全管控，杜绝有问题的产品上餐桌，要将一切安全隐患扼杀在摇篮中；同时产品加工人员要身体健康、持证上岗、勤洗手勤消毒，做到安全生产、规范操作。

设备安全是为了保障后厨操作安全，防止因设备故障或者操作不当带来安全隐患。首先，要按照规范安装水电气，杜绝私拉线路，防止出现故障；其次，要加强后厨人员培训，所有设备必须严格按照操作规范进行操作；最后，所有加工设备、水电气线路要定期检修，设备要定期保养，如发现设备老化或出现安全隐患及时更新。

消防安全主要是水电气的使用和操作。首先，店里要配备消防安全设施，装修时要留有安全通道，安装消防指示灯，在发生意外情况时可以指示顾客安全撤离；其次，要定期给员工做安全知识培训，定期做消防安全演练，对于灭火器等消防设施要定期检查和更换，保证在发生意外时能正常发挥作用。

财物安全主要是保障店内的资金安全和账务安全。首先要建立财务制度，对财务相关人员做系统培训，防止因财务人员操作失误给店里造成损失；其次要在店里安装监控系统，保证在发生相关财务问题后能及时找到问题并解决问题；最后要做好财务票据管理，定期做财务核算，避免账目积压过多造成混乱。

运营安全主要是针对各类突发事件和危机事件的处理。比如针对顾客闹事、打架斗殴等突发事件，或者水灾、火灾、停水、停电等偶发事件，以及盗窃、抢劫等安全事故，要做好安全预案，并且给门店服务人员做好相关培训，以便在事件发生后能及时做出响应，及时解决问题。

9.3　餐饮标准化管理体系

餐饮品牌的生命周期分为 5 个阶段（具体内容可见本书第 11 章 "餐饮品

牌的生命周期"），原点期的主要工作目标是打造样板店，最终目标是实现可盈利的旺店打造。从原点期进入扩张期以后，品牌就要思考如何通过店面复制实现扩张，实现旺店系统的打造，而打造旺店系统的关键就是标准化管理体系。一家店的成功，靠管理者的经验和努力就足以应付，但要实现多家店的成功，就必须靠系统去管理，因为人的经验和精力是有限的。很多餐饮品牌在做前几家店时都很成功，结果一扩张，店面数量多了，就出现了各种问题，最后甚至导致整体溃败，根本原因就在于没有形成标准化管理体系。这节要讲的就是如何打造标准化管理体系。

9.3.1　餐饮门店十四大管理模块

前边讲了餐饮九大运营管理系统，在实际的门店管理中，由于工作岗位和工作属性不同，餐饮管理工作又可以具体分成不同的管理模块。我按照店面筹备的时间顺序以及管理职能划分总结了 14 个门店管理模块。

1. **项目调研**。项目调研是一个新项目启动的必备工作，要通过市场调研、商圈调研、客群调研、数据调研等多种方式论证项目的可行性，探讨项目调整的方向和思路。（具体可以结合第 9 章的"餐谏餐饮九维诊断"来看）

2. **店面选址**。选址是开店前期的重要工作之一，选址不对，努力白费。要通过多方面调研论证，充分了解周边环境，做好客流量测算，做好物业条件及人文条件评估，同时还要对比周边竞争对手、分析竞争情况。如果是连锁餐饮，选址时还要考虑整体的战略布局以及区域规划情况。

3. **店面装修**。装修环节重点是要做好装修设计，做好装修筹备计划表，根据工期做好时间规划，同时做好装修预算，做好现场工程验收，做好各类证件办理的流程和时间规划。

4. **开业筹备**。门店开业要做好开业计划，做好人员管理、员工宿舍管理、开店的各项流程梳理、各项费用管理、设备管理、现场环境检查、现场 QSC 管理等，这些都是在筹备阶段要做的工作。

5. **产品出品**。产品出品方面，要做好菜品标准卡，制定菜品量化标准，做好菜品竞争力打造，还要做好菜品意见反馈收集、原材料加工及成本核算、过期食品销毁、产品采购规划等。

6. **人事管理**。人事管理主要围绕人员的招聘、培训、岗位安排、人员激励

（具体可参照本书第 8 章的"团队'招／育／用／留'体系"）开展团队管理和员工管理相关工作，这些都是人事管理的范围。

7. 绩效管理。绩效管理是人力资源管理的重要工作。具体到店面，就是针对各个岗位的绩效考核，包括门店管理层的绩效考核、后厨人员的绩效考核、前厅服务人员的绩效考核。具体到前厅后厨，绩效考核还要细化到每一个岗位，并且做周考核和月度考核，通过考核反映团队工作质量。

8. 值班管理。值班管理要结合现场管理来操作，主要包括班前检查、现场环境检查、服务区检查、外场检查、加工区检查等。同时还要做好员工排班表以及班前会和班后总结会等。

9. 顾客管理。顾客管理在门店执行层面主要是做好顾客调研、神秘顾客拜访，做好客诉处理，做好顾客意见收集，做好顾客资料收集，完成顾客画像，提供精细化的顾客运营。

10. 财务管理。门店的财务管理主要是做好每日收银，核对账目，做好每日现金日报表。同时还要做好每日收入支出明细表，做好月底收入支出明细表，做好员工工资明细表，让门店管理者通过财务数据掌握门店经营情况。

11. 采购管理。采购管理主要包括做好采购需求对接，结合各部门采购需求做好采购计划表，同时完善物品发放领取流程，做好领料单、申购单、收货清单以及退换货申请表，做到采购的精细化管理。

12. 厨政管理。单店的厨政管理主要是围绕原料采购、产品制作、产品出品以及厨政人员管理、厨房环境卫生管理等进行。要通过各项厨政管理表格规范每一步操作，做到科学化管理。

13. 安全管理。门店安全管理主要是制定安全检查制度，同时通过各项安全检查表格规范安全检查落地工作，做好消防设施检查记录、设备安全检查记录、食品安全检查记录、餐厅打烊安全检查记录等，通过规范检查严格落实各项安全管理制度。

14. 培训管理。门店的培训管理首先要通过现场调研发现问题，结合门店的培训需求制订培训计划，培训完成后要做好员工的培训考核和培训效果调研，根据培训反馈情况调整优化培训计划。

以上就是餐饮门店管理的 14 个模块，这部分内容可以结合前边讲到的餐饮九大运营管理系统来看，相对品牌管理，门店管理的内容更加具体。为了帮助经营者做到规范化管理，我还出品了一套餐饮门店管理工具，包含 288

套管理工具，有兴趣的经营者可以搜索关注"餐谏餐饮咨询"公众号详细了解。

9.3.2　连锁品牌管理体系

连锁品牌的管理相对于单一门店的管理更加复杂，连锁品牌管理可以分为公司管理和门店管理两套系统，门店管理可以参考前边讲的十四大管理体系，这里主要讲公司品牌的管理体系。

连锁品牌的管理要从战略规划到运营标准化、培训标准化、督导管理标准化，再到团队打造几大系统来打造，基本上也是遵循了"定方向→定标准→定团队→做培训→做考核→做优化"这样的一个 PDCA（计划→执行→检查→处理，下同）大循环。

在战略规划层面，要做好内外环境分析，做好战略目标规划，然后进行目标分解，围绕目标做落地实施规划，以及完成与目标落地实施相关的组织人才体系建设。

在运营标准化层面，主要通过"制定标准→细化落地方式→做考核检查→做奖惩激励→做方案优化"这样一个流程进行，餐谏也是通过这样一个 PDCA 的循环来做餐饮运营的标准化。具体实施环节就是按照"标准化手册→标准化管理工具表格→培训制度→督导检查制度→奖惩制度→标准化体系优化"这样一个具体流程来进行。（具体内容可参考下一节"门店管理手册体系"）

在培训层面，连锁品牌管理的重点工作是加强培训团队的建设，加强培训内容的开发，结合门店运营需求制订相应的培训工作计划，在培训完成后还要做培训效果的收集，以此来做内容的调整和优化。

在督导管理层面，主要是针对各项运营管理工作制定相应的考核标准，通过督导管理对门店的运营管理工作进行检查和评估，同时结合存在的问题给出相应的调整建议。

在团队打造层面，主要是完成企业文化建设，完成团队文化建设，通过各类团建活动增强团队凝聚力，通过早会、晚会制度实现团队工作的总结和反馈，通过各类表彰会、成长会、学习讨论会完成团队的激励，实现团队的自我进化。

以上就是连锁品牌管理的主要内容。为了帮助连锁餐企做好品牌规范化管理，餐谏出品了一套连锁餐饮品牌管理工具系统，包含 390 多套管理工具表格，有兴趣的经营者可以搜索关注"餐谏餐饮咨询"公众号详细了解。

9.3.3　门店管理手册体系

经常有餐饮老板反映自己的门店管理混乱，想做标准化管理体系却不知从何下手。在餐饮门店标准化管理的 PDCA 循环中，计划是最基础的工作，这部分工作就是门店标准化手册体系的撰写。

说到管理手册，很多经营者会更加迷茫，五花八门的手册，有的品牌有三本，有的有五本，有的有八本，甚至还有二十多本的，到底该做什么样的手册才更适合自己的门店呢？这节我就专门梳理一下处于不同发展阶段的餐饮品牌应该做哪些管理手册。

餐谏把品牌发展分为 5 个阶段（餐谏品牌生命周期理论在本书第 11 章会有详细讲解），不同发展阶段运营目标不同，需要完善的管理手册内容也不相同。

原点期的品牌，发展目标是打造样板店，这一阶段基本处于 1 ～ 3 家门店的规模，重点是完成单店的运营支撑，这一阶段运营手册的编写主要是为了解决店面规范化运营的问题。为了达到这一目标，需要编写的手册有**《店面管理手册》《店长管理手册》《员工手册》《产品加工手册》**。

扩张期的品牌，发展的目标是打造旺店系统，一般有 3 ～ 15 家门店，重点是做品牌系统运营，这一阶段运营手册的编写主要是为了解决品牌连锁的统一化、标准化管理问题。为了达到这一目标，需要编写的手册有**《开店管理手册》《厨房管理手册》《现场服务手册》《危机处理手册》《人事管理手册》《财务管理手册》《员工培训手册》**，通过这些手册，对人、财、物、事进行系统管理。

到了**进攻期以后的品牌，**发展的目标就是要建立科学化、系统化的连锁运营体系，这一阶段的管理手册是为了解决连锁品牌的科学化、精细化管理问题。在已有管理手册基础上，还需要再完善**《店址评估手册》《开店筹备手册》《采购管理手册》《质量管理手册》《招商加盟手册》《督导管理手册》《营销管理手册》**等，有的品牌会将精细化管理做得更细，会有更多的标准手册。比如火锅品牌巴奴，据说它的 BN 系统（内部管理系统）中就

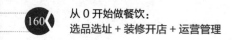

包含 24 本标准化管理手册。

　　管理手册的制定为所有工作做了规范，但这只是标准化的第一步，接下来的重点是落地。很多餐饮品牌做了一堆手册，最后都没有落地执行下去，或者在执行过程中效果大打折扣，结果自然可想而知。为了杜绝这种情况发生，管理手册一定要请专业团队来制作，在系统化、科学化的前提下，一定要围绕品牌的实际需求来制定。手册的编写是对现有工作的总结和优化，而不是重做一套流程，把现有的东西推翻重来，那样成本就太大了。管理手册一定要切合实际，要对现实工作具有指导性，这样才能更好地落地执行。

第
10
章

营销是发展的保障

　　营销是餐饮经营活动中不可缺少的部分，在当下餐饮竞争越来越激烈的大环境下，营销更是成了餐饮发展的保障。在注意力稀缺的时代，餐饮店想要被更多人知道，营销必不可少。好的营销能增加门店的曝光量，能让产品和服务被更多人感知到。营销同时也是打造餐饮品牌的必备工具，通过营销塑造与众不同的认知，才能让品牌被更多顾客记住。

　　那么，怎样才能做好餐饮营销？本章主要讲解餐饮营销的系统思维和实战方法。

10.1 活动营销

餐饮八大营销中的第一类是活动营销，这也是最常见的营销方式。餐饮店里日常策划的各类优惠、打折促销、吸客引流活动都属于活动营销。现在做餐饮已经不仅仅是卖饭菜，而是经营和顾客的关系，搞活动能够引起更多人注意，拉近店面与顾客的关系。

活动营销的方式有很多，根据营销时间和活动性质，我把营销活动概括为四大类：开业活动、节日活动、新品活动、拓客引流活动。大部分餐饮店日常宣传也主要是围绕新店开业宣传、产品上新宣传、节假日宣传，以及结合一些热点事件，或者围绕特定主题做的活动，这些活动的目的都是为了吸引更多人注意，我把它概括为吸客引流活动。这四类活动我称之为活动营销的"四大金刚"。

10.1.1 活动营销"四大金刚"——开业活动

一般新店开业都会搞宣传推广活动，这就是开业活动。从活动目的来看，开业活动的核心目标就是广而告之，让更多潜在顾客知道自己的门店开业了，并且受活动影响愿意进店消费。我整理了组织开店活动的一些方法和思路。

1. 打折促销。 打折促销优惠是一般门店开业的必备动作，可以直接搞开业折扣，也可以做团购套餐。新店开业，很多人本来就有尝鲜的冲动，如果再有一些优惠，自然就能吸引更多人光顾。

2. 免费活动。 优惠做到极致就是免费，免费的噱头要比优惠大得多，但是对商家来说免费又是赔本买卖，所以可以变相地借助免费的形式来做优惠。比如部分菜品免费、主产品免费，或者小菜免费、酒水免费等。关于免费的方式，后边会有专门介绍。

3. 开业庆典。 最能快速吸引人气、给店面造势的方法就是搞开业庆典，比如找名人剪彩、明星表演，或者邀请网红直播、找专业演艺团队表演等，通过庆典活动宣告门店开业，吸引更多人注意。

4. **媒体曝光**。找美食自媒体做美食品鉴会，找探店账号做探店活动，还可以和美团官方合作开展"霸王餐"活动。

5. **广告曝光**。店内门口广告宣传、店面周边的广告位宣传、店面附近发放宣传彩页和优惠券等。

6. **专家宣传**。找美食届的权威人士或者比较有名的美食评论家来店里就餐，然后做名人背书。

10.1.2　活动营销"四大金刚"——节日活动

节日活动就是在节假日搞的宣传活动，通常是结合节日的特定主题策划的活动，重点是营造节日氛围，强化顾客体验。我整理了一些做节日营销活动的方法和渠道。

1. **设计节日海报**。最简单的方法是设计和节日主题吻合的海报在门店内放置，同时也可以在朋友圈、微信群、公众号等渠道传播。

2. **制作节日装置广告**。制作节日装置广告，吸引顾客参与拍照分享。比如圣诞节可以制作圣诞树或圣诞老人玩偶，吸引顾客拍照合影。情人节可以做一些适合情侣拍照合影的道具或装置，吸引顾客拍照合影。

3. **做节日特定套餐**。针对特殊的节日可以推节日套餐，比如情人节、七夕节可以推情侣套餐，情侣就餐可以享受优惠和福利。

4. **围绕特定群体的节日福利**。有一些针对特殊群体的节日，比如妇女节、儿童节、母亲节、父亲节、教师节等，可以针对这些群体搞优惠。比如父亲节带父亲就餐，父亲可以免单，儿童节来就餐，儿童套餐可以享受优惠。

5. **搞有趣的互动活动**。可以搞一些有趣的互动活动，比如元宵节、中秋节可以在店里搞猜灯谜活动，儿童节、国庆节可以在店里做抽奖或者大转盘活动，吸引顾客参与游戏互动。

6. **做节日特定的线下体验活动**。如果做社群营销，可以和社群活动结合起来做线下体验活动。比如我之前给一个客户策划冬至组织会员顾客来店里参与集体包饺子的活动。如果遇到世界杯这样的赛事，烧烤或火锅店还可以组织线下看球活动。

7. **赠送符合节日氛围的赠品**。在一些特殊节日，可以赠送与节日主题相关的产品，让顾客感受节日氛围。比如元宵节可以给进店的顾客赠送元宵，中秋节可以给进店消费的顾客赠送月饼，端午可以给顾客赠送粽子等。

8. 搞节日优惠活动。针对节日可以推出优惠活动或特价菜，吸引更多顾客在节日聚餐时选择来店里消费。

9. 营造节日环境氛围。在一些强调氛围的节日，例如元旦、圣诞节、国庆节等，可以对店内环境进行装饰，让店面更有节日气氛，让进店消费的顾客都能感受到浓浓的节日氛围。

10.1.3 活动营销"四大金刚"——新品活动

新品活动主要是针对店面产品上新时做的新品宣传推广活动。上新品本身就是一种产品营销行为，现在的消费者大多喜新厌旧，一个店面想要对顾客保持持久的吸引力，就要不断做产品创新，不断推陈出新。让上新这个事成为卖点，这就是新品推广活动的主要目的。我总结了几种做新品活动的方法。

1. 新品内测活动。新品上市前搞个新品内测活动或者新品品鉴会，邀请一些媒体、自媒体以及店里的会员客户参加免费品鉴，并提出相应的菜品改进建议，既能达到宣传推广产品的目的，又能给顾客制造参与感，同时还可以借新品内测做好公关工作。

2. 会员免费品鉴。新品刚上新的时候，可以做一个会员套餐，让会员顾客免费品鉴并提出建议。这样既给到会员人无我有的优越感，也能够吸引更多人成为会员。

3. 新品征名活动。可以通过公关行为达到将菜品广而告之的目的，比如发起高价征集菜名活动，让顾客给新菜品起名字，同时在线拉票和评比，最终名字被选用的顾客可以获得奖励。

4. 新品特价活动。新品刚上市可以在店内搞新品特价活动，在顾客点餐环节可以让服务人员给顾客推荐新品优惠活动。

5. 新品海报推广。新品上市要在店里大力推广，门口海报、店内易拉宝、线上公众号推文、朋友圈广告以及点评广告都要同步推广，让顾客知道店里上新了，用新品吸引更多老顾客进店消费。

6. 新品菜单推广。制作新品菜单广告、桌贴广告，并制定相关的推广服务话术，让服务人员在顾客点餐时及时把新品推荐给顾客。针对新品可以给服务员设置提成奖励，鼓励服务人员给顾客主动推荐。

7. 新品限量供应。有些新菜品刚上线时因为技术标准不稳定、食材供应不稳定、销量不稳定等因素影响，可以采取限量供应的策略，既能规避各种不稳定因素，同时还能通过限量的方式引起顾客注意，达到饥饿营销的目的。

10.1.4　活动营销"四大金刚"——拓客引流活动

拓客引流是餐饮营销中最常见的营销形式，也是餐饮经营者迫切需要解决的问题。新店开业时、生意不好时都需要引流，拓客引流是餐饮营销自始至终的永恒话题。

引流活动怎样做才更有效果呢？我总结了影响引流活动效果的 5 个因素。

1. 优惠力度。如果是优惠活动，吸引人的关键就在于优惠方式和优惠力度。很多店在开业时开展进店消费送冰峰的活动，这样的活动显然是缺乏吸引力的。还有的店搞打折优惠，结果优惠里边又有很多项目被排除在外，算来算去，顾客感觉都是满满的套路，不但没有吸引人气，还很气人。

2. 活动的创新性。现在凡开店必搞活动，打折促销这样的活动已经司空见惯，大众对这类活动早已无感。引流活动一定要有创新性，能够给人带来新鲜感，这样才更容易引起别人的注意。比如我给一个客户策划的引流活动就是让他在店里打造一些可以让顾客拍照的场景，一个店里只要有一两个能让别人看到喊"哇"然后拿起手机拍照的地方，自然就能传播和引流。引流活动不一定非要让利给顾客，用便宜去吸引人，在这个颜值即正义的时代，好看好玩或许更重要。

3. 活动的话题性。好的引流活动要能够形成话题，引起顾客讨论，这样才更容易传播。比如我曾给一个做自助餐的客户策划了"大胃王"活动，通过"大胃王"选拔的方式在店里让顾客 PK，选出每周吃得最多的顾客参加月度决赛，为决赛胜出者颁发"大胃王"证书，并给予现金和物质奖励。这样的活动一发布，立马就在当地传播开了，很多人都奔着"大胃王"活动挑战来店里就餐。

4. 是否有参与感。一个好的引流活动要让顾客有参与感，能参与其中才会印象深刻，才会去传播。我之前给一个客户策划了一场通过微信点赞引流的活动，开业前一个月老板在朋友圈预热，然后把所有给他点过赞评论过的人的微信头像收集起来，拼成了一张大海报。开业以后，所有朋友圈里的人如果去店里就餐，只要能找到自己的微信头像就可以免单。很多人去店里找自己的头像，还要拍照合影，获得了参与其中的喜悦。

5. 活动渠道和力度。影响引流活动效果的最后一个因素是活动的渠道和力度。选对宣传渠道才能选对营销的精准客户，这样活动的效果才能最大化地发挥出来。活动力度决定了最终效果，很多人开店就在门口拉个横幅，想想看，这样的活动能带来多大效果？想要效果好，预算一定不能少。

10.2　开业活动营销的十种免费模式

很多老板在开业时做了大量的活动，广告铺天盖地，各种免费各种优惠，结果只火爆了三五天，活动一结束，马上又陷入冷清状态。归根结底，原因在于开业活动设计得有问题。

开业活动的首要目的是吸引顾客，最常见的吸引方式就是优惠打折，优惠到极致就是免费。免费是一把"双刃剑"，用得好会达到意想不到的效果，如果用不好就会元气大伤。

我总结了十种免费的开业活动模式，以及用这些模式去做客户转化和留存的方法。

1. 无条件免费。这个模式对很多产品单价比较高的老板来说可能力度有点大，要结合自身情况考虑。一个新店开业前期的第一任务就是吸引更多的人进店，吸引顾客进店最简单粗暴的方式就是免费，只要你来就给你免费吃，先把人吸引过来，然后再考虑下一步的转化。

做免费活动有 3 个前提。首先要考虑店里的接待能力，如果大量的人涌进来了，但是接待能力不足，就会严重影响到顾客体验，这样无异于搬起石头砸自己的脚，得不偿失；其次要考虑成本，成本比较低的产品可以搞免费活动，如果是单价比较高的产品，那就要慎重考虑了；最后，免费的前提是对自己的产品和服务有足够的自信，要坚信顾客吃了第一次还会来吃第二次。如果你的东西做得还不够好，免费就等于是将客户拒之门外了。

如果上面这三点都做好了，那就可以做无条件免费活动，去吸引第一批客户，让你的店先进入排队模式。免费模式不可以做太长时间，一般做 1～2 天就可以了，等到通过免费吸引到越来越多的人关注的时候，那就要用下一步活动来持续跟进了。

2. 主产品免费，附加产品收费。举一个例子，我一个朋友开了一家米线店，在开业第一天，店里所有的米线都免费，但大部分人进店以后不可能只吃一碗米线，因为一碗米线是吃不饱的，那么他们就会再点一些主食，或者要一杯饮料。结果开业前两天他光卖主食和饮品就收回了所有的食材成本。这种模式适合那种单品主打，而且主产品单价不是特别高的店。

3. 主产品收费，附加产品免费。这个比较典型的就是鸡公堡、小火锅涮菜，以及烤鱼、干锅之类的产品。因为它的主产品价值是比较高的，主产品收费，除了主产品之外还会送一些主食，送一些饮品，送的东西都是免费的，主食不够还可以免费加。这种模式适合单品为主、单价比较高的店。

4. 本次收费，下次免费。这个活动的目的就是做客户的留存，一般可以和第一种免费活动衔接起来使用。我们经常看到很多店提供一些代金券，承诺消费多少送多少，或者买一送一、限下次领取之类的，都属于这种模式。它的目的就是增加顾客的复购率，培养顾客的消费习惯。

5. 本次免费，以后收费。这个模式对应的就是会员体系。很多店开业时为了推会员，会在顾客埋单的时候介绍这个会员充值活动。顾客充值达到一定数额，就能享受本次消费免单的优惠。这种模式的魅力就在于本次消费免费会让顾客直接感受到占了便宜，实际上是将营销的套路隐藏了起来。新店开业推会员可以考虑这种模式。

6. 小孩免费，大人收费。这个比较常见的就是一些自助餐厅，三人同行一人免单，或者两个大人可以免费带一个小孩。延伸到一些小餐饮店里也可以发展为两人同行一人半价，相当于第二份半价。

7. 老人免费，年轻人收费。这个比较适合一些中餐店以及自助餐之类的，尤其是在母亲节、父亲节、重阳节这一类特殊节日，或者父母生日当天都可以搞这样的活动。作为开业活动也可以，比如老年人年满多少岁就可以免单，但前提是必须有子女陪同，子女需要付费。这其实也是间接利用年轻人的孝心来做文章。

8. 一次办卡，长期免费。很多主营涮肉或者火锅的店，通常都会收锅底费。在开业时为了拉拢长期顾客，也可以在锅底上做文章。可以推出一个全年的套餐，比如 198 元可以享受全年锅底免费。这样既可以快速回笼资金，也可以做客户留存，达到锁客的目的。

9. 赠送长期有效的赠品。 主打特色菜的中餐店和炒菜馆，开业时可以推出自家酿制的特色酒水，不卖只送，顾客办理会员可以送等值甚至双倍价值的酒水。顾客一次喝不完，可以存着下次来喝。每次顾客会员充值时都可以继续给他送酒水。用免费的酒水达到锁客的目的，也就是人常说的"今日留一物，日后好相见"。

10. 通过做任务赢取免费资格。 这是最普遍的一种模式。比如很多店开业时会推出朋友圈集赞活动，集够一定数量的赞就可以获得免费资格。一些小吃店可以推出写评论赢取免单这样的活动。还有很多类似的做法，比如现场猜拳，赢了免单；微信群发红包，手气最佳者免单；立定跳远，根据距离兑换优惠，跳得最远的免单……方式很多，但是我们一定要清楚，免费只是为了吸引客户，在免费的基础上一定要有后续的活动跟进，达到锁客的目的。

以上十种免费的开业模式，在具体操作中要选择适合的模式打组合拳。一般建议开业活动分 3 个周期来做，对应的就是营销的 3 个阶段：首先用简单粗暴的活动吸引顾客，接下来用精耕细作、好产品好服务来留住顾客，最后再通过一个具有强诱惑力的营销模式去锁定顾客，将顾客发展为会员。这才是开业营销的终极目的。

10.3　网络营销

如今网络已经成了餐饮营销的主要阵地，通过线上营销促进线下成交成了餐饮经营的标准模式。网络营销既包括新媒体平台营销，也包括传统的论坛及 SEO（搜索引擎优化）等。餐饮品牌的网络营销就是要用好各类平台和工具，实现为店面引流、提升品牌影响力的目的。

10.3.1　微博营销

在抖音出现之前，微博是品牌营销的主要阵地。微博的特点是信息发布简单、传播范围广、互动性强，更适合话题讨论。餐饮品牌可以通过微博与顾客进行日常的互动。

微博营销的关键在于把握热点，紧跟热点，将热点事件和自己的产品及服务结合起来，吸引更多人关注讨论。比如微博营销的"老司机"杜蕾斯，凡有热点必蹭，逐渐形成了自己的营销风格。

品牌在微博上要形成个性鲜明的人格形象，将微博主体标签化、IP 化，这样才能引起粉丝共鸣，吸引更多人互动交流，通过互动实现品牌的传播。比如知名快餐品牌老乡鸡的营销团队就深谙微博营销之道，他们的小编每天一到整点就模仿小鸡"咯咯咯"，然后董事长在下面留言指责小编应付工作，结果引来一群人围观，最终实现了品牌的传播。

10.3.2　微信公众号营销

现在餐饮品牌基本都有官方公众号，通过公众号做官方信息发布，和顾客互动。现在的公众号逐渐代替了官网的位置，以前消费者要了解一个品牌会先查看它的官网，现在则习惯于搜索它的官方公众号。因此，在品牌宣传层面，公众号的作用非常大。餐饮品牌公众号的作用主要体现在以下几方面。

1. **官方信息发布渠道**。通过公众号发布公司的加盟信息、新店开业信息以及遇到突发事件时的官方通知、声明等，公众号就是品牌对外的官方发声通道。

2. **品牌宣传渠道**。通过公众号发布新店开业信息、产品信息、门店服务信息、品牌获得荣誉的信息、品牌信任状展示等内容，传播品牌理念和服务，提升品牌影响力。

3. **顾客点餐及会员渠道**。现在大部分餐饮门店会员系统都是和公众号绑定的，还有很多店通过公众号可实现线上点餐的功能。

4. **私域流量沉淀平台**。点餐及会员、日常活动的方式，可以通过公众号沉淀老顾客，形成品牌的私域流量平台。通过对公众号的持续运营，可以激活老顾客，提升门店的复购率。

5. **客户服务平台**。公众号也是客户服务平台，顾客对饭菜品质、服务质量等有意见建议，或者在就餐过程中遇到其他问题，都可以通过公众号后台反馈，管理者可以及时和顾客沟通解决，避免顾客将问题发布到点评或其他平台，给品牌造成不良影响。此外，日常新品研发、顾客调研这些都可以通过公众号发布，品牌可以通过公众号和顾客进行各种有效的互动，及时了解顾客的需求。

10.3.3　短视频营销

短视频是这两年兴起的营销平台，也是当下最火的营销平台。短视频平台包括抖音、快手、微信视频号、B 站以及小红书等，这些平台虽然各有差异，但最基本的运营逻辑是一样的。掌握了平台运营规律和技巧的餐饮品牌，就可以通过短视频营销享受流量红利了。

很多有名的网红小吃，比如摔碗酒、毛笔酥，还有很多网红店，比如西安唐猫庭院，都是通过短视频平台火爆起来的。

餐饮品牌做短视频营销有两种思路：一是利用好平台资源，借助平台自媒体和大 V 为门店引流。二是做好自己的短视频平台，建立自己的流量池。

各个城市都有很多专门做探店或美食评测的账号，与这些账号合作做付费推广，通过他们的账号影响力给门店引流，这是现在大多数门店的普遍做法。一些做加盟连锁的品牌还可以找餐饮经管类的自媒体，帮助品牌做推广，吸引潜在加盟客户。除了平台上的自媒体账号，很多平台官方也推出了针对商家的服务，这也是值得商家学习和研究的。比如抖音的买券功能、心动外卖，都有可能成为未来餐饮商家必争的营销新渠道。

除了借助大 V 账号外，很多品牌也在打造自己的账号，通过日常短视频的拍摄来传递门店产品及品牌信息，吸引更多顾客进店。关于怎样做好餐饮短视频账号，我总结了以下几个内容方面的建议。

1. **要清楚自己的方向定位**。是做娱乐搞笑类的、美食分享类的，还是做创意故事类的，明确账号方向定位是做好短视频的第一步。

2. **要有鲜明的内容风格**。账号一定要有鲜明的内容风格，容易加深受众记忆。比如唐猫庭院的抖音，就靠开酒瓶这个创意动作加上戴猫脸面具的小姑娘两个符号，让顾客牢牢记住了它。

3. **内容有温度，创意有反转**。如果是做故事类的内容，故事一定要有新意。传递的内容要有温度，能够引起顾客共鸣。比如西安的湘菜品牌兰湘子的短视频，都是围绕有温度的故事展开，拉近和顾客的距离。如果是创意类的故事，一定要有反转，能给人出乎意料的惊喜，这样才能深入人心。

4. **要坚持更新**。做短视频最重要的一点是坚持更新，只有持续不断地输出内容，才能得到平台推荐，获取更多流量，吸引更多人关注。

10.3.4　SEO 营销

SEO 虽然是比较传统的营销方式，但在当下的餐饮营销中依然奏效。通过网络信息的优化影响顾客的搜索结果，实现品牌的传播，这就是 SEO 营销的关键。餐饮品牌要做好 SEO 营销，主要应做好以下几类关键内容。

1. **地图标识**。要确认各个地图导航能搜索到门店的信息，名称和位置都要准确，很多平台上还会出现门店的环境图片、订餐电话等信息，也要把这些内容做好优化。

2. **论坛推广**。在各种本地论坛的美食板块发布与门店相关的帖子，或在热门帖子下互动，通过这种方式传播品牌信息。

3. **网络软文**。发布整合类的美食推荐软文，比如"西安最好吃的 10 家×××""南郊最值得推荐的 5 家 ×××"等，这类信息如果传播较广，容易被一些美食自媒体作为素材，相当于帮助门店省了一大笔广告费。

4. **各类社群**。添加各类美食群、QQ 群传播品牌门店及产品信息。也可以通过招聘、招租等方式植入门店介绍，实现品牌的传播。

10.4　社群营销

每个餐饮老板都希望能够和自己的顾客建立长久稳定的关系，能够牢牢地把顾客把握在自己手里。社群无疑就是最好的增加顾客黏性的工具。

最常被用到的社群工具就是微信，几乎每个人都有微信，每个人的微信上又有很多微信群。但是，仅仅一个微信聊天群并不能称为社群。社群一定是以一些共同的兴趣爱好为前提，要有一定的组织结构，要有不间断的内容输出，还要有持续不断的运营和互动，让整个群体因为连接而产生价值，这才叫社群。

10.4.1　社群营销的七个价值

对一家餐饮店来说，做社群营销的价值是什么呢？我认为社群营销的价值主要体现在 7 个方面。

1. 社群能够传播品牌价值。无论是对于一个品牌而言，还是对于一家餐饮店来说，有了自己的社群就等于有了一个线上根据地，社群的运营一方面能够增加顾客对你的店面和产品的感知，另一方面也是在更好地为你的品牌做宣传，传播你的品牌价值。

2. 社群能够提高用户的黏度。我们经常说"一回生，两回熟，三回就成好朋友"，如果一个顾客每天都活跃在你的群里，那么他对你的店自然就会印象深刻。哪天他有了就餐的需求，一定会首先想到你，这是毋庸置疑的。还有很多餐饮店在群里搞活动、发福利，通过这些运营动作吸引更多顾客持续关注，为门店培养老顾客。

3. 社群能够为餐厅引流。如果你的社群做得足够好，有了一定的规模，通过持续不断的运营，可以将这些人从线上转到线下，最后转化为店里的顾客。比如知名的米粉品牌霸蛮（原名伏牛堂），最开始就是通过湖南老乡的社群做起来的。在有了几万人的老乡群的基础上，伏牛堂才开始推出了第一家线下店，生意可想而知。短短几个月时间，该品牌就拿到了第一笔融资。

4. 社群可以收集用户反馈。有了微信社群，老板就可以和顾客有更近距离的接触，也就更方便去收集顾客的反馈以及顾客的喜好，以便去做产品和服务的调整和优化。

5. 社群可以开展市场调研。前面也说了，社群是老板和顾客近距离接触的一个平台，那么在店里要上新品或者做产品调整时，可以和社群里的人多沟通，通过社群做顾客调研，这样就可以快速了解顾客需求，得到市场的真实反馈，避免研发团队陷入自我感觉的内部思维中去。

6. 社群能够用来做产品内测，提升用户体验。一般餐饮门店在上新品前都会先做内部测试。很多老板找身边的朋友和店里员工试吃，大家吃完感觉都很好，结果产品推出后遭遇市场"滑铁卢"。原因就在于找朋友和员工品尝很难得到真实反馈。有了社群就非常方便了，可以把新品测试作为社群福利推出，从而更加快速地了解市场需求，加快新品研发和推向市场的进度，同时也可以为新品上市预热。

7. 社群可以做员工储备。品牌要扩张发展，人才是必不可少的。现在餐饮行业普遍面临招人难、留人难问题，想找到优秀的人才更是难上加难。通过品牌社群的运营和互动，能够发现更加优秀的人才，为品牌的发展提供人才储备。比如我们服务的一个客户，他们开新店时，店长、服务员包括股东都是从老店的粉丝群里发展而来的。很多老顾客一直在群里，因为对店面和老板有更深入的了解，所以就萌生了加入团队一起奋斗的想法。

以上就是做餐饮社群的 7 个作用，很多意识到社群重要性的餐饮品牌和店面已经将社群营销作为重要的工作。在未来私域流量时代，社群也是发展私域流量的重要工具。

10.4.2　建立餐饮社群的五个步骤

如何建立自己的餐饮社群呢？我结合实操经验，总结了建立餐饮社群的 5 个步骤。

第 1 步：做好社群定位

在建立社群之前，首先要清楚你的这个社群的定位是啥，是作为福利群，主要以发放福利为主吸引消费者进群，还是作为会员社群为会员提供服务？或者就是单纯的粉丝交流群，让消费者就一些特定的话题进行交流互动？我把餐饮社群分成了四种类型，分别是粉丝社群、会员社群、福利社群、兴趣社群。每一类社群都有各自不同的定位，围绕定位要做的运营工作也不相同，只有定位清晰、方向明确，才能为后面的社群运营工作打好基础。

第 2 步：建立社群的价值体系

什么叫价值体系？通俗来讲就是别人为什么要进你的群，你要靠什么去吸引人，靠什么去留住人。一个餐饮社群的核心价值无非两个：第一个价值点是优惠，比如进群有福利，进群可以享受各种各样的优惠等。第二个价值点是便利，比如进群可以提供免费的送餐服务，进群可以提前点餐节省等位的时间，通过这样的快捷便利也能够吸引人进群。

一个优秀的社群在建立之初就应该清楚自己要吸引人进群的点是什么，还要清楚进群以后吸引人参与群讨论、让人持续留在社群里的价值点是什么，这些就是社群价值体系的核心。表 10-1 是我给一个客户设计的社群价值体系。

表 10-1　社群价值体系设计

阶段	吸引	活跃	转化	扩散	裂变
特征	0～140人阶段	让用户参与讨论	让用户从线上到线下消费	让群友邀请新人加入	从 1 个群裂变出新的群
核心价值点	扫码进群享优惠	群内参与游戏互动赢代金券、免单券	群内互动领到券的线下消费	双人同行抢优惠、分享朋友圈享优惠的福利	从福利群延伸出游戏群、线下聚会群、读书群等

第 3 步：做好社群推广计划

做社群推广计划，就是要计划好怎么去吸引粉丝进群。在餐饮店里有很多途径可以推广社群，比如在店里贴海报推广社群二维码，在店里的点餐小票上推广社群二维码，或者在公众号文章下面推广社群二维码，在店里所有的活动海报上推广社群二维码，以及在其他所有的微信群里面推广社群二维码。如果社群人数达到了上限，也可以在上述所有的渠道去推广管理员二维码，顾客加了管理员就可以被邀请进群了。

除了通过广告渠道推广社群二维码之外，服务人员在服务时也可以给顾客主动介绍社群，邀请顾客进群。比如我们之前给客户设计的引流方案：服务人员给顾客介绍社群，顾客扫码进群就可以送一杯免费的酸梅汁，如果全桌顾客四人以上扫码入群，可以送一壶酸梅汁。通过这个活动，店里很快就发展了3000多个社群会员。

第 4 步：搭建社交场景

不是说随便拉一个聊天群就叫社群，社群的核心在于互动，如果没有互动场景，这个群可能很快就会沦为一个广告群。怎样搭建社群的社交场景？我用 4 个词来概括。

1.**仪式感**。比如说要申请进群，一定要有一个加入门槛，入群以后要接受群规，要接受社群的奖惩制度等。

2.**参与感**。通过有组织的讨论分享、有组织的群游戏互动等，保证群里面有话说、有事做，让每一个进群的人都可以参与其中。

3.**组织感**。通过不断的群活动运营，要逐步摸清群成员的喜好和特征，找到更多更好吸引大家参与的活动组织方式，发动积极参与讨论的群友成为组织者，定期组织开展社群活动，让社群运营逐步规范化、系统化、组织化。

4.归属感。通过线上线下的互动，保证社群的凝聚力。在运营中突出特色，让成员在社群里找到归属感。

第 5 步：制定管理法则

社群运营的核心是管理，如何做好群成员管理？如何去引导互动？我总结了社群互动的四大管理法则。

1.要有主题。社群的所有活动一定要围绕社群定位来展开，这样才能激发更多的用户参与活动。

2.要有规则。社群在建立之初一定要立规矩，要形成一套完整的管理体系，而且要严格执行，免得最后沦为广告群或者微商群。

3.要有福利。要时不时地推出打折优惠活动，发一些红包，通过福利体现出社群的人性化关怀。

4.要有维护。一定要有专人去维护社群的日常秩序，定期发布餐厅的动态，引导社群话题方向，让社群保持一个良好的状态。也要适当在群里安排一些自己人参与互动、维护秩序、活跃气氛。

10.4.3　社群互动的九种方法

明确社群定位，建立起社群，并发展了第一批社群用户以后，接下来需要研究的就是如何去做社群互动。我总结了社群互动的 9 种方法。

1.定期做社群分享。比如说，在社群里分享品牌福利、干货知识、美食分享，或者店里的就餐场景等信息。

2.要有社群讨论互动。比如向粉丝征集各类素材，让群员有参与感。我认识一个开火锅店的老板，开业之初他在群里征集店内的海报广告，所有人都可以出谋划策，最后被采纳的海报设计者可以获得吃三个月"霸王餐"的资格。这个活动一出，激起了很多人的兴趣，等到真正开业的时候，这个店就非常火爆了。

3.做社群打卡活动。可以结合自己的产品发起一些打卡活动。比如说以早餐为主的店，可以做一个早餐打卡，或者早起打卡；以午餐为主的店，可以在群里发起晒午餐活动，评选出谁的午餐最诱人，奖励他下一次免费就餐的机会。

4.定期举办线上福利活动。比如在群里玩红包游戏、猜大小，或者摇色子，或者转发集赞，赢了的人可以享受"霸王餐"或者就餐优惠。

5.擅长用红包。红包是调动所有人参与积极性的利器。比如说，每天可以搞一些红包接龙游戏，或者在店里推出海报的时候邀请大家帮忙转发，每有一个人转发，管理员就在群里发一次红包，通过这样的方式调动大家转发宣传的积极性。

6.制作表情包。可以制作社群专属表情包，用表情来维护群关系，同时也能促进品牌的传播。

7.做线下交流。可以定期组织粉丝交流或者新品试吃活动等。

8.征集品牌形象代言人。可以在社群内部发起品牌形象代言人征集活动，让群友积极参与投票选举，最后选出形象代言人，将其作为海报人物在店内展出，同时可以让其享受半年或一年免费刷脸吃饭的资格。

9.举办群嘉宾分享会。可以做一些和餐饮、美食或创业相关的干货分享，邀请重量级嘉宾去做分享，给社群群友谋一些福利。

以上九种方法都是一些活跃社群用到的方法。经营社群是一件非常耗时耗力的事情，但也是一件低成本高收益的事情。

社群运营是否成功关键不在人有多少，而在于能够产生多大的价值。对于餐饮店来说，只要有几百人规模的铁杆粉，就足以养活一家店了，放到微信群里边，也就是一个 500 人的微信群。所以，建议餐饮老板们重视社群的价值，先给自己的店建一个微信群，建立自己的营销阵地。如果条件允许，最好专人维护，争取让这个群能够发挥最大的营销价值。

10.4.4 常见的四种餐饮社群

1.粉丝社群。粉丝社群是以粉丝互相交流为目的而建立的，社群没有固定的主题内容，每个来店里就餐的人都可以通过社群认识更多在附近的新朋友。相当于门店只是提供了一个交友平台，大家可以通过门店这个入口去认识更多人，尤其是有业务开展需求的人可以通过社群结识更多新朋友，更好地开展自己的业务。通过粉丝社群，商家也能够把自己的门店和品牌宣传给更多人。

2.会员社群。会员社群主要是针对门店的会员顾客建立的社群，所有充值会员都可以进入会员社群。在会员社群里，商家可以给会员提供免费送餐、免费预订包间、预订隐藏菜单等服务内容，也可以给会员提供专属的福利及优惠券，同时还可以定期组织会员新品品鉴会，搞会员日等活动。

3. 福利社群。福利社群主要是为做优惠活动、给顾客发放福利而建立的。在运营过程中，通过优惠活动吸引顾客添加福利群，然后每天固定时间在群内做优惠活动，给顾客发放福利，通过福利内容吸引顾客来店消费，从而吸引更多顾客加入福利群，参加抢福利活动。

4. 兴趣社群。兴趣社群是围绕某一个兴趣点或某一共同话题建立的社群。在一些特殊节日，如情人节、七夕节等，可以在门店建立单身交友群，所有来店里消费的单身顾客都可以加入，通过社群结识更多朋友。再如读书群、游戏群等，通过兴趣社群能够聚集起相同兴趣爱好的顾客，围绕这些兴趣爱好，门店可以策划相关的活动，吸引顾客积极参与，以此来拉近顾客和门店的距离。

10.5　口碑营销

10.5.1　点评口碑营销的五种方法

对年轻人来说，看网上的评价已经成了消费之前的第一道选择工序，尤其是外卖店，消费者难以和店面接触，只能通过线上评价和购买过的用户反馈来决定是否购买。所以，线上的口碑对餐饮店越来越重要。

应该怎样去维护线上的口碑呢？我总结了点评口碑营销的 5 个关键点。

1. 如何让顾客主动写好评

顾客愿意主动去写好评的前提肯定是你给他带来了惊喜，或者做了让他感动的事情。比如海底捞餐厅的很多好评，写的都是顾客在就餐过程中遇到的令人感动的细节或者令人感动的事。

让顾客感动的细节，往往体现在服务上，比如有顾客在店里忘了东西，老板会替他小心保存，这样的小细节最容易让人动容，那么给老板点个赞、写个好评也就在情理之中了。

店里比较有趣的摆设、墙上比较个性的海报、形状奇特的餐具、比较新颖的出餐方式，都可能成为顾客拍照拍视频、写评论称赞的点。现在的很多网红打卡店就是利用这些去吸引人的。

总之，想让顾客主动写好评，就要做好产品，搞好服务，关注每一个细节，让顾客真正体会到你的好。

2. 怎样引导顾客去写评论

很多顾客即使消费体验不错，也很少主动去网上写评论，因为大部分人都比较懒。这时候就可以主动引导顾客去写评论，引导的方式有两种：一是以情动之，二是以利诱之。

以情动之，就是跟顾客套近乎，主动邀请顾客写好评。如果顾客对你的服务和产品不是特别失望，大多数人都不会拒绝这样的要求，因为这本身就是举手之劳。但是邀请顾客写好评一定要把握好度，比如我之前遇到过一个外卖店老板，给所有订过餐的顾客反复打电话要好评，结果很多顾客因为反感这一举动反而给了差评。这就是用力过猛的结果。

以利诱之，就是以一定的优惠或者福利作为交换条件，让顾客去写好评。比如很多店推出了写好评享优惠、写好评送菜品等活动，通过这样的方式让顾客去写好评，这也是做好口碑的一种方式。

在引导之余，老板也要创造条件让顾客更方便地去写评论，比如将店铺的点评地址做成二维码放在比较显眼的位置，顾客扫码之后就可以直接进入店铺去写评论，省得再去上网搜索。同时也可以制作评论万能模板提供给顾客，让顾客有内容参考，减轻思考的压力。

3. 怎样让顾客写有效评价

店铺好评也分一般的好评和优质的好评。最优质的评论能够兼顾产品、环境、服务等各个维度，并且配上相应的图片，将店里的情况展示给更多人看，也就是我们常说的有图有真相。相比之下，带图评论更容易说服别人，同时在口碑和点评网上也会有更高的权重，能够影响店铺的排名。

同样的道理，如果是差评的话，对店铺影响最大的差评也是带图的差评，比如说饭菜里发现异物，如果顾客发了评论并且配有图片，肯定会对店铺造成比较恶劣的影响。

怎样让顾客去发带图的评论？首先我们可以去做一些引导，比如说发带图评论给相应的优惠或实惠等。其次就是要在店里做出一些特色，比如说产品特色、好的环境、比较有趣的广告装置等，吸引顾客拍照分享，这样的成本其实是最低的。

4. 怎样维护线上评论

顾客点评了以后，商家在后台可以看到，并且可以通过商家账户去回复。及时回复评论并和顾客互动，一方面可以加强和顾客的联系，另一方面也可以让更多的人看到商家对顾客的关注和重视。

在回复评论的时候一定要注意措辞，因为你的回复不只是给写评论的人看，还要给更多浏览店铺的人看。所以回复评论本身也是营销的一种方式。比如有顾客评论你的店铺环境很好，那么你可以告诉他：感谢支持，我们店里食物的味道也不错。再如有顾客评价你们某一道菜做得特别好，那么你可以回复：我们的招牌菜除了这个还有别的。这其实就是一种变相的宣传。

5. 如何做好评论管理

很多餐饮老板都害怕线上评论，因为一旦有负面消息，线上传播非常快，会对店面造成很大的负面影响。老板们宁愿让顾客在店里打一架，也不愿意让顾客在网上写一条差评。但差评是不可避免的，我们能做的只能是出现差评以后及时处理和弥补。

首先我们要知道商家是没有删除差评的权利的，只能找写差评的人让他主动删除。当然这样的难度会非常大，而且美团平台也不允许商家这样做。那么我们面对差评就只能利用回复这个途径下功夫去做公关了。

回复差评时，我们应该遵循这样的思路：首先应该先道歉并且检讨，其次要正视问题，提出解决问题的方法，给顾客一个满意的答复。因为这个评论我们不只是给写差评的顾客看的，也是给更多不明真相的顾客看的。

如果有同行恶意差评，在确认无误以后，可以在回复时明确指出，起码让别人知道真相。如果真的是我们错了，那就诚恳地道歉，给别人表明商家的态度，毕竟人非圣贤孰能无过，对待问题有则改之，无则加勉。这样做不仅能够解决问题，还能赢得更多人的好感。

最差的回复方式就是在网上和顾客互怼，和顾客吵架，吵到最后，不管结果怎样，商家都是输的。所以，遇到差评一定要掌握合适的处理技巧。

以上就是做好线上口碑的几个重点，希望能给大家带来启发。

10.5.2　点评差评十二维分析法

越来越多的老板意识到了差评的危害性。尽管各种小心各种防范，但是冷不丁冒出来的差评还是会让很多人陷入慌乱。防顾客写差评成了让很多老板头疼的事。

为什么害怕差评？因为点评就是年轻人的生活方式。年轻人有四大消费心理。

一是追求更好的心理。因为可供选择的太多，所以消费之前要筛选，点评可以让消费者足不出户就阅尽天下美食。既然吃就要吃最好的，必须得仔细对比，小心求证。

二是从众心理。面对众多选择，消费者容易陷入选择焦虑，这时候看别人的选择和推荐就成了缓解焦虑和压力的最佳方式。大家说好才算好，大家都拍砖的店自然要及时避坑。

三是专家心理。消费者更相信榜单的力量，各种黑珍珠榜、必吃榜、口味榜、环境榜、品类榜、城市榜、区域榜……榜单成了顾客选择的指南，也逼着商家不得不走上打榜之路。

四是厌恶损失的心理。看差评能够降低选择失误的概率，从而降低沉没成本，所以差评成了消费者做参考的重要依据。好评用来做选择，差评则用来避坑。

线上的差评会降低门店评分，影响门店排名，还会给门店留下永久的污点，让门店的问题暴露在光天化日之下，影响深远。差评对于一家店很有可能就是灭顶之灾。

要解决差评问题，首先要清楚差评形成的背后原因。俗话说，没有无缘无故的爱，也没有无缘无故的恨，顾客给差评一定事出有因。大众点评对顾客的评分做了四大维度的划分，分别是产品、服务、环境、食材。我对上千条差评内容做了分析梳理，把四大维度又做了延伸，最后总结出顾客写评论的 12 个维度（见表 10-2），这就是餐谏咨询的顾客口碑十二维分析工具，无论顾客对门店是好评还是差评，基本都源自这 12 个维度。

围绕这 12 个维度对差评做细分以后，我们大概能总结出 12 个差评关键词，分别是整体不行、性价比太低、分量太少、选择性太少、不好吃、服务太差、不干净、环境太差、不会再来了、食材不新鲜、出餐速度太慢、停车不方便。

表 10-2　餐饮顾客评价的 12 个维度

维度 1	维度 2	维度 3
菜品的评价	菜品的选择性多少	餐厅清洁程度高低
维度 4	维度 5	维度 6
性价比高低	产品是否正宗	店内环境好坏
维度 7	维度 8	维度 9
产品分量如何	整体服务怎么样	是否有再来的欲望
维度 10	维度 11	维度 12
产品是否给人安心感	上菜速度快与慢	用餐属性是什么

这里边有很多是主观性判断，比如不好吃、整体感觉不行、分量太少等。也有很多是客观的判断，比如不方便、速度慢、环境差、不新鲜。也有很多是主客观结合的观点，比如服务差、选择太少，这属于见仁见智的事。

学会十二维分析法以后，再遇到顾客给差评，我们就可以用此方法去分析差评，找到差评关键词，清楚顾客给差评的真实原因，有针对性地解决问题，防止差评再次出现。

10.5.3　避免顾客给差评的五种方法

结合前边讲到的差评十二维分析法，在分析了大量差评数据后，我总结了差评的四大规律。

1. 70% 以上的差评都是由两个及两个以上因素导致的

我们分析了上千条差评以后发现，70% 以上的差评都是因为两个及两个以上因素导致的。也就是说，顾客对门店的不满意之处绝对不止一点。这给餐饮老板们一个启示：顾客对我们的容忍度其实是很大的。如果仅仅是感觉不好吃，可能他不会再来，但不至于写差评。愿意花时间打开点评、搜索点评写差评的人，一定是对我们彻底失望了。所以，门店如果差评过多，那一定是综合问题，而不是某一个地方出现了问题。

2. 差评分主因和诱因

包含两个以上因素的差评，一定是有主因和诱因的。在一条差评里，主因是顾客不满意的根源，是顾客内心的真实想法，诱因是促使顾客写差评的导火索，诱因导致顾客要将他遭遇到的不好讲给更多人听。

由此可以看出，不让顾客写差评的方法主要是消灭诱因，比如顾客觉得食物味道不好，立马解决问题，用好的服务和态度去化解顾客的不满。当然，让顾客满意最根本的方法就是消灭主因和诱因，让顾客不但不写差评，还要写好评。

3. 单一差评的雷区是服务

在顾客因为单一因素给差评的情况中，服务是最大的影响因素。服务里边又包含诸多影响因素，最主要的是服务态度和响应速度。

服务态度差是顾客最不能容忍的，吃饭吃一肚子气，这是顾客最容易给差评的场景。服务态度差包含说话语气和响应速度，说话语气不友好、爱搭不理、说半天没反应，这是大部分顾客最不能容忍的服务方式。如果服务人员比较忙，顾客是可以等的，但本身闲着还不提供服务，自然会被认为是态度问题。所以服务人员要忙起来，忙碌本身就是服务好的一种表现。

在包含多个因素的差评中，服务也是最大的诱因，优化服务能避免很多因为其他因素导致的差评。比如我们前面举的例子，导致顾客写差评的不是饭菜不合口味，而是服务人员的处理态度不好。如果服务态度友好，这个差评有可能就避免了。

4. 差评中危害最大的是食品安全问题

危害最大的是与食品安全相关的差评，其中最主要的因素是食材变质，其次是饭菜有异物。大部分饭菜有异物的客诉都可以通过服务化解。食材变质或者食物中毒之类的不满意，消除难度则会大得多。

这给餐饮老板们的启示就是要守住食品安全的底线，一旦发生食品安全事故，对门店有可能就是灭顶之灾，那时候有再多的公关技巧也是无济于事的。除此之外，还要做好服务，毕竟产品的口味很难做到让所有人都满意，但服务可以。

掌握了差评的规律，有助于经营者明确解决差评问题的思路和方法。我总结了避免顾客给差评的 5 个思路。

1. 全力解决我们能完全解决的问题。比如服务，搞好服务不一定能完全提升顾客对我们的满意度，但起码可以明显降低差评率。

2. 尽可能解决会引起差评的问题。有一些很容易引起顾客差评的问题，比如食材不干净、饭菜有异物、服务态度差、响应速度慢等。这些问题要通过流程优化、人员培训、岗位调整等方式优先解决。解决掉这些问题就能够消除一部分差评。

3. 通过能解决的方式去化解难解决的矛盾。比如顾客讨厌等位时间长，可以通过优化等位服务、增加等位优惠等方式减少顾客的不满。再如顾客对产品口味不满意，可以通过好的服务去化解，让顾客不至于去写差评。

4. 先消除诱因，再逐步解决主因。解决不了问题的根源，可以先解决引发问题的导火索，这样顾客心里即便仍有不满，但是最起码可以不扩散。这就需要在送客服务以及客诉处理上多下功夫，看到顾客有明显的不满意时，要立即想办法去弥补，比如及时道歉并解决问题、热情送别，送小礼品、代金券等。总之要将问题扼杀在萌芽状态。

5. 及时跟踪，处理差评。及时跟踪平台信息，发现差评要第一时间和顾客取得联系，了解顾客不满意的原因，及时想办法弥补。同时也要通过及时回复评论与顾客互动，让其他围观的顾客看到我们解决问题的态度。

10.5.4　外卖口碑营销

经营外卖，口碑非常重要。外卖口碑的直接体现就是评分，外卖评分的重要性可以用一句话来概括：分分分，外卖的命根。外卖口碑的重要性主要体现在 3 个方面。

1. 评分会影响门店的排名。影响外卖门店排名的因素有门店活动力度、门店产品销量、门店综合评分，这里面影响最大的就是门店的评分。评分太差会直接影响门店排名，如果排名靠后，想要被顾客看到就需要大量的推广投入，会增加门店的营销成本。

2. 差评会影响顾客的选择。顾客点外卖因为看不到店面和产品，唯一能作为参考的就是已消费顾客的评价，如果差评太多，会直接影响顾客的选择。

3. 外卖评分会影响点评评分。外卖的评分和大众点评的评分已经打通，门店外卖评分的高低会对点评的分数和排名造成影响。很多老板对外卖不重视，却不知道外卖口碑也会给点评口碑带来影响。

怎样才能做好外卖的口碑营销？我结合之前服务外卖客户的实践经验，以及对外卖运营的研究，总结了 6 个方法。

（1）**做好产品体验**。外卖顾客接触不到环境，感受不到服务，唯一能接触的就是产品，所以服务体验要通过产品呈现。产品的包装是否有档次，是否有更好的保温效果，餐具设计是否合理，这些只是初级的产品体验；有没有赠送一些额外的小吃、饮料，这是中级的产品体验；有没有给顾客送餐垫纸，针对一些口味比较重的食品或者肉类食品，有没有给顾客赠送口香糖、牙签，这就是比较高级的体验了。细节到位，体验做好，顾客自然不会给差评。

（2）**给顾客提供交流渠道**。最好在外卖里留下店家的微信和电话，方便顾客在遇到餐品质量或者配送问题时及时和商家联系。一般顾客在遇到问题时首先想到的一定是找商家解决问题，只有当商家联系不到或者问题没有得到解决时才会去给差评。所以保持沟通渠道的畅通能够有效阻止顾客写差评，这个可以通过在餐垫纸上留电话、微信号来实现。

（3）**做好评返现卡**。有些顾客因为懒不愿意写评论，可以通过激励的方式引导顾客写评论。激励方式就是在配送袋里附送好评返现卡，让顾客写评论后可以加微信领红包，这样既能增加好评，又能把顾客发展成自己的私域顾客，通过微信再做持续运营。

（4）**及时做差评回访**。如果顾客已经写了差评，那么在有效的时间内要及时和顾客取得联系，了解顾客给差评的原因，争取能够解决问题，让顾客删除差评。如果联系不上，也可以通过评论回复和顾客沟通，借此也可以向其他顾客表明我们希望解决问题的态度和决心。

（5）**跟骑手搞好关系**。配送速度和配送服务也是影响顾客体验的一个关键因素。虽然配送是骑手的事，但如果配送速度慢，或者配送中出现问题，比如汤洒了、袋子漏了等，顾客依然会怪罪商家。所以要和骑手搞好关系，比如可以给骑手准备一些茶水饮料。把骑手服务好了，他们才会把配送工作做得更好。

（6）**合理设置门店配送范围**。还有一个影响顾客体验的因素是门店的配送范围。如果设置的配送范围太大，距离比较远的顾客等候时间会比较长，等候过久顾客就有可能给差评。所以要合理设置门店配送范围，保证顾客体验。

10.5.5　线下口碑营销

如果说线上口碑营销是用方法和技巧从外在改变顾客对我们的评价，线下营销就是用实际行动改变顾客内心对我们的看法。

如果一个顾客在店里体验很糟糕，但他没有去写差评，这时候千万不要庆幸而是应该懊悔，因为他很有可能将自己的遭遇告诉了身边的朋友，提醒他们不要来你的店里消费。这样的行为对一家餐饮店才是真正致命的打击，因此无论如何都要做好线下的口碑营销。

线下口碑营销的重点还是产品、环境、服务。从产品维度看，做好口碑有 3 个关键点。

第一个关键点是要给顾客提供更符合预期的产品。

顾客对产品的需求是多样化的，在做产品研发时要结合店面的客群定位和消费场景定位去设计产品。

如果是定位工作餐，人均消费就要尽量控制在 30 元以内，突出性价比；如果定位是普通的请客吃饭，那么菜品要让人看着上档次、感觉有面子，人均 100～200 元即可；如果定位是商务宴请，产品的出品就显得非常重要了，要看着上档次，花样要多，人均消费可以高一些；如果是情侣约会，菜品要看着有创意，能烘托浪漫的氛围。当然，无论定位什么群体和消费场景，重点还是要味道好，让顾客从心底喜欢，这才是真的喜欢。

第二个关键点是点菜时要给顾客合理的推荐。

比如在顾客不知道选什么时，能够主动给顾客介绍店里的特色产品，要能说清楚店里主打菜品的特色；在给顾客推荐菜品时不能只推荐最贵的，而要推荐最合适的；在顾客表露出自己的态度时，能够及时停止推荐，给顾客留出选择的时间，不要表现出不耐烦的样子。

第三个关键点是合理使用语言销售的方法。

在给顾客推销菜品时，要学会多用选择式问句，少用询问式问句。选择式问句能够将顾客的需求具象化，进一步挖掘顾客的需求,最终达到拉高消费、提升客单价的目的。在顾客点餐时，服务员要懂得抓住机会，推销与所点菜品相关的其他菜式，引导顾客多元化选择，这样会取得更好的效果。在做菜品介绍时，可以通过菜品典故、顺口溜、打油诗等方式让顾客更好地记住菜品，或者更愿意选择和接受菜品。在顾客犹豫的时候，要能够运用加减乘除法，通过强调有了什么会更好、没有什么会遗憾、展示产品的附加价值等方式去帮顾客分析，帮顾客算细账，让顾客真切地感受到你在为他着想。以上这些方式都可以更好地达到菜品销售的目的，同时也让顾客很满意，实现共赢的结果。

从环境维度来看，做好口碑营销的重点是打造让顾客愿意拍照分享的环境。这一点可以参考很多网红店的做法。很多人嘲笑网红店把重心都放在了设计和创意上，说他们不务正业，但不可否认的是这招确实比较管用。

以前品牌连锁店都在追求标准统一的装修环境，强调突出连锁品牌的一致性。事实是，千篇一律的环境会让顾客忽略对环境的感受。想想你去肯德基、麦当劳，你会拍照分享吗？强化顾客对环境感知的最佳途径就是制造差异化，不同于以往体验的环境氛围最容易引起人们的注意，有惊喜的因素才更容易激起消费者分享的欲望。

现在很多连锁品牌都在尝试一店一风格，比如喜茶，每一家新开的门店在设计上都有创新，因而能形成新的话题，吸引人去打卡。再比如时下比较流行的叙利亚装修风格，也是因为有太大的反差格外受消费者关注，成了流行的装修风格。

从服务维度来看，做好线下口碑营销的核心是提供让顾客感动的服务。如果只是标准的服务，那只能满足顾客正常的需求，可以让顾客不抱怨；如果是让顾客满意的服务，就有可能消除顾客对门店其他方面的不满，防止顾客给差评；如果是超出预期的、能够给顾客惊喜的服务，顾客就会变成你的"宣传员"，替你传播、扩散。

要提供让顾客惊喜、感动的服务，就要通过服务流程的合理设计、服务语言的合理运用，以及在服务过程中设计能够增强顾客体验的特定行为，通过行为设计来提升顾客满意度。这部分内容我在后面的服务营销章节会细讲，这里就不具体展开了。

做好产品、环境、服务是提升顾客口碑的根本。在具体运营过程中，哪些方法可以用在线下口碑营销上呢？我总结了以下几点。

1. 在店里设置顾客意见箱或留言簿。店里可以设置顾客意见箱或者留言簿，鼓励顾客投诉或反映问题。顾客能主动反映问题说明他对我们还有期望，希望我们做得更好。这样做还有个好处就是避免顾客再去网上写差评，线下把问题解决掉就能避免线上的舆论危机。

2. 在店里留投诉电话。也可以在店里显眼的位置留店长或负责人电话，顾客有问题可以直接找店长或负责人解决，避免顾客再去传播门店不好的消息，影响门店口碑。很多问题如果处理得好，反而会增强顾客对我们的好感，形成对门店口碑有利的结果。

3. **通过社群辅助实现和顾客的沟通**。我们前面讲了社群营销，社群的其中一个用途就是和顾客沟通交流，通过社群及时了解顾客的反馈，有助于管理者及时发现问题并做出调整。

4. **定期做顾客调研**。定期在店里做顾客调研问卷，了解顾客对门店产品环境服务以及综合体验的评价，及时发现问题并做出调整。

5. **多举办一些回馈顾客的活动**。和节日营销以及会员营销活动相结合，经常在门店搞一些回馈顾客的活动，让老顾客感受到实惠，拉近门店和顾客的距离，从而提升顾客的满意度。

6. **多和老顾客搞好关系**。对于经常来店里消费的老顾客，一定要和他们搞好关系，没事聊一聊，给顾客一些关怀，偶尔给一些小实惠。关系维护好了，口碑自然也就好起来了。

10.6　会员营销

在营销的 4 个步骤中，提高复购率、沉淀老顾客的环节叫锁定。锁定顾客成为"回头客"最有效的工具就是会员。成为会员就等于顾客和餐厅进行了深度捆绑，意味着顾客还会多次光顾餐厅，成为餐厅的老顾客。正因为如此，会员营销一直都是餐饮营销中必不可少的部分。这一部分专门探讨会员营销的方法和问题。

10.6.1　发展储值会员的三种方式

最常见的会员营销方式是发展储值会员，通过吸引顾客充值，一方面能够让店面快速回笼资金，另一方面也可以锁定顾客消费，充了钱自然还会再来消费。我总结了常见的三类会员充值方式。

1. 零存零用

零存零用一般是在顾客消费完成后给顾客推荐的补差额充值方法，具体做法就是凑整数。比如顾客今天消费了 320 元，付款时只需要支付 400 元，就可以给他充值 80 元再赠送 80 元，相当于顾客充值 80 元得到了 160 元。看似充多少送多少让顾客占了很大便宜，实际算上正常给顾客的折扣，还锁定了顾客至少一次消费，顾客得利，商家也稳赚不赔。

零存零用方式的最大优势在于让顾客没有太多的顾虑和负担，只需要存点零头进去，自己还能赚不少，很多人本着省钱的心理选择充值。这种方式用好了，在锁客这个环节会起到很大的作用。比如我之前给一个客户设计的会员活动是这样的：

顾客充值 300 元，当餐可以减 48 元，抵扣完当餐费用后，还可以赠送两张 50 元代金券。因为这家店招牌产品的价格在 180 元以上，顾客随便再点一些菜，消费就在 200 ～ 300 元之间。但我们设计的客单价是人均 70 多元，也就是说在产品价格上有 60 元左右的优惠空间。减 48 元的前提是充值 300 元，也就是说扣除当餐费用后，卡上还有一部分费用，再加上两张 50 元的代金券，用户至少还有 100 多元可用资金，那么顾客自然还会再来消费。一次消费锁定二次复购，下次来继续可以零存零用，接着给顾客送券，这样就能够长期持续地锁定顾客了。

2. 整存赠送

相比于零存零用适合在经营过程中长期推广，新店开业时更适合做整存赠送的会员活动。整存赠送是顾客充值固定金额后，赠送一定的充值金，也可以搭配其他福利内容，给顾客营造超值的会员体验。

比如我给一个客户设计了"充值 680 赠送 4000 元大礼包"的活动，活动内容是这样的：

充值 680 元成为会员，可获得以下 6 项会员权益：

权益 1： 680 元储值卡 1 张。

权益 2： 送价值 68 元招牌菜品券 10 张，总价值 680 元，菜品券可以自己用，也可以分享给朋友用。朋友如果持券消费，会员本人还将获得 68 元充值金。

权益 3： 送价值 298 元红酒 1 瓶。

权益 4： 会员生日可享受价值 350 元的生日套餐服务，包括：包厢布置服务、香槟一只、精美果盘一个、长寿面一碗。

权益 5： 会员可享受全年菜品九折优惠（仅限菜品优惠）。

权益 6： 活动期间办理还可享价值 2389 元的会员大礼包 1 套，里边包含多张周边合作客户提供的免费体验卡。

通过这样一个活动设置，顾客感觉充值非常划算，愿意充值成为会员。整存赠送的方式更适合一些人均消费和桌均消费较高的餐饮店，比如火锅、中餐、宴会、酒楼之类。尤其是一些高端消费场所，充值活动赠送的赠品和服务非常重要，这才是给会员营造"人无我有，人有我优"的优越感的关键。

3. 消费卡

还有一种会员充值方式是消费卡，这和超市里的购物卡类似。消费卡也可以优惠价格去出售，不同于整存赠送的地方在于，消费卡是不记名的卡，更适合赠送给他人当作礼品卡使用，适合一些企事业单位发放员工福利或者送礼等场合。

消费卡一般更适合中高端消费场所。我之前给一家自助餐厅策划的会员活动就是推团购消费卡。老板借助当地的人脉资源，和一些企事业单位对接推销消费卡，一个月光卖卡就回笼了四五十万元资金，收回了近一半的投资成本。

10.6.2 发展付费会员的四种方式

付费会员是通过付费的方式拥有会员身份，成为会员以后就可以享受相应的会员权益和福利。一些高频低消费的小吃快餐品类，或者以服务和运营见长的品牌，可以通过付费方式去筛选优质客户和铁杆粉，建立粉丝社群。我总结了几种常见的付费会员权益设置方式。

1. 会员价。付费会员可以享受会员价，这是会员最常见的福利之一，一般餐厅会在菜单上标出会员价，吸引顾客成为会员。

2. 会员免费。部分菜品或服务可以设置成会员免费模式，成为会员就可以免费享用或体验。比如我曾经给一家火锅店设置 129 元会员全年锅底免费，正常情况下锅底价格是 49 元，只要顾客购买 129 元的会员服务，一年内来就餐锅底都可以免费，因为他们主打的是健康养生锅底，锅底是这家店的核心特色。

3. 会员日。设置一个会员日，在会员日可以推出针对会员的菜品、会员价格，或者组织会员活动，让会员能找到组织，享受成为会员的特殊待遇。

4. 会员区。一些自助餐厅还可以设置会员区，会员区里会有一些普通区域没有的菜品，而且会定期更新。类似飞机上的头等舱，可以通过会员区的设置吸引更多顾客购买会员服务。

10.6.3 发展粉丝会员的四种方式

粉丝会员是相对于普通顾客而言发展的铁杆粉和实名注册顾客。随着点评、团购这些平台的获客成本越来越高，越来越多的餐饮经营者意识到要发展自己的私域流量池，将顾客留在自己的平台上，成为自己的私域流量。发展粉丝会员就是打造私域流量的重要方法。我总结了一些餐饮店打造粉丝会员的渠道和方法。

1. 扫码点餐。扫码点餐是最常见的发展粉丝会员的方法。很多餐厅会通过公众号绑定点餐系统，顾客扫码关注公众号以后才可以点餐，这就相当于把顾客沉淀在了自己的公众号里。也有通过小程序授权后点餐的，授权的过程就是注册成为商家粉丝的过程。

2. 扫码加福利群。前面我讲过社群营销，通过福利发放和粉丝社群的运营，可以将顾客发展成粉丝会员。经常在群里和顾客互动，能够加深顾客对店面的印象，提高顾客复购的概率。

3. 注册会员领积分。购物积分是超市最擅长用的方式，很多互联网平台也在使用，这招其实也适合餐饮店使用。很多店将积分和充值捆绑起来使用，积分也可以单独使用，顾客只要注册会员就可以获得积分，积分累积起来可以兑换相应的菜品或礼品。像肯德基、麦当劳这些连锁餐厅，它们早已将积分体系打造得非常完善，感兴趣的餐饮经营者可以多向这些连锁巨头学习。再小的餐厅都可以打造自己的积分体系，关键在于长期坚持运营。

4. 注册会员领赠品。赠品也是吸引粉丝会员的重要工具，比如扫码加群可以赠送饮料一壶，扫码注册会员可以赠送粉丝会员专项菜品一份，扫码注册可以赠送精美礼品等，通过各种赠品吸引顾客扫码注册成为粉丝会员，后期再通过对粉丝会员的持续运营让他们成为充值会员，给餐厅带来更多收益。

10.6.4 影响营销效果的四个因素

很多餐饮店虽然做了会员营销活动，却成效不大。影响会员营销活动效果的因素有很多，我总结了最主要的 4 个因素。

一是会员权益的诱惑力。会员活动能否吸引顾客，主要取决于会员的权益是否具有诱惑力，像传统的充 100 元送 20 元这类活动，吸引力显然是比较小的。充值赠送的力度大一些，会员可享受的福利多一些，让顾客感觉不办理会员就会吃亏，这样才能吸引更多人成为会员。

二是活动的推广渠道和推广力度。影响会员活动效果的另一个因素是对会员活动的宣传推广力度。要找对宣传的渠道和方式，尽可能多地触达潜在客户，同时通过铺天盖地的宣传让更多顾客知道店里有会员卡，知道办理会员卡能享受什么福利。只有被更多人知道，才会有更多人成为会员。

三是现场推荐会员活动的时机。服务人员给顾客做会员活动介绍的时机也很重要。一般在顾客开始点餐前推荐会员效果不会太好，因为这时候强调会员优惠容易引起顾客反感，尤其是在请客吃饭的场合，点餐前推荐会员优惠会让请客的人感觉没面子。相反，在结账的时候推荐会员卡会更有效果，因为顾客能明确地知道办了会员卡这一顿能省多少钱。所以，结账时给顾客推荐会员卡的效果要比点餐前推荐更好。

四是餐厅在顾客心里的可信赖度。新开餐厅吸纳会员，首先要解决的是顾客的信任度问题。消费者对办理充值会员这件事最大的疑虑在于害怕餐厅经营不善倒闭，因为经营倒闭给会员带来损失的例子很多。提升顾客的信赖度是让很多有疑虑的顾客办理会员的关键。如果是连锁餐厅，可以通过一卡多店通用的方式来打消用户的疑虑。新店可以在经营一段时间、生意稳定以后再推出会员服务；也可以降低会员充值的门槛，多使用零存零用的方式招徕新会员；针对那些对店面比较熟悉、已经有了一定信任度的老会员，可以推荐大额的充值优惠活动。

10.7　服务营销

在餐饮行业从温饱为主的时代走向体验至上时代的过程中，影响用户体验的一个重要因素就是服务。一直以来，餐饮经营者习惯于把服务归为运营的内容，认为服务就是运营的一个环节。在我看来，运营只是服务的形体，服务的内核应该是营销。

10.7.1　服务营销的重要性

为什么把服务归为营销？因为服务本质上就是提升产品价值的行为，服务的直接目的是让产品价值更高，进而卖更高的价格，服务的终极目的是提升顾客满意度，让顾客持续购买。所以在新餐饮时代，服务就是营销的一个重要环节。

服务营销的重要性主要体现在 3 个方面。

1. 服务是产品的延伸。在餐饮同质化竞争异常激烈的餐饮市场，产品的技术门槛越来越低，想要在产品上做出差异化非常困难。这时候，能让自己与众不同、凸显差异化的，正是服务。品牌餐饮店的产品不一定比街边小摊的更好吃，但是它的服务更好、体验更棒，因此能吸引更多人，能卖更高的价格。服务就是产品的延伸，是打造产品竞争力的重要手段。

2. 服务可以弥补产品的不足。一家餐饮店想把产品做到让所有人都满意是很难的，毕竟众口难调。当顾客对产品不满意的时候，服务就成了弥补产品体验不佳的有力武器。对顾客而言，去餐厅就餐不仅仅是吃饭，如果经营者能通过服务让顾客获得更好的体验，从某种程度上就可以弥补产品的不足，提升顾客的满意度。

3. 服务有时候就是产品本身。在新餐饮时代，产品和服务之间的界限越来越模糊，很多餐厅在打造招牌菜或网红菜时会将服务和产品结合起来，让服务成为产品的一部分。比如海底捞的舞面，顾客买的并不是面条本身，而是工作人员给自己舞面的过程。再比如炉诱推出的招牌烤鱼，顾客点的也不是烤鱼本身，而是四个人抬着大轿上鱼的新奇体验。

在体验至上的时代，餐饮的产品标准已经从"好吃"转变为"吃好"，我在前面讲产品的章节讲到过，"吃好"是一个综合体验，从顾客体验角度出发，吃好＝好味道＋好出品＋好食材＋好故事＋好环境＋好服务＋好传播＋好品牌，服务是影响体验的关键因素，只有做好服务营销，才能给顾客打造更好的体验。

服务营销包括了在服务顾客过程中的语言营销和行为营销。

10.7.2　服务语言营销

宁波有个顾客在一家面馆吃牛肉面时吃出了一根头发，找服务员理论，结果店里服务员态度很差，老板更是一副"你爱怎样就怎样"的样子，于是这位顾客把这家店告上了法庭。最后，按照相关法律的规定，店主给这位顾客赔了 1000 多元。

在餐厅经营中，说话是一件非常重要的事情。有时候一句话说不对，可能会给自己带来巨大的损失，尤其对小餐饮老板来说，面对满大街的竞争对手，要想杀出重围，必须在经营上下功夫，和顾客打交道最重要的就是要做好员工培训，学会好好说话。

关于语言营销的重要性，我总结了 4 个方面。

1. 语言是获取顾客信任的关键。餐厅服务人员如何获取顾客的信任？最简单的工具就是语言。好好说话，向顾客表达你的真诚，或者让顾客感受到你的歉意，那么顾客就会站在信任的角度来对待你，很多问题都会迎刃而解。

2. 语言是促使顾客点单的利器。在同时面对很多选择的时候，大多数顾客都有选择困难症。这个时候，如果能给你想要推荐的菜赋予一些外在的意义，比如说营养价值，与这道菜有关的典故或者故事，并用巧妙的语言表达出来，也许就能促成顾客点单。

3. 语言是增加顾客评价的法宝。顾客对一家店的评价一般来说就是 3 个维度：口味，环境，服务。环境的好坏是很直观的，口味对顾客是否选择一家店来说无疑是最重要的，但影响顾客评价的最重要因素还是服务，而服务最重要的一点就体现在言语上。对顾客说话的语气、说话的方式、用什么样的称呼、用怎样的方式表达，这些都能影响顾客的感受。当顾客和你谈得来的时候，给你的评价自然就不会太差。

4. 语言是处理危机事件的武器。要说语言最大的魅力还是体现在处理危机事件的时候。比如我们前边提到的因为一根头发损失 1000 多元这个例子，如果老板能够很好地使用语言技巧来化解危机，就不至于闹到对簿公堂、输了官司还要赔钱的地步。

餐饮的服务语言有很多，不同场合使用不同类型的语言。根据不同的场景以及不同的功能，我把餐饮服务语言分成了 8 种。

1. 称谓语

称谓语就是对顾客的称呼。常见的称谓语主要有以下这些。

传统的称呼：小姐、先生、夫人、太太、女士、同志、师傅、老师、大哥、兄弟等。

表示亲切的称呼：大姐、阿姨、美女、帅哥、小帅哥、小伙子等。

网络化的称呼：小姐姐、小哥哥、亲。

在使用称谓语的时候要注意以下几点。

（1）**称谓要恰如其分。**年龄和自己相仿的，可以称为大哥、兄弟、妹子、大姐，但是像阿姨、大叔这样的称呼在使用时一定要谨慎，如果对方和自己年龄差距不是特别大，这样的称呼要慎用。

（2）**称谓要清楚、亲切。**如果面对的顾客让你不知道该怎样称呼，那就可以用万能的称呼"您"，然后接着说你要说的内容，一定不能用"喂""那个谁"这样有失礼貌的词汇。

（3）**要注意场合，灵活变通。**如果开一家小店，老板可以对来店里的顾客以大姐、帅哥相称。如果是一家比较有品位的中餐厅，服务人员就不能用这种通俗的语言来招呼顾客了。如果是高档餐厅，那就只能用先生、女士这样比较规范的社交用语来称呼顾客了。

2. 问候语

问候就是我们常说的打招呼。打招呼是我们和顾客交流的开始，招呼打得好坏会影响顾客的第一印象。电视剧《深夜食堂》里，男老板对所有顾客的第一句话都是"来了，今天想吃个啥"。非常接地气的话语，瞬间就能把顾客带入自己人的语境里，有一种面对家人和朋友的亲切感。

常用的问候语有"先生，您好！""您好，欢迎光临！""早上好！""中午好！""晚上好！"等。

在使用问候语的时候也要谨记以下几点。

（1）**注意时空感和场合。**打招呼一定要准确，如果是在大中午说"早上好"，很显然是不走心的。还要注意场合，一些比较接地气的招呼，比如说"兄弟来了，今天吃个啥"比较适合在一些小餐馆、夫妻店使用，这样表达会显得更亲民、更接地气。但是在一些比较正规的中餐厅或者高档西餐厅，这样打招呼显然是不合适的。

（2）**把握时机。**比如有顾客进店时正在打电话，或者正在与旁边人交谈，这个时候就不要强行插入打招呼。打招呼一定要得体，掌握好分寸。

（3）**要配合一定的动作。**打招呼时真诚和亲切是必须的，为了达到这种效果可以辅助一些动作或表情，比如面带微笑、身体稍微前倾、带一点鞠躬致意的动作，用动作配合问候语会增强问候的效果。

3. 征询语

我们要打扰顾客或者打断顾客时，一定要先礼貌性地询问对方，这时要用到的就是征询语。

比如："先生，您看现在可以上菜了吗？""您好，您要打包的那份餐现在可以给您做了吗？""您好，这个盘子可以给您撤了吗？"

征询语通常有征得对方同意的意思，所以在表达时一定要注意以下几点。

（1）要注意语气和表达方式。语气要缓和且客气，用协商的口吻，避免用命令式口吻。

（2）要懂得察言观色，注意客人的形体语言。如果客人露出不愿意的表情，那就不要再一意孤行了，免得引起争端。永远要记住一点：征询只是行动意愿的表露，一定不能成为发起冲锋的号角。

4. 拒绝语

面对顾客提出的无法满足的要求，要学会巧妙地拒绝，这里要用到的就是拒绝语。

比如，顾客要求送餐但是难以满足，可以委婉地表示："感谢您的支持，我们店里这会儿人手不够，送不了餐，非常抱歉。"

再如，有顾客在禁止吸烟的餐厅里抽烟，可以礼貌地上前阻止："非常抱歉，我们这里是无烟餐厅，为了给您和身边的朋友一个更好的就餐环境，请您不要抽烟，感谢您的配合。"

在使用拒绝语的时候要谨记两点。

（1）先肯定后否定。一定不能直截了当地拒绝，这样会让顾客心里不舒服。在拒绝对方时一定要顾及对方的情绪。

（2）语气要委婉一些。不能非常强硬地、斩钉截铁地拒绝，要给对方留有缓和的余地，起码得让顾客下得来台，面子上过得去。

5. 提示语

提示语主要用在一些需要给顾客特殊指引或提示的地方。比如提示顾客菜品马上就好，让顾客稍等；提示顾客锅比较烫，让顾客不要直接用手拿；提示顾客坐在某一处等。

在使用提示语的时候一定要避免以下几点。

（1）**避免命令式表达**。一定要记住，是友情提示，不是强制命令，要注意自己的语气和表达方式。

（2）**语气要舒缓，目光要柔和**。提示的时候语气要舒缓一些，目光要柔和一些，要给人舒服感。

（3）**可以搭配手势**。提示的时候最好能配合一定的手势，语言加动作会让你的表达更加具象。

6. 答谢语

答谢语就是在受到顾客表扬、得到顾客帮助或者顾客提意见的时候使用的语言。

当顾客对你店里的产品或者服务进行表扬或者提出建议的时候，首先要对顾客的行为表示感谢。尤其是当顾客为店里提建议时，一定要表示感谢，因为每一份建议都有助于产品和服务的提升。

7. 道歉语

在餐饮服务中，当出现结果和预期有偏差的情况时就要用到道歉语。比如上菜上晚了，出餐出错了，菜品质量出现问题了，菜品口味出现问题了，顾客点的菜品卖完了，还有顾客想要就餐但是店里要打烊了，都要用到道歉语。

想要让服务更好，让顾客更加满意，就要学会把道歉语当作口头禅，遇到问题先道歉。诚恳主动的道歉会让顾客感觉到被重视，那么顾客也就不会因为产品和服务的瑕疵而动怒了。

8. 告别语

在顾客就餐完毕准备离开的时候，要使用告别语。顾客来时欢迎，顾客离开时相送，这样的服务是一以贯之的。如果只迎不送，那就会给人一种非常功利的感觉，即便之前的服务再好，都会给顾客一种虚假的感觉。

不只是餐饮，在整个服务行业，顾客离开时的告别语都非常重要。举个例子，我去菜市场买菜时，常常去一家大叔和大妈开的店里买，因为每次在他们那里买完东西，他们都会嘘寒问暖，离开时还会说各种温馨的告别语（小心慢走、天热多喝水之类），让人倍受感动，所以他们的生意一直都比别的店更好一些。

告别语的要求就是：**声音响亮有余韵，态度真挚诚恳，如果能配合一些动作或行动**，就显得更加亲切自然了。

关于提高自己的语言感染力，我总结了以下几个技巧。

（1）**控制语速**。说话时要控制好语速，不能太快，也不能太慢，一般来说，语速控制在每分钟 120 ～ 140 字最好。

（2）**要清晰**。说话的时候发音要准，吐字要清晰，要让顾客知道自己说的是啥，要准确无误地向对方表达自己的意思。

和顾客交谈时要控制好自己的音量，拒绝大嗓门。音量过高容易给人一种缺少涵养的感觉，声音太大有情绪过激的嫌疑，可能让对方产生误解，而音量过低又会给人一种自信不足或者不在状态的印象，会影响顾客的评价和谈话心情。

（3）**语气**。语气要平和，但是又不能绵软无力。最好的方式就是平和中有激情、耐心中有爱心。一定要杜绝不耐烦的语气，和顾客沟通要保持耐心和细心。

（4）**音调**。说话时音调要自然，要有平仄之分，要有抑扬顿挫，音调要有高、中、低之分，富于变化，不要太机械化，也不能阴阳怪气，让人产生不适感。

（5）**节奏**。和顾客说话时一定要把握好节奏。最重要的是两点：一是适当断句，言语要有层次感；二是恰到好处地停顿，让自己有时间来感知谈话，也让客户有机会参与到谈话中来。当然具体还是要根据顾客的语言节奏来调整自己的节奏，一切谈话都要以让对方舒适为前提。

（6）**热情度**。说话要有热情，热情度直接决定谈话的质量，也会影响对方的心情。热情是由内而外自然流露的，它源于热爱。老板要让自己说话富有热情，首先要热爱自己的工作。如果想让员工对顾客充满热情，那么首先要增强员工对工作的认识，培养员工对工作的热爱。

（7）**微笑**。笑声能传达一名服务人员的快乐，客户也愿意和一个快乐的人交谈。

（8）**简洁**。尽量言简意赅，尽量简洁易懂，要做到语意清晰、逻辑清楚、层次分明。建议在谈话前先把自己的想法和思绪梳理清楚，交谈时语气要缓和，边说边思考，不能巴拉巴拉说一大堆，自己都不知道自己说的是啥。

以上就是我们在交谈时要注意的方面。把每一块都做好，就能增加语言的感染力。如果你的语言更具感染力了，你的交谈技巧也就体现出来了。

10.7.3　服务流程七步营销

服务营销主要通过语言和行为举止来实现，服务行为伴随着从顾客进店到离店的整个过程，所以讨论服务营销，就要围绕服务的整个流程来进行。

在餐饮运营中，我们通常习惯于把服务流程做动作分解。按照时间先后顺序，我把餐饮服务分为七大步骤 30 个环节，每一个环节都有相对应的服务营销要点，具体见表 10-3。

表 10-3　服务营销全流程关键点汇总

步骤	服务事项	服务营销的关键点
1. 迎客	1. 拉门	拉门时要面向顾客，手上动作要专业、有力量，要充满热情 关键点：动作专业，态度热情，表情友好
	2. 欢迎	店内所有人只要和顾客有目光接触，都应该主动欢迎 关键点：欢迎词要亲切，不能太官方。面带微笑，打招呼要热情
	3. 等位	等位环节要提供小吃零食饮料等，要让顾客感觉到被重视 要多跟顾客交谈，让顾客随时了解前边的等位情况 可以给顾客提供菜单，让顾客先了解产品或者先点单，以便厨房提前做好准备，节省顾客就餐时间 关键点：等位就是服务的开始，等位服务做好能提升第一印象
	4. 招呼	有顾客进入或经过门店，要主动询问和打招呼，即使不进店消费，也要热情对待，因为经过的都是潜在顾客 关键点：引起潜在顾客注意，促成可能性消费
	5. 雨伞	下雨天顾客进店，要主动给顾客伞套，或者将雨伞放入伞架；及时清理地面的水渍，防止顾客滑倒；及时给顾客递上纸巾用于擦身上的雨水 关键点：清理地面＋放伞＋递纸巾＝对顾客的重视
2. 引位	6. 询问	询问几人就餐，询问安排的位置是否合适，对位置是否有其他需求 关键点：不要替顾客做主，只给建议，把决定权留给顾客
	7. 引位	引领顾客入座，这个过程中要走在前方给顾客指引方向，以手势配合；入座前应确保座位收拾完毕，清理完成后再引领顾客入座 关键点：带领顾客熟悉店面，引位过程和询问过程应结合起来
	8. 关照	先安排老人孕妇，对老人孕妇表现出额外的关注，优先安排座位 如果客人中有儿童，询问客人是否需要儿童座椅 关键点：给特殊群体更多关照，更容易让顾客产生好感
3. 点单	9. 上茶	顾客入座后先上茶水，倒水时注意动作，茶水不可倒太满 茶水如果比较烫，递给顾客时要提示小心烫 关键点：用温馨提示来彰显服务细节

续表

步骤	服务事项	服务营销的关键点
3. 点单	10. 点单	顾客入座后及时提供点单服务 如果有其他事在忙，可以示意顾客先看菜单，稍后马上给他们点 关键点：给顾客留出独立思考和讨论的时间，也是好体验的一种
	11. 判断	察言观色，判断顾客是否常来：如不常来，应介绍店内的特色产品；如常来，应介绍店内的新品 关键点：结合客户潜在需求做合理推荐
	12. 站位	不要站在旁边催促，应留一定的时间让顾客翻看菜单 站立位置不能离顾客太近或太远，保持 100 厘米左右的安全距离 关键点：顾客有需要做到随时到，顾客不需要做到不打扰
	13. 引导	如果顾客不知道选啥或提出请求，可以给顾客适当引导 引导主要围绕产品结构、点餐方式、特色介绍、口味推荐等 关键点：服务人员应塑造爆品专家的角色，可结合顾客需求给出相应介绍
	14. 建议	建议顾客不要点太多，或者推荐店内产品活动，这样会提升顾客好感度 不要向顾客建议贵的，要向顾客建议对的 关键点：站在顾客的立场给建议，让顾客感觉是自己人，这样更好沟通
	15. 复单	顾客点完后一定要复单确认，并且询问是否有忌口 关键点：复单环节可以让顾客确认自己的选择，可以适当给出调整建议
	16. 提醒	如果有制作时间比较长的菜品，要告诉顾客需要等候 如果顾客点了相同的或者类似的产品，要及时提醒 对于一些特殊口味的菜品，要及时询问顾客口味是否要调整 关键点：提醒是营销的关键，也是提升顾客满意度的关键
4. 上菜	17. 上菜程序	服务员应检查双手、指甲是否已经清洗干净 上菜时注意核对，保证菜品内容和出品准确无误
	18. 上菜要领	从客人侧面上菜，严禁将菜肴从顾客头上端过，避免自己的手指触碰食物 上热菜时，菜盘内如放置叉、勺，要注意将叉柄、勺柄朝向客人
	19. 上菜细节	上带铁板的菜品前要提醒顾客用餐巾或桌布稍作遮挡，以免油星溅到身上 端菜上桌时，要确认自己已经将盘子拿稳，不会倒翻。如果盘子很烫，一定要提醒顾客注意 上菜时要提醒顾客注意，并用征询语 如果有小孩同桌就餐，不要从小孩旁边上菜，以免发生意外。同时要让热菜远离小孩，同时提醒成年人注意 菜上齐以后要告知顾客，以便顾客判断是否要加菜 关键点：上菜环节是体现服务品质的关键，每个细节都值得重视

续表

步骤	服务事项	服务营销的关键点
5. 巡台	20. 卫生	餐中随时巡视地面卫生，发现垃圾及时清除；及时收掉空盘，清理桌面残渣，在收之前要注意使用征询语 关键点：环境卫生是提升顾客好感度的关键因素
	21. 观察	观察客人是否需要添加酒水、碗筷以及其他帮助，一旦顾客有需求要及时响应 关键点：增加为顾客服务的频率，就能有效提升顾客体验
	22. 巡台	巡台五要领：听四方；观八路；频换位；会判断；一扫光 关键点：及时发现需求，及时解决问题
6. 埋单	23. 埋单	顾客要埋单时应主动指引顾客去吧台 店内如果有优惠活动应主动向顾客推荐 遇到人多时应用敬语，让顾客稍等 埋单环节可以做顾客调研，了解顾客对餐品和服务的评价 关键点：主动给顾客推荐优惠，埋单环节提供更好的服务更容易被感知
	24. 发票	如果顾客要求开发票，应积极主动为顾客提供开票服务 开发票的间隙可以让顾客稍作等候，开好后主动将发票拿给顾客 关键点：让顾客不要被动等候就是更好的体验
	25. 给单据	埋单以后，及时将收款单据给顾客，让顾客核对内容和金额 关键点：让顾客放心、舒心
	26. 要点	收银过程最好由同一个人完成，中途不要更换服务人员 埋单不是服务的结束，依然要做到最好的用户体验 关键点：在埋单环节要营造能加深顾客记忆的服务细节
7. 送客	27. 检查座位	顾客离开座位时，就近服务员应及时检查是否有遗留物，如顾客已走，把顾客遗留的物品上交 关键点：主动帮顾客保管遗漏物品会增加顾客好感度，提高复购率
	28. 致意	顾客离开时，所有看到的服务人员都应热情欢送 关键点：给顾客提供始终如一的服务体验，让顾客心里没有落差
	29. 拉门	当顾客出店门时，就近服务员应立即上前拉开大门，并以标准欢送词热情欢送顾客 关键点：有迎有送，有始有终
	30. 清洁	顾客离开后再收拾餐桌，不能给人催客的感觉 清洁卫生时要按照流程进行，注意细节，尤其在有新客看着的情况下，一定要将细节处理到位，给人安心感 关键点：任何时候都不能表现出催客的意思

10.7.4 峰终营销与行为设计

我在前面的章节讲到过顾客接触点管理，顾客接触点管理是从全局系统去考虑所有顾客和门店有交互的细节，包括前边讲到的服务流程七步骤，也是从全流程去研究我们和顾客的关系。然而从营销角度来讲，不同的细节达到的营销效果是不一样的。比如去海底捞过生日，你可能记不住当天点了什么菜，但是你会记住海底捞服务员给你庆祝生日的热闹场景，即使当天服务员的服务、菜品的品质也都很好，但这些显然没有影响到你。再如你中午带孩子去麦当劳吃饭，过几天回想起来，你可能记不住当时吃了什么套餐，服务员怎么给你点餐，即使这些也是他们在竭尽全力去做的，但你记住了临走时店里给孩子玩具时孩子兴奋的样子。

经济学家丹尼尔·卡尼曼在一项研究中指出：人的大脑在经历过一个事件复杂的全过程之后，并不能记住所有的过程和细节，大脑能记住的只有事件高潮部分和结尾部分的体验，此发现被其称之为"峰终定律"。

峰终定律告诉我们，顾客并不能记住就餐过程中的每一个细节，他只能记住整个过程里最高潮的部分和结尾时的场景。这给我们的启示是，在餐饮服务中，要通过塑造峰值点和结尾时刻强化顾客体验，达到让顾客印象深刻的目的。

前面提到的以服务著称的海底捞，它最为人津津乐道的服务项目就是给顾客过生日，因为生日是每个人一年中非常重要的日子，庆祝生日的这个仪式显然是很重要的，因此海底捞把它打造成很多人在海底捞就餐的峰值时刻，让人印象深刻。还有很多餐饮店会在顾客离开时给顾客赠送伴手礼，通过这种方式加深顾客印象。这也是非常好的危机处理方式，顾客即使在就餐过程中有很多不满意，也会在得到伴手礼的那一刻选择理解和原谅。

深刻理解峰终定律，能帮助餐饮经营者做好服务营销。在服务环节设置一些关键点，给顾客一个难忘的巅峰体验，或者在结尾时设置关键的服务动作，加深顾客记忆。比如在餐厅里打造网红菜，菜品上桌的时候会有互动表演，这一瞬间就能成为就餐中的最大亮点，加深顾客的记忆。也可以在结尾时设置一些营销动作，比如抽奖活动，让顾客参与抽奖、获得礼品，中奖的喜悦也能加深顾客的记忆。有一家餐饮店，在顾客离开时送顾客到停车场并帮顾客支付停车费，这一行为得到了很多顾客的称赞，这就是典型的峰终定律的表现。

在餐饮服务中，我们可以通过一些行为设计给顾客创造峰值体验。我结合餐谏咨询在行为设计领域的研究和实践经验，总结了 4 种创造峰值体验的方法，分别是**制造惊喜、打开认知、创造荣誉、寻找共鸣**。餐饮经营者可以围绕这 4 种方法在自己店里打造峰值时刻，通过峰值体验的塑造提升顾客满意度。

制造惊喜指的是在就餐过程中通过一些行为举动给顾客带来愉快的体验或者难忘的瞬间。惊喜往往来源于意料之外，或者不同以往的反常，或者夸张的创意，或者直击心灵的碰撞。在日常运营中，可以通过环境、音乐、产品制作方法、产品出品方法、服务方式等制造惊喜时刻。

打开认知是制造峰值体验的第二种方法。人都有好奇心，有探索未知的欲望，所以好奇心被满足是一件值得庆幸的事情，自然就会带来更大的喜悦和成就感。如果顾客通过在店里就餐了解了一个新美食、解锁了一项新技能、学到了一个新知识、解决了一个心里的困惑，这种体验是不是就让顾客记忆犹新了呢？每当他再用这个技能再传播这个知识的时候，就会想起打开认知的那一刻。在日常运营中，可以通过产品介绍的方式、产品典故的设计、产品制作技法的普及、绝活的展示、各种挑战赛和比赛给顾客塑造认知时刻，通过认知时刻加深顾客对门店的记忆。

创造荣誉是制造峰值体验的第三种方法。人们天生对于荣誉有着难以抗拒的渴望，小时候在墙上贴满奖状，长大后在书架显眼位置摆上奖杯和荣誉证书，都表明人是更喜欢被激励和鼓舞的。如果让一个人回忆最辉煌的时刻，那一定是他站在领奖台上收获鲜花和掌声的时刻。

在餐饮运营中也可以通过营销活动让顾客去争取胜利和荣誉，为顾客打造荣誉时刻，通过荣誉时刻让顾客对品牌印象更深刻、记忆更持久。餐饮品牌通过运营活动去创造荣誉时刻的方式有很多，比如互动游戏、抽奖、生日福利、会员特权、征名以及为店里选代言人等。

寻找共鸣是制造峰值体验的第四种方法。一些事情让我们和顾客有更近的接触，让顾客对我们有更深入的了解，通过深入了解留下更深的印象。在运营中寻找共鸣的方法也有很多，比如换位思考，即站在顾客的角度去审视顾客需要什么样的产品、服务和品牌，找到能引起顾客情感共鸣的情绪点去塑造品牌，挖掘营销内容，让营销更深入人心。再如在运营中制造冲突和对立，给顾客意料之外的惊喜和结果，通过这样的冲突找到营销的突破口。还有餐厅日常的危机处理，也是和顾客建立联系、产生共鸣的好机会。

我也总结了 3 种收尾时刻：**始终如一的态度、真诚热情的道别、意料之外的惊喜**，通过这些给顾客一个好的结尾体验，将每一次离开都打造成下一次相聚的起点，这也是提高顾客复购、锁定顾客的有效方式。

1. 始终如一的态度

很多餐饮店在顾客进来时非常热情地接待，在顾客吃完结账离开时却无人搭理，这会给顾客造成一种心理落差，顾客会感觉前边所有的服务都是做出来的，并不是发自内心的。正所谓行百里者半九十，好的服务要做到始终如一，差一步就会让效果大打折扣，就会让前边所有的努力都功亏一篑。

始终如一的态度就是要对离开的顾客同样热情，把这一次分别作为下一次相聚的起点去认真对待。

2. 真诚热情的送别

为了做到始终如一的态度，很多餐饮店会给服务人员培训送别语，顾客离开都会喊一句"慢走，欢迎再次光临"。不走心的送别语还不如不说，想做得更好，就需要做到真诚热情，这是收尾时送客环节的关键。

真诚的关键在于表里如一，语言和行动保持一致。嘴上喊着"慢走，欢迎您下次光临"，视线却停留在别的地方，手上还在忙着其他的事，这样的送别自然谈不上真诚。要做到真诚热情，就要直面顾客，用目光传递态度，用语言表达敬意，让顾客感受到真诚与友好，这样的细节更容易打动顾客。

3. 意料之外的惊喜

网上流传着有关海底捞的一个故事：某位顾客在海底捞就餐时抱怨没有西瓜，结果离开时服务员送了一整个西瓜让顾客带走。这个故事里最重要的细节是时间点的选择，试想如果是就餐时给顾客一个西瓜，效果可能就会打折扣吧。

为什么会这样？结尾时顾客会觉得已经埋过单了，服务人员的服务自然也就终止了，这个时候再给顾客送西瓜，就是意料之外的惊喜了。餐中服务只能算是好服务，餐后再服务就是惊喜了，可见同样的行动在不同的时间做就会有不同的效果。所以收尾时刻的关键就体现在这里，要通过给顾客制造意料之外的惊喜让顾客感动，从而加深顾客的印象。我前面讲到一个临走时把顾客送到停车场并替顾客支付停车费的例子，就是通过制造意料之外的惊喜来打造让顾客体验感提升的收尾时刻。

10.8　产品营销

产品是餐饮营销的关键。产品能影响顾客的体验度，能左右顾客对品牌价值的判断，也是顾客谈论和传播的重要内容。如果说活动营销、网络营销都是为了打通营销路径，通过渠道实现营销传播，那么产品营销就是从内容层面塑造营销价值点，从根源上打造营销的内容和话题。我们经常说营销是锦上添花，八大营销里其他的都是添花，产品营销则是织锦，好的内容才是营销的重中之重。

作为餐饮营销咨询顾问，我们提供给客户的服务很大程度上是围绕产品展开的，因为别的工作做好只能让门店一时火，产品做好才能让门店一直火。这一节重点介绍如何做好产品营销，从网红菜品塑造、爆品开发、菜单规划以及产品价值塑造几个方面展开。

10.8.1　产品营销的四个关键

产品营销的目的是让顾客认可你的产品，记住你的产品，并且愿意传播你的产品。我们通常在形容一个人时会用到"始于颜值，敬于才华，合于性格，久于善良，终于人品"，产品也一样，从营销的吸引、转化、锁定、裂变 4 个环节来看，产品营销也有 4 个关键点。

1. 产品出品是吸引的关键

一个产品能否吸引顾客购买，关键就在于它能否引起顾客的注意。吸引顾客注意的方式有两个，一个是颜值，另一个是形式，我们通常习惯把它们统称为出品。

产品的出品包括色彩搭配、器皿选择、摆盘方式、出餐方式、上菜动作等，这些共同构成了产品的出品。通过出品能够塑造出产品的与众不同。比如海底捞的舞面，舞面的动作就是独特的出品方式，毛笔酥的出品主要呈现在产品形态上，土耳其冰激凌的出品主要体现在出品的动作和互动上，这些都形成了独特的出品方式，也正因为这些才引起了更多人的注意。

2. 外在价值是转化的关键

冯卫东老师在《升级定位》里讲，产品的外在价值是产品体现出来的、能够因他人的看法和意见而改变的产品价值。外在价值源于他人的看法，通过他人的行为和评价影响顾客的选择。通过塑造产品外在价值改变顾客选择的方式有以下几种。

排队购买。很多网红店开业时门口都会大排长队，排队购买就是他们的行为给消费者带来的价值判断，消费者会认为，有这么多人排队，一定很不错吧。排队就成了决定消费者选择与否的重要依据。

热销榜。很多年轻人更愿意相信各种榜单推荐，例如热销榜、必吃榜、口碑榜等，上榜单就会成为强有力的信任状，给人塑造出可信赖、值得选的购买动机，从而影响顾客选择。

必点菜。很多店的菜单上会有招牌必点产品，很多菜品还会有"桌桌必点""人气爆品"等标签。很多消费者在点餐前会看周边的人都点些什么，根据别人的点菜内容来决定自己选什么。

安利产品。还有很多人会根据明星同款、网红推荐、达人打卡或者朋友推荐去选择产品，他人的推荐也是产品外在价值的体现。

3. 内在价值是锁定的关键

外在价值会影响顾客的选择、转化消费，那么能否锁定顾客成为回头客的关键就在于产品的内在价值了。内在价值不会因为他人的影响而改变，主要是基于自身的判断。

影响产品内在价值的因素有菜品的味道、菜品的性价比、服务体验、产品特色，以及产品的食材品质、烹饪工艺、上菜速度等。

外在价值体现在转化顾客的能力上，内在价值则是留客的关键。很多餐厅火爆一阵就偃旗息鼓，正是因为其内在价值没有塑造到位。想要生意长久稳定，就要在内在价值塑造上多下功夫，这也是产品营销的重中之重。

4. 彰显价值是裂变的关键

冯卫东老师在《升级定位》里讲，品牌的彰显价值就是顾客选择某个品牌能在他人心目中产生的社交价值。同理，产品的彰显价值就是顾客消费该产品能给他带来的彰显自身某种特性的作用，也可以理解为产品的社交货币作用。

比如，很多人在喝喜茶时会拍照发朋友圈，因为喜茶能够彰显他们的生活品质。再如，很多人打卡网红餐厅、拍网红菜发朋友圈，就是为了彰显优越感。有人喜欢展示各种昂贵的菜品，是为了彰显自己的品位与地位。还有人喜欢

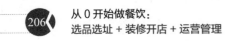

展示一些有趣别致的菜品，是为了展示自己生活的多姿多彩。

彰显价值是裂变的关键，产品想要被顾客传播，就要在彰显价值打造上多下功夫，要思考自己的产品能够为顾客提供什么样的分享动机，能够彰显什么价值。价值梳理清晰了，才能吸引更多人去裂变传播。

10.8.2　爆品营销八字诀

在产品过剩的时代，想让自己的产品突出重围，发挥出与众不同的潜力，最佳的方式就是打造爆品。爆品菜单上的明星产品是门店的超级巨星，甚至可以成为品牌扬名立万的核心所在。我们耳熟能详的很多产品，比如费大厨的辣椒炒肉、太二的酸菜鱼、巴奴的毛肚、谭鸭血的鸭血、黄记煌的三汁焖锅、长安大排档的毛笔酥、永兴坊的摔碗酒……都是爆品的典范。这些产品的成功向我们揭示了一个道理，打造超级爆品才是超级营销，超级爆品才能带来超级利润。

基于对诸多爆品案例的研究以及服务客户的实践，我总结出爆品开发八字诀：聚焦、极致、硬核、迭代。

1. 聚焦

所有爆品打造的前提都是聚焦，只是不同产品聚焦的点和方向不同而已。通过聚焦，企业可以将资源集中起来，在一个领域筑起高墙，形成自己的竞争壁垒。我把聚焦的方式归纳为五大类。

聚焦一个群体。做爆品一定要有清晰的客群定位，围绕核心客群的核心需求去钻研。比如喜茶聚焦都市白领，蜜雪冰城聚焦大众消费，它们的爆款产品的核心卖点是截然不同的，前者主打品质，后者主打性价比。

聚焦一个单品。做爆品要有围绕一个单品死磕的精神，面面俱到只会让整体都很平庸，敢于舍弃才能收获爆品。比如太二聚焦酸菜鱼，乐凯撒聚焦榴莲比萨，巴奴聚焦毛肚，都是通过一个单品塑造起整个品牌的影响力，品牌做大以后再去考虑产品体系升级的问题。

聚焦一个技术。很多产品本身没有太高的门槛，但是可以通过技术壁垒形成产品的竞争壁垒。比如真功夫研究的蒸菜设备、姐弟俩土豆粉研究的无明矾土豆粉生产技术、巴奴研究的木瓜蛋白酶嫩化毛肚技术，都是通过技术聚焦形成爆品。

聚焦一个食材。食材也逐步成为未来餐饮产品竞争的关键，好食材才能成就好产品。比如巴奴的毛肚、谭鸭血的鸭血、周师兄的腰片、老乡鸡的鸡汤，都是聚焦食材的典范。

聚焦一个特色。如果产品足够有特色，也可以聚焦某一方面的特色，比如摔碗酒聚焦了喝完可以摔碗这个特色，和传统的卖酒方式形成了差异。黄记煌聚焦焖锅这一特色，通过美味焖于一锅形成自己与他人的差异。

2. 极致

爆品打造的第二个关键是极致。极致的定义就是绝对的与众不同，要么第一，要么唯一。爆品营销可以通过 4 个极致来实现。

极致特色。产品特色一定要做到极致，比如海底捞的特色是服务，那就将服务做到行业第一，无人能比。霸蛮曾经推出最辣米粉，就是将辣味做到极致，以此来加强顾客的记忆。

极致便宜。把低价做到极致也能形成话题和传播。比如外婆家三块钱的麻婆豆腐，还有西安一家米线店一直都卖五块钱的米线，"不涨价"成了很多老西安人对它最深的印象。

极致好吃。如果能把味道做到最好，也能形成巨大的口碑和影响力。很多城市开在各种小巷子里的老店，都是靠极致的味道存活下来的。"道道都好吃"的西贝，也是主打产品口味的典范。

极致个性。通过极致个性的服务，也能体现出产品的价值，比如太二酸菜鱼的超过四个人不接待、砂锅居的过午不候，都是极致个性的体现。

3. 硬核

爆品打造的第三个关键是硬核。通过一些硬核的黑科技实现产品的标准化，打造产品的技术门槛，构建自己的产品护城河。也可以通过一些压倒性的资源投入获得原材料渠道上的绝对优势，以此来形成竞争壁垒。

比如前边提到的巴奴研发的木瓜蛋白酶嫩化毛肚、姐弟俩的无明矾添加土豆粉以及真功夫的电脑程控蒸汽柜，都是硬核技术构建产品护城河的典型。现在还有很多餐厅在研究做菜机器人、炒菜机、拉面机器等，在不久的将来，技术会越来越多地介入餐饮，成为很多大连锁品牌打造产品竞争力的关键。

4. 迭代

爆品打造的第四个关键是迭代。爆品不是一成不变的，只有不断进化，让顾客保持对产品的新鲜度，才能保持产品的吸引力。在创新周期越来越短的互联网时代，只有不断变化才能让自己立于不败之地，否则很容易被市场和竞争者淘汰。

爆品的迭代包括口味的迭代、产品形式的迭代、内容的迭代以及营销方式的迭代。不断升级迭代会让产品持续焕发生命力，也能让顾客始终保持对产品的新鲜感。比如长安大排档的毛笔酥推出以后，市面上出现了很多模仿者。长安大排档对原有产品做了升级，推出了彩色的毛笔酥。当竞争者还在忙着研发彩色毛笔酥的时候，长安大排档又推出了新的爆品——妃子笑。爆品的创新就像是脚踩跑步机的人，只有不断奔跑，才能让自己不后退。

10.8.3　产品八大竞争力营销

产品营销的效果主要取决于产品自身的竞争力。每一类产品都有自己的客群定位和消费场景，因此也有独特的竞争力打造方式。打造产品竞争力就是给好马配好鞍，让利剑出鞘，让雄鹰翱翔。要学会顺势而为，不能拍脑门臆想，快餐不管怎么营销都不可能成为顾客请客吃饭时的选择。餐谏在对暴利菜单体系的研究中总结了八大产品竞争力，如图 10-1 所示。

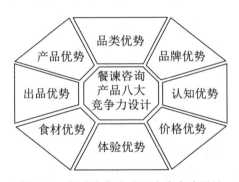

图 10-1　餐谏咨询产品八大竞争力设计

1. 品类优势

第一种打造产品竞争力的方式是通过品类来打造。定位理论将品牌定义为品类及其特性的代表。品类是消费者做选择的重要依据，消费者一般都是通过品类去思考，然后用品牌去选择。

在前面的章节中，我讲了关于品类细化的概念。在一个品类发展成熟，市场竞争已经到了白热化状态时，可以细化品类或者开创新品类，寻找红海中的蓝海机会，避开红海竞争，这就是通过品类优势塑造产品竞争力。

比如巴奴开创了毛肚火锅，贤合庄引领了卤味火锅，谭鸭血则是鸭血火锅的代表，这些都是在原有品类中开辟细化品类，形成新的竞争优势。而黄记煌则独创了焖锅这一新品类，通过开创新品类的方式形成了独特的产品竞争力。

在做品类选择时，要选择那些正处于发展期的强势品类，不要选择即将消亡或者市场已经开始萎缩的弱势品类。因为市场规律是不可逆的，要深知选择大于努力这个道理，选择不对，一切努力都白费。

2. 技术优势

以前很多老字号之所以流传百年，依靠的都是独特的配方和技术优势，技术在餐饮行业里曾是核心竞争力的体现，手握独家配方就等于栽下了"摇钱树"。

随着食品工艺的进化和调味品行业的蓬勃发展，再加上互联网的推波助澜，产品的技术壁垒逐渐被打破，曾经的独家秘制配方逐渐失去了魔力，再高深的技术也会被破解，这时候产品的技术优势就逐步演变成了通过标准化呈现、设备研发以及制作工艺带来的竞争壁垒。

比如西贝依靠强大的研发团队和后端供应链体系打造的新品牌贾国龙功夫菜，在很多人看来技术并不难，但模仿成本非常高。再如一直以来主打高端定位的淮扬菜就是以刀工见长，这样的技术是硬实力，一个拥有好刀工的师傅是别人短时间内很难模仿的，这就成了淮扬菜这个品类最大的竞争优势。

3. 出品优势

第三种打造产品竞争力的方式是通过出品方式和摆盘方式打造差异化。比如我们看到网上爆火的毛笔酥、妃子笑，都是依靠独特的出品方式赢得顾客喜爱，形成传播和影响力扩散。宴会餐厅打造产品优势的方式多数是通过出品摆盘来呈现的，因为请客吃饭要的是排面，看着上档次比吃着好吃更重要。

出品和摆盘优势的相对门槛是比较低的，所以通过这种方式打造产品优势要考虑的最大问题就是竞争者的模仿和跟进。因此，很多品牌会通过申请产品知识产权保护的方式来防止竞争对手模仿，但这也不是长久之计，最根本的方法是保持自己的进化力，不断推陈出新，这就是我前边讲的爆品营销八字诀中的"迭代"。只有不断迭代，才能不被超越。

4. 品牌优势

第四种打造产品竞争力的方式是通过品牌优势来给产品背书。正所谓"背靠大树好乘凉"，如果本身就是知名品牌，那么就可以利用品牌知名度来打造产品的独特竞争力。

比如太二集团推出的赖美丽青花椒烤鱼，如果不是太二出品，它可能就只是一个普通的烤鱼，但因为背后有太二，就成了业内的焦点，才开了一家店，大家就开始讨论其能否超越青花椒烤鱼界的扛把子半天妖。再比如火锅巨头海底捞近一年间推出的诸多快餐品牌，每一个都会引起轰动，消费者之所以关注这些门店和产品，并不是因为产品本身有多好，而是因为它们背后是海底捞这个大平台，都想看它们能否延续海底捞的传奇。

5. 体验优势

第五种打造产品竞争力的方式是通过独特的消费体验来塑造产品的体验优势。前面我讲过，从"好吃"到"吃好"，餐饮非常重要的变化之一就是体验的升级，体验在消费者认知中越来越重要，甚至可以成为影响消费决策的关键。

比如西安爆火的网红餐厅唐猫庭院，就是依靠独特的戴猫脸面具的姑娘开瓶盖这一方式在抖音爆火，然后成为年轻人争相打卡的网红店。还有曾经爆火一时的摔碗酒，也是依靠独特的产品体验优势形成话题和传播。

6. 价格优势

第六种打造产品竞争力的方式是通过价格来形成竞争力。对于价格战，餐饮老板们应该都不陌生，几乎大部分店在开业时都会通过低价促销的方式吸引顾客。但低价促销只是一时的优惠，很难形成持久的影响力，要将价格作为产品竞争的优势来打造，就要通过两个维度来思考：一是通过规模化优势实现成本领先战略，二是通过产品定位打造引流产品。

如果是连锁品牌，有门店规模优势，那么就可以在成本上占据更大的优势，走低价路线，将性价比做到极致。比如蜜雪冰城和华莱士，就是依靠门店数量规模带来的成本领先优势打造高性价比的产品，获得市场认可。再如很多门店推出的低价引流产品本身不赚钱，甚至还有战略性的亏损，但是这些低价产品引流成功带动高价值产品销售，最后实现了整体盈利。

7. 认知优势

第七种打造产品竞争力的方式是通过消费者固有的认知来实现产品的价值塑造。消费者最典型的固有认知是地域认知和习惯认知。

比如做拉面，就要主打兰州拉面，如果你做陕西拉面，就不一定有市场。

再比如鸡公煲，就要主打重庆鸡公煲，即使很多重庆人都不知道当地有鸡公煲这个产品，但在消费者认知里，鸡公煲就应该是重庆的，如果你做成陕西鸡公煲，恐怕没多少人会买账。基于这一点，如果你卖新疆烧烤，就可以请个新疆师傅站在那儿烤肉，消费者一定会更喜欢，因为潜意识会告诉他你这是正宗的。

习惯认知也是不可违背的，比如川湘菜一定得是辣的，如果做成营养养生的粤菜，恐怕就没多少顾客了。

8. 食材优势

第八种打造产品竞争力的方式是通过食材来打造竞争优势。因为口味竞争的门槛越来越低，未来餐饮行业的竞争会逐步转向食材的竞争，这符合消费者追求营养健康的消费习惯。通过食材塑造产品的独特优势也成为很多品牌都在尝试的新的竞争力打造方法。

比如费大厨辣椒炒肉，一份卖到一百多元还得排队才能买到，就是因为好食材带来的好的产品体验。再比如老乡鸡的鸡汤之所以火爆，正是因为背后的食材供应链优势，老乡鸡的老板本身就是养鸡出身，可以说老乡鸡整个品牌都是建立在食材优势之上的。

以上就是打造产品竞争力的 8 种方式，不同发展阶段的品牌、不同品类的品牌，要结合自身实际情况去选择适合自己的竞争力打造方式。为了让大家更好地明白如何做产品竞争力诊断，餐谋专门研发了一套产品竞争力诊断表，可以用表 10-4 这张诊断表来为自己的产品做一次竞争力诊断。

表 10-4　餐谋产品八大竞争力诊断表

优势维度	优势细分	是否具备此项优势	对自己的优势进行阐释	优势等级（1 ~ 5）
品类优势	新品类开创者			
	细分品类领导者			
	区域内品类领导者			
食材优势	自企垄断渠道			
	原产地一手货源			
	所在地一手渠道			
	采购规模优势			
	供应链优势			

优势维度	优势细分	是否具备此项优势	对自己的优势进行阐释	优势等级（1~5）
技术优势	独特的产品配方			
	独特的加工设备			
	独特的加工条件			
	厨师团队优势			
出品优势	产品出品专利			
	餐具设计专利			
	摆盘技术优势			
	出品研发团队优势			
体验优势	独特的上菜方式			
	独特的上菜流程			
	独特的环境打造			
	独特的服务方式			
价格优势	成本领先优势			
	产品利润结构优势			
	品牌盈利模式优势			
认知优势	产品地域优势			
	厨师地域优势			
	符合当地消费习惯			
品牌优势	区域市场品牌知名度			
	全国市场品牌知名度			

10.9　跨界营销

现在的市场环境已经发生了翻天覆地的变化，在竞争日益激烈的环境中，流量成了各行各业做生意的关键。尤其是线下生意，获客成本越来越高，所以怎样让流量的价值更大化就成了老板们要思考的营销新难题。

让流量价值更大化的方式就是搞异业联盟，做跨界营销。从商家层面实现营销互联、业务互动，让流量产生多重价值，实现多方的互利共赢。这一部分我主要讲解做异业联盟的方法和跨界共享的一些餐饮新模式。

10.9.1　异业联盟

异业联盟就是把很多业态不同、生意之间不会产生冲突，但是客群相同、可以实现用户相通的业态结合起来做营销，通过营销实现流量的多次开发，使合作各方实现利益最大化。我总结了我们在客户服务中常用到的 5 种异业联盟。

1. DM 广告

DM 广告就是做一张广告纸，将不同商家的广告集合起来给用户分发，类似传统报纸的分类广告版面。DM 广告是非常传统的营销方式，在一二线城市已经很难看到（逐步被各种自媒体账号替代），但是在三四五线城市的下沉市场依旧能起到很大的作用。

餐饮商家可以通过寻找和自己业态不同、客户相通的合作伙伴来搞 DM 宣传，通过 DM 广告推广消费一卡通，用户办理一张卡就可以在多个商家消费，这样既方便了用户，也能让商家达到锁客的目的。商家联合一方面可以降低成本，另一方面能够扩大广告影响力，所以 DM 广告的本质就是广告资源和渠道的整合，是实现广告效果最大化的有效方式。

2. 共享广告位

很多餐饮经营者想通过做商圈广告提升吸引力，但最终都因为广告成本过高而放弃，这时候就可以考虑通过共享广告位的方式来操作。

很多广告位单次或者月租的费用比较高，年租的价格就会低很多，但是没有几个老板能够常年打广告。这时候就可以联合一些同样需要广告资源的老板一起租用广告位，根据各自的淡旺季以及广告需求合理安排广告内容，这样就能够最大化地节省广告成本，同时也能保障各方利益。尤其是很多位置比较好的广告位，几乎是所有商家必争的，如果能将这些位置变成自己的宣传阵地，在和竞争对手的竞争中就会更有优势。

3. 广告互推

换一个角度来看，每一个门店其实都是他人眼中的流量池。餐饮店每天有上百个客流，KTV 一天有上百人来唱歌，电影院每天也有上百人去看电影。顾客在吃饭时可能就会思考接下来去哪里看电影，看电影时可能就会考虑一会儿去哪里唱歌。如果餐饮店、KTV、电影院能把这些流量融合起来做一个业务互推，再搞个套餐优惠，每一家就会有上千个流量。这就是广告互推带来的最大利好。

广告互推的方式有很多，比如店内放置合作商的广告海报，服务人员介绍合作商的活动，设置异业联盟套餐，购买套餐就可以赠送合作伙伴的优惠券或体验券。通过店内的各个广告曝光渠道，都可以实现业务的互联，实现流量的转化和深度开发。

4. 会员互通

如果你的会员优惠只是充值赠送一定金额，在顾客眼里可能早已失去了吸引力。我们在给客户策划会员活动时将会员权益扩充到了十多项，顾客充值 680 元就可以享受 4000 多元的权益（具体可看前边会员营销中讲到的案例）。想一想，充值 680 元送 50 元和充值 680 元享 4000 元会员权益哪个听起来更吸引人？

充 680 元送 4000 元不赔钱吗？秘密就在会员互通上。我们将客户的会员和合作伙伴的会员打通，顾客在店里办理会员，就可以享受所有合作商家的会员活动，获得价值上千元的各种免费体验券和优惠券。试想一下，吃一顿 300 元的火锅，结果获得了一张星级酒店的体验券，对顾客来说是不是天大的好事情呢？对于酒店来说，一张体验券就能给自己带来一个有效客流，如果该用户再多住几晚，是不是利润就来了？客户和商家之间都能得到实惠，这就是会员互通的巨大魔力。

5. 互赠引流券

在异业联盟的商家中做流量转化，最常用的方式是赠送消费券。

顾客充值一定金额，或者消费满一定金额，就可以赠送对应金额的合作方的消费券或免费体验券，通过这些引流券给合作伙伴引流。通过有价值的卡券赠送，也能让自己的产品和服务套餐更具价值，吸引更多顾客来消费。

互赠引流券不仅是互相引流的过程，也是合作双方互相赋能的过程。面对消费者的各种可能性选择，商家的联盟等于给了消费者最佳组合推荐，给消费者提供了一站式解决方案，无论对商家还是对消费者而言，都是共赢的结果。

10.9.2　跨界共享的新模式

餐饮的跨界不仅存在于广告营销方面，更存在于餐饮经营的方方面面，新消费时代，线下线上在打通，不同的业态和平台在打通，跨界的事情每天都在上演，餐饮人如果自己不改变，不去自我变革，在不久的未来可能就会被别人革命。跨界模式与共享经济的融合将会成为未来餐饮行业变革的新趋势，我总结了 5 种跨界共享的新餐饮模式。

1. 业态融合

在新消费时代，消费的边界已经越来越模糊。以前，我们习惯于在餐厅吃饭，去奶茶店喝饮品，去超市购物，去 KTV 唱歌……现在这些可能在一家餐饮店里全部都能实现，这就是业态融合。我总结了餐饮行业的一些业态融合现象。

不同品类的融合。很多做火锅的品牌在店里卖起了饮品，"火锅＋饮品""烧烤＋饮品""餐＋饮"已经成了流行趋势。就连很多卖卤味的门店都开始采用卤味饭、"卤味＋简餐"的融合发展模式。在未来，不同品类的融合将成为新的趋势，这不仅是经营的创新，也是营销的创新。

不同业态的融合。在餐饮店里开个便利店，在便利店里提供简餐，餐饮和便利店的融合早已不是新鲜事物，西安的魏家便利已经推出好几年，这种模式被证实是可行的。还有像盒马这样将超市和餐饮结合起来的更是打破了餐饮经营的边界，让零售和餐饮实现了完美的结合。

不同渠道的融合。"堂食＋外卖＋新零售"，不同渠道的融合也将成为未来餐饮的新趋势，我们看到很多品牌都在用这种模式。比如袁记云饺，靠着"堂食＋外卖＋外带＋新零售"这种新型的业态融合模式，已经在全国开办了上千家门店，还有很多大品牌也在尝试这种打通各个渠道的新经营模式。

2."一店多开"

面对"三高一低"的餐饮现状，有没有解决方案？当然有，很多餐厅推出全时段经营，通过一店多门头的模式完成不同时间不同业态的切换。比如北京的武圣就做过一店多开的尝试，白天是武圣羊汤，晚上门头就变成了武圣烧烤。

还有很多餐饮业态本身做的就是半天生意。比如烧烤一般都是晚上经营，早餐项目都是上午经营，很多烧烤店就可以和早餐项目结合起来，实现一店多开。最典型的就是西安的小竹签烤肉，很多小竹签烤肉店早上是卖胡辣汤的，有的甚至还会在中午卖快餐，实现"一店三开"，使店铺资源得到更加充分的利用。

3. 共享厨房

时至今日，共享厨房已不是新概念，这两年已经有不少共享厨房项目拿到投资，并且在不断地进行模式的升级和新的探索。共享模式本质上也是实现客群互动、营销资源共享，达到资源最大化利用。

餐饮行业的未来一定是细分和融合。在专业层面细分，实现"专业的人做专业的事"；在基础设施及后端资源配置层面共享，比如店面资源、广告资源、供应链资源、仓储物流资源，甚至客户资源都可以共享。经营品类细分，行业资源融合，也就相当于把传统的大杂烩式的经营模式分化成专业的人做专业的事，是一种合作共赢的新型合伙模式。

4. 店面媒体化

传统餐饮主要靠出售产品获取收益，现在很多资本投资餐饮看上的并不只是餐饮行业的现金流，它们更看重餐饮行业的流量。餐饮本身就是一个流量入口，相比如今线上越来越高的流量获取成本，线下流量获取成本算是非常廉价的。作为高频消费的流量入口，餐饮行业的盈利模式将是多元化的，餐饮店的媒体化就是其中之一。

首先，门店的餐桌、海报都可以成为广告平台，有很多广告平台已经尝试在餐饮店做广告投放，通过吸引顾客在等餐及就餐这个时间段的注意力实现广告价值的转化。

其次，门店的外卖可以成为广告平台。外卖的餐盒、餐垫纸都可以成为展示广告的介质，帮助商家实现更多营收，而其他收入的增长可以让商家有更多利润空间来回馈顾客，进而提供更高性价比的产品和服务，也就能给商家带来更多的顾客和流量。

最后，门店的产品、会员、营销平台都可以成为新的传播媒介，实现客户资源的转化和变现，发展成为产品售卖之外的新的营收增长点。这些都是未来新餐饮模式下餐饮经营者可以思考和探索的方向。

5. 餐饮业务的延伸

前边讲过，餐饮其实是一个流量入口，店面吸引到流量以后，可以通过多种方式去做业务的延伸和拓展，探索新的变现可能性和发展空间。我总结了餐饮业务延伸的几类模式。

（1）向餐饮的上游延伸。很多品牌做到一定程度都会向上游延伸，这是餐饮企业做大的必经之路。通过对上游食材供应链的把控，一方面可以控制成本，实现利润的增加，另一方面也可以更好地保障产品本质，保障产品供应的稳定。

（2）**向新零售渠道延伸**。未来消费者的消费场景会呈现出多元化趋势，餐饮产品也要考虑朝新零售方向发展。很多连锁品牌已经推出了预包装食品，可以解决顾客在家吃、在办公室吃、在外出差旅行时吃的各种消费场景需求。预包装食品、新零售产品都是餐饮经营者应该思考的产品方向。

（3）**向餐饮项目周边延伸**。很多餐饮店会把制作产品时用到的锅具、厨具、酱料等做成商品，满足顾客外带和在家就餐的需求。很多连锁品牌也会开发一些品牌周边产品，增加新的营收渠道。还有一些餐饮店会把产品制作过程做成教学视频，顾客可以购买教程学习产品制作，这些都是未来餐饮向周边延伸的可能性。

跨界营销的方式是多种多样的，有一个故事说火车脱轨掉进河里砸死了鱼，鱼可能到死也想不到，自己一直生活在水里，竟然会因为车祸死亡。做餐饮要时刻保持警惕，不断学习进步，因为最终打败你的不一定是你的同行，而有可能是跨界"打劫"的。看得见的敌人不可怕，可怕的是那些看不见的对手，因为他们一旦冲过来，可能会在你猝不及防的情况下将你拖入失败的深渊。

品牌才是长远之道

　　每一个餐饮经营者的终极目标都是希望能够打造自己的餐饮品牌，实现名利双收。市场也需要品牌，餐饮行业的竞争日益激烈，市场上各类餐饮店层出不穷，只有拥有品牌才能在竞争中获得更多的优势。无品牌、无特色、无认知的餐饮店会被当作"三无"产品，根本无法进入消费者心中，想被选择更是难上加难。所以毫不夸张地说，未来的餐饮市场基本上是"无品牌，不餐饮"，想做好餐饮就得拥有品牌意识，想把餐饮生意做大就必须打造自己的品牌。这一章主要讲述打造餐饮品牌的方法。

11.1　打造餐饮品牌的五个要素

谈创业必谈品牌，那究竟什么才是品牌呢？冯卫东老师在《升级定位》中讲，品牌是品类及其特性的代表。关于品牌的概念有很多，我认为这个概念用来表述餐饮品牌是最准确的。经常有创业者给我说要打造自己的品牌，我都会问对方：你要做什么项目？你存在的理由是什么？

品类和特性是品牌的两个重要因素。选择什么样的赛道，决定了未来的发展前景如何。拥有什么样的特性，决定了和竞争对手相比，你是否具有竞争力。当然，这只是从品牌定位角度来看。从长远发展角度来看，打造品牌要做的事情还有很多。

11.1.1　品牌定位

两个消费者在谈论吃什么，他们说到汉堡会提及肯德基和麦当劳，说到火锅会提及海底捞、巴奴、小龙坎，说到凉皮会提及魏家，说到石板烤肉会提及火炉旁，说到泡馍会提及老孙家……那么问题来了，怎样让他们提到你的品牌呢？

一个品牌存在的理由，不在于你自己怎么认为，而在于它在消费者的认知里处于什么位置，这里说的位置就是定位。很多人认为定位是很高深的学问，实际上我们每个人在实践中都在用定位，只是没有将它理论化而已。比如很多开砂锅店的都喜欢称自己为重庆砂锅王，想让顾客认为自己是领导品牌。这就是定位，只不过这个定位没有切合实际情况，属于盲目定位。

定位是客观存在的，不是咨询公司策划出来的。每一个品牌都拥有自己的位置，差别在于清楚自身定位的经营者会不断调整方向，不断夯实基础，让自己的位置更加清晰并被消费者认可，不清楚自身定位的经营者则会三天两头做调整，啥都做了最后还是没被人记住。所以我们说品牌定位就是明确自己的方向和所处的位置。怎样明确自己的方向？这就是定位的过程。

每一个餐饮品牌都要有一个清晰的定位，无论你是想做全国品牌还是想做区域王者，都应该找到自己的位置，明确自己的方向，让自己的投入都能

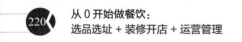

为提升品牌势能添砖加瓦。

品牌定位首先要研究所在的品类，要研究市场情况，要调研消费者认知，还要研究市场上的竞争者。最终，要在消费者的认知中找到一个空白的位置，而这个位置恰好是你的竞争对手忽略或者做得不好的地方，这就是你未来要重点发力的地方，也就是你的定位。

比如巴奴火锅在明确定位之前也只是万千重庆火锅中的一个，跟着"老大哥"海底捞，模仿别人搞经营，一直不温不火。后来巴奴重新梳理了定位，研究了消费者需求，在发现了毛肚这一单品在消费者认知里的重要地位后，就把自己定义为毛肚火锅的开创者，依靠毛肚这一单品成功找到了自己的位置。之后，巴奴不断深化定位，最后将自己锁定在产品主义这个定位上，和主打服务的老大哥海底捞成了针锋相对的对手，也因此将自己推向了行业老二的位置。

11.1.2　品牌故事二分法

做品牌就是讲故事。一个好的品牌一定伴随着一个广为传播的故事，比如乔布斯做苹果电脑的故事、雷军创办小米的故事、任正非创办华为的故事、张勇创办海底捞的故事……讲故事能够让品牌表达更生动，更容易加深用户记忆，也更容易传播和推广。

关于品牌故事，业内存在多种表达方式，有认为品牌故事是写创业历程的，有认为品牌故事是包装品牌特色的，还有人干脆去编写各种噱头和耸人听闻的炒作内容作为品牌故事以博人眼球。为了让品牌故事更容易理解和实操落地，我做了一个品牌故事二分法，把品牌故事分为两大类来讲：一类是创业故事，另一类是用于营销的品牌故事。

创业故事讲述的是品牌发展的历程、创始人的初心，包括品牌团队的使命、愿景和价值观等。品牌创业故事通常是包含在企业文化中的，这个是对内部讲给企业管理层、员工以及企业潜在投资人和合伙人的。

比如我们之前看到网上刷屏的西少爷的"我本科毕业为什么辞职卖肉夹馍"，还有伏牛堂的"我北大硕士毕业为什么卖牛肉粉"，就属于典型的创业故事。

对外营销的品牌故事是讲给顾客听的，这个是围绕品牌的定位展开、对品牌信任状的描述。对外的品牌故事通常是和品牌设计结合起来的，通过店内的广告装饰去表达和传播，目的是强化品牌定位。

比如王品牛排的一头牛仅供六客、费大厨讲述辣椒的故事、老乡鸡讲述食材和鸡汤的故事，这些就是对外营销的品牌故事。

品牌故事二分法能够帮助经营者更好地理解如何在不同场合、不同表达对象面前，区分品牌表达的方法和内容。

例如我给一个做烧烤的客户打造的创业故事是讲老板做餐饮的初心，以及做餐饮一路走来经历的挫折坎坷，通过创业故事来表达创业不易，强调他的使命感和目标，以及对极致产品和服务的追求。这个是创业故事，主要对内写在公司的介绍资料和员工手册里，是每次做员工培训、做企业文化内训的必讲内容。

他们对外传播的品牌故事则是围绕我们给他梳理的西北烧烤的定位去讲的，强调的是来自西北的精选好食材、来自内蒙古的好羊肉、好食材成就大串烤肉以及一只羊一串肉的匠心故事。这些故事的表述是在强调他们好食材成就好味道的经营理念，最终要夯实的是西北烧烤领导品牌的定位。

对外传播的品牌故事是讲给顾客听的，顾客并不关心老板为什么做餐饮，也不关心你将来的目标是什么，他们只关心这顿饭吃的是什么、吃得好不好。如果经营者搞不清楚两者之间的关系，就会陷入拿情怀当谈资，顾客却不知所云的尴尬地步。

11.1.3　品牌口号 / 广告语

传播品牌定位的除了品牌故事，最主要的就是品牌口号了。品牌口号通常又被称为 Slogan，它是对品牌定位的精准表达。广告语则是基于营销宣传点提炼出来的宣传语。在营销渠道中，广告语是应用最广泛、最容易出效果的部分。所以，好的广告语也是品牌传播的关键。

很多品牌常常把口号用作广告语，实际上二者是有区别的。品牌口号基本上是不变的，广告语却是比较灵活的，可以结合宣传的重点和营销的方向做调整，有时候一个品牌可以有多个广告语。

撰写品牌口号的方法有很多，我总结了几个常见的方法和套路。

1. 突出产品卖点。围绕产品的特色和卖点去写，比如九锅一堂的口号：可以喝汤的酸菜鱼；王品牛排的口号：一头牛仅供六客；真功夫的口号：营养还是蒸的好。

2. 用数据表明影响力。用销售数据展示热销或者用门店数据表明品牌影响力。比如老乡鸡的口号：全国 1000 家直营店；徐记海鲜的口号：每年 400 万人到徐记吃海鲜。

3. 抢占第一。强调自己是市场上的领导品牌，比如火炉旁的口号：西安烤肉王，就是火炉旁。

4. 强调情感体验。强调情感体验，引起消费者情感共鸣。比如张亮麻辣烫的口号：我们不一样；瑞幸咖啡的口号：这一杯谁不爱；麦当劳的口号：我就喜欢。这些都是在强调情感体验。

5. 销售承诺。强调承诺和保证，说服顾客做决策。比如钱大妈的口号：不卖隔夜肉。

6. 傍大款。用对标成功品牌或者和大品牌对立的方式来突出自己。比如烤匠的口号：不吃火锅，就吃烤匠；巴奴的口号：服务不过度，样样都讲究。

7. 突出历史。突出历史和时间，表明自己是正宗的。比如费大厨辣椒炒肉的口号：传承两代人的拿手菜。

餐饮经营者在设计品牌口号之前，先要明确自己的定位，清楚自己要传递什么给消费者，因为品牌口号就决定了品牌的调性，确定了品牌的经营方向，也代表了顾客对门店的期望。如果品牌口号中承诺的不能实现，那就会让顾客对门店丧失好感。所以口号不能乱喊，也不能随便改。广告语倒是可以结合产品、服务以及营销去灵活运用。

11.1.4　品牌 VI

VI 是品牌视觉识别系统的统称，它是品牌的脸面。一张好看又有特征的脸会让对方更容易记住你，并且心生好感。在很多经营者眼中，打造品牌就是做一套 VI，再注册一个商标，虽然这样的想法是非常片面的，但也足以看出餐饮经营者对 VI 的重视。

VI 设计包含的内容很多，这个我在第 6 章中已经详细列举过，这里不再赘述。内容之外，我要说餐饮人做 VI 设计应该注意的几个点。

1. VI 的目的是识别而不是好看

很多老板请设计公司做了 VI 以后总会纠结这不好看、那不好看。设计

VI 的目的是识别和记忆，让顾客区别我们和其他品牌，好看只是吸引人注意的一个层面，如果满大街都是好看的设计，即便你做得再好看，也会被淹没，就像一滴水滴进了池塘。

VI 设计的原则首先应该是能吸引人，能吸引人的设计不一定就是大众审美中好看的设计，就像很多人诟病国内知名的咨询公司华与华给餐饮连锁品牌老娘舅做的 Logo 设计很丑，不可否认的是，这样"丑"的设计却达到了引人注意的效果。而且，千篇一律的美的东西可能会让受众审美疲劳，不是那么美的内容或许反而更容易让用户记住。

2. 不一定非要做图形 Logo

很多餐饮品牌在做 Logo 的时候会做文字 Logo 和图形 Logo，有的还会做其他的辅助图形，结果是门头上一堆符号，顾客一个也记不住。

连锁品牌要做图形 Logo 和文字 Logo 是因为它们店面多，会面临各种品牌展示的情况，有的地方适合文字，有的地方适合图形，有的地方需要文字和图形的组合。最主要的是它们有资源和渠道去推广和曝光这些 Logo，能够让用户通过 Logo 找到品牌，产生品牌联想。

很多初创品牌一开始就模仿国外大品牌做一整套图形加文字的 Logo，在我看来这个并不是必须的。仔细想一想，国外品牌热衷于用图形和符号是因为它们的文字都是字母，缺乏变化和区分度，所以才用图形来突出。中文字体是由象形文字演化而来的，本身就是图形和符号，已经自带区分度了，如果你的图形没有足够的品牌表达力以及区分度，那还不如把文字商标设计好，推广一堆内容明显没有推广一个内容效果好。

3. 不要频繁地做 VI 升级

很多经营者隔三岔五就升级 VI，原因是觉得顾客看腻了。在我看来并不是顾客看腻了，而是老板自己看腻了。

品牌的 VI 是品牌资产的重要组成部分，品牌花的每一分营销推广费用最后都体现在 VI 上。一切营销都是为了让顾客记住自己，一套 VI 刚被顾客熟悉又被换掉，这就等于把之前积累的资产都抛弃了。像可口可乐、星巴克、麦当劳、肯德基这些品牌，几乎很少见它们换 VI，即使升级也只是做像素级的微调。

如果要做形象升级和 VI 升级，首先要明确现有的品牌形象在顾客心中的印象是什么，已经形成固有印象、沉淀为品牌资产的内容是不宜轻易改变的，

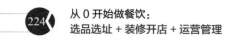
品牌升级就是对剩下的部分再去做优化和调整。升级品牌一定不能丢掉品牌的根和魂，更不能仅仅因为好看就抛弃了品牌最重要的资产。

11.1.5　品牌形象

品牌形象是品牌呈现给顾客的印象。为了方便理解，我把品牌形象分为门店的外在形象和品牌的内在形象。

门店的外在形象是品牌门店的空间设计形象以及 VI 落地层面的空间装饰形象的统称。空间的布局、色彩的运用、灯光的运用、广告物料的展示、环境的装饰，这些构成了门店的外在形象，这些形象会让顾客形成对品牌的整体判断。品牌形象打造的终极目的是让顾客对门店形象产生正确的品牌反应。比如茶饮领域的头部品牌喜茶，它的每一个门店都有与众不同的独特设计风格，但所有设计都源自喜茶"灵感之茶"的主题，顾客看到喜茶的店面就会感受到"这很喜茶"的感觉。还有星巴克的绿、麦当劳的红，这些品牌外在的呈现都能够形成顾客对它的下意识反应。

内在形象是品牌在顾客心里的形象，很多老字号品牌现在都面临年轻人很少光顾的困境，原因就在于它们在顾客心里的形象是"老一辈人喜欢的餐厅"。即使很多老品牌也在不断做店面升级和产品调整，依然没有吸引来年轻人，这是因为它们即使改变了外在形象，还是没有改变年轻人对它的固有印象。

很多品牌找设计公司做品牌升级，到最后发现效果并不明显，原因就在于没有搞清楚外在形象和内在形象的关系。品牌重塑不是改变品牌的外表，而是改变品牌在顾客心中的固有印象。

11.2　餐饮品牌的生命周期

网上经常有人议论麦当劳卖米饭是不是不务正业，肯德基卖螺蛳粉是不是主业不行了。在传统的认知里，肯德基、麦当劳就应该卖炸鸡汉堡，魏家凉皮就应该一直做凉皮。我们常说做餐饮要聚焦，要做爆品战略，然而很多大品牌不断地在做产品延伸，这岂不是和聚焦理论相违背吗？

　　之所以会有这样的矛盾，是因为没有辩证地看问题。哲学上说要用发展的眼光看问题，每个品牌都是在不断发展变化的，品牌在发展的不同阶段面临的市场环境不同、竞争环境不同，品牌的受众客群也不一样。因为这些不一样，导致不同阶段品牌的发展目标也是不同的，从而导致经营策略在不断变化。

　　在餐谏咨询的品牌发展理论研究中，我把餐饮品牌发展的生命周期（见图 11-1）概括为 5 个阶段，即原点期、扩张期、进攻期、成熟期、衰退期。这节我就从这 5 个阶段来讲述餐饮品牌的生命周期。

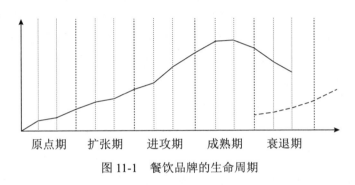

图 11-1　餐饮品牌的生命周期

11.2.1　原点期：打造样板店

　　原点期是品牌孵化和门店创立的第一个阶段。在原点期，品牌的发展目标是打造样板店，聚焦原点市场和原点人群。这个阶段要找到差异化的点，通过产品打造、运营与营销把自己的差异化推销给原点顾客，并得到他们的认同。通过产品体系优化、运营团队磨合、营销体系优化实现门店持续稳定盈利，这就是样板店。

　　这一阶段的品牌工作重点是做好市场调研、产品调研以及竞争对手调研。通过 SWOT 对比竞争对手，找到自己的差异化的点，做好商品规划，同时制定爆品开发战略。在原点期做爆品战略的目标是实现单品聚焦，通过爆品打造吸引原点客群。

　　我们看到主推毛肚的巴奴、主打榴莲比萨的乐凯撒，还有聚焦卤鹅的陈鹏鹏，在原点期都是通过单一爆品聚焦抓住原点人群，快速建立起市场认知，形成自己独特的差异化定位。

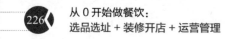

11.2.2　扩张期：打造旺店系统

扩张期的核心目标是继续强化第一阶段的经营成果，继续开店，在更大的区域范围内复制样板店，总结样板店的成功规律，打造旺店系统。

样板店的成果是单店经营的胜利，这样的经验同样具有偶然性，并不能成为可以指导门店持续裂变的系统。只有将多个样板店的经营经验加以总结，形成更加完善的体系和标准，才能成为品牌复制和扩张的利器。

旺店系统的核心依然是爆品，通过爆品引流快速锁定潜在客户，通过原点客群的扩散吸引更多客群成为主力客群，实现品牌的传播与扩散。

除了产品之外，扩张期还要做的一项重点工作是完善管理体系，形成标准化的 QSC 体系，建立组织人才体系，形成培训体系和营销体系。所有这些标准化体系综合起来就是品牌的旺店模型。

扩张期的重点是形成旺店模型，因为旺店模型代表品牌的综合竞争力。比如我们看到的西贝，在经历了多次品牌战略定位和经营调整之后，形成现在我们在市面上看到的主流门店模型。这是西贝的第四代店型，也是这一店型让西贝实现了规模化扩张，拥有了全国影响力，有了业界领先的地位。

11.2.3　进攻期：形成科学管理体系

进攻期的餐企需要做长远的品牌战略规划，这一阶段企业的经营目标是强化品牌影响力，努力成为区域第一品牌。在管理运营层面，进攻期的运营目标是形成科学的管理体系。

在产品层面，随着品牌规模的扩大，客群覆盖面也在扩大，单一爆品很难满足所有客群的需求，而单一爆品的影响力不足会降低门店的吸客能力，所以在这一阶段，爆品战略要从大单品向爆品体系转变，通过差异化的爆品战略实现更多客群的覆盖。

在门店扩张层面，要完善店面扩张筹备体系，让开店更加科学化，以此来提升开店的成功率。

在管理层面，要不断优化旺店体系，使店面运营更加系统化；导入 5S 管理体系，让管理更加科学化；完善供应链系统，完善软件及 SSA 系统，强化品牌后端支持力量。

在营销层面，要形成品牌营销系统，同时要强化企业文化建设，建立企业大学，建立完善的培训体系。

进攻期的品牌要将更多精力放在研究市场、研究竞争对手上，在不断强化内功的同时努力提高市场竞争力，让品牌成为区域内同品类中的领先者。品牌竞争的终极目标是成为该品类的第一品牌，因为只有成为第一，才能被消费者真正地熟知和认可。

11.2.4　成熟期：成为领导品牌

当品牌经过了进攻期，完成了品牌影响力的积累和门店规模的扩张后，就逐步进入了成熟期。成熟期的品牌目标是从区域领先走向全国布局，这一阶段品牌的战略目标是打造全国影响力。

进入成熟期以后，品牌要持续强化自身的创新力，不断研究市场变化，抵御各种新品牌的竞争，夯实自己的行业地位。同时还要结合不同的市场环境开发更多的店面模型，进行新业态的探索和开发，实现多元化盈利，以适应各种新的竞争环境。

成熟期的品牌在产品层面要考虑品牌整体的统一性与区域特色的融合，要不断融合区域的美食特色，丰富产品体系。在这一阶段，爆品战略也要从爆品体系打造延伸到用爆品思维去重塑整个产品体系，从产品体系规划、菜单结构设计、产品研发、出品设计到产品的营销推广，都要用爆品思维去重新思考。我们讲初级品牌卖味道，终极品牌卖产品，最高级的品牌卖理念。如何让爆品理念去指导产品实践，就是这一阶段企业产品战略的核心目标。

成熟期的品牌要更加注重企业文化建设，完善企业人才培训体系和管理体系，实现总部统一与门店管理的高效协同与配合，使门店经营更加灵活自主、更加科学化。成熟期的企业还要具有忧患意识，在保持行业领先地位的同时不断开发新业态，在原有品牌之外寻找企业发展的第二曲线。

11.2.5　衰退期：寻找第二曲线

进入衰退期的品牌，其品牌调性和当下主流消费群体难以融合，品牌的核心产品不符合当下消费者的消费理念。衰退期的具体表现是门店业绩下滑、门店扩张增速放缓或业绩呈现负增长，品牌在年轻消费者心中的认知度持续走低。这时候就要考虑如何在保留品牌核心资产不变的前提下，为品牌寻找第二成长曲线。

品牌进入衰退期的原因主要有两个：一个是品类的衰退，另一个是品牌的老化。如果是所在的品类进入衰退期，那么就要考虑寻找新赛道、孵化新品类，在原有品类之外寻找第二曲线。比如以山西面食和西北菜起家的九毛九，在原有品牌经营业绩下滑之后，孵化出了太二酸菜鱼、怂火锅等一系列新品牌，让企业找到了新的业绩增长点。如果是品牌老化，可以通过团队调整、新模式开发、消费者研究、新市场开拓等方式激活团队的战斗力，增加品牌对市场的敏感度，研究新的消费需求，让品牌焕发新的生命力。

多品牌战略是所有进入衰退期的餐饮企业的共同选择。进行多品牌开发要考虑企业的现有状况，结合企业的已有经验和市场需求去考虑新品牌方向，最后形成企业塑造品牌的基因，慢慢摸索出企业独有的"品牌感"。

比如外婆家餐饮以外婆家为起点，打造了老鸭集、炉鱼、蒸青年、宴西湖等十多个年轻化的品牌，每个品牌都会成为年轻人关注的焦点。同样以年轻化品牌著称的还有太二，其每一个新品牌的推出都会吸引无数年轻人争相打卡。相反，以中餐见长的西贝一直想做快餐品牌，结果是一路坎坷，这就是企业基因不同导致的。

任何品牌都不可能长生不老，就像人有生老病死一样，品牌也有它的生命周期，从原点期、扩张期、进攻期、成熟期到衰退期，一直到品牌的消亡，这是餐饮行业永恒的规律。餐饮经营者要做的就是把握品牌发展规律，清楚自身品牌所处的位置，明确经营目标，在品牌进入衰退期时能够及时反应，为企业寻找第二生命线，这就是我们研究品牌生命周期的最大意义。

11.3　打造餐饮品牌的实战方法

什么是品牌？不同的人会有不同的答案。为了更好地理解品牌，我用剥洋葱的方式把品牌分为表层、里层、核心三部分，如图 11-2 所示。

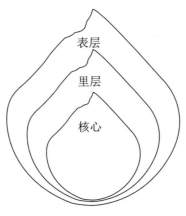

图 11-2　餐饮品牌拆解图

11.3.1　品牌打造的三个层级

1. 品牌的表层

大部分经营者会意识到要做品牌的注册商标，设计 Logo、VI 系统，升级门店环境，让店面看起来像个品牌店的样子。简化下来，品牌 = 工商注册 + 商标注册 + Logo 设计 + VI 设计 + 门店形象提升，这也是很多所谓品牌设计全案公司给餐饮经营者提供的品牌策划服务。

2. 品牌的里层

如果再延伸一下，品牌还需要有标准化的管理、标准化的操作、稳定的产品和统一的服务和体验。品牌连锁包括两个字：一个是"连"，指的是门店形象的统一，能连接用户；另一个是"锁"，指运营和体验的一致性，能够给顾客传递一致性的感知度。

3. 品牌的核心

品牌的核心是用户对品牌的心智认知。消费者做选择的过程是从品类到品牌，用品类思考，用品牌做选择。比如要吃火锅，想到海底捞；比如要吃汉堡，想到肯德基。火锅和汉堡是品类，海底捞和肯德基就是品牌。品牌是让餐厅和用户心智产生关联的载体，当用户想到某一个品类，关联到某一个特性，就能锁定你的餐厅，这才是品牌的终极意义。从这个角度来理解，只有在用户心智中注册的才叫品牌。

很多经营者做品牌只停留在表面，仅仅把餐厅做得"像个品牌"，实际上品牌打造是一个由表及里循序渐进的过程，只有触达品牌核心，形成自己的品牌定位，让自己的品牌完成"心智注册"，深入用户内心，左右用户的思考和选择，才是打造品牌的核心和关键。

11.3.2　餐饮品牌延伸的误区

品牌做大以后都会注册公司搞专业化运营，这时候搞清楚餐饮品牌与餐饮企业的关系尤为主要。很多经营者搞不清企业与品牌的关系，当品牌做大以后开始发展新业务时，就会逐步陷入品牌延伸的陷阱。

比如西安有一个酸辣粉品牌，老板用自己的名字做商标，公司名称和品牌名是相同的。品牌做大以后，该公司又开发了其他项目，沿用的还是同一个品牌，这就导致一条街上出现了××酸辣粉、××米线、××爆肚粉、××凉粉牛肉等多家同一品牌不同品类的餐饮店。

这种模式的优势在于能够迅速实现品牌的传播和势能的提升，让更多人知道品牌，但因为同一品牌下的产品品类太多，又会导致顾客很难将品牌和某一个品类联系起来。企业规模越大，用户的认知混乱程度就越严重，做到后期实际上就是在消耗品牌的影响力。品牌延伸还有一个弊端，那就是将所有品牌的命运捆绑在一起，成了荣辱与共的命运共同体，一个品牌出了问题，会对所有品牌造成不良影响，降低公司整体的抗风险能力。

用同一品牌做品牌延伸的方法更适合打造一个渠道品牌，最典型的就是长沙的文和友。从文和友臭豆腐到文和友长沙炸串，再到文和友龙虾馆，最后到超级文和友，文和友团队将文和友这个品牌打造成了一个小吃集合店的品牌。品牌最后代表的是一个小吃集合地，就像西安的回民街、成都的宽窄巷一样，它不代表任何美食，而是成了一张美食文化名片。

如果要做多品牌战略，最好是将企业品牌与旗下品牌分开，比如餐饮行业最著名的百胜集团，公司品牌是百胜，旗下有肯德基、必胜客、小肥羊、黄记煌等多个独立的餐饮品牌。这样做的好处是，和顾客对接的是品牌而不是公司，所有品牌的市场运营是独立的，只在后端供应渠道起到协同的作用。这样做既能让所有品牌在市场上展开独立竞争，也便于企业在某一品牌或门店经营出现问题时，能够将其给公司带来的损失降到最小。

11.3.3　品牌溢价的误区

品牌餐厅的东西要比一般餐厅的贵，这是已经被市场广泛认可的定价规则，我们习惯称之为"品牌溢价"。因为品牌溢价的存在，很多经营者误以为注册了商标、统一了形象、环境搞得好一点，就可以将东西卖得比别人贵了，这是对品牌溢价的误解。

很多品牌产品卖得比同行贵，并非因为它是品牌就可以随便定高价，价格的制定都是有经营依据的。比如海底捞，它的价格相比同行要高出很多，但是观察海底捞的财报你就会发现，它的利润比很多同行要低很多，其净利润只有 11% 左右，因为其人工成本和经营成本很高。说到这里，想必大家就明白了为什么海底捞无法模仿，因为当你没有它的溢价优势时，你就永远做不出它的好服务。

到底该如何理解品牌溢价？我们可以把餐饮品牌店的成本做一个拆分。在常规的食材成本、房租水电成本之外，品牌餐饮从门店到总部，中间的运营体系比较复杂，运营成本比较高。此外，还有品牌宣传成本、公关成本以及员工福利社保等保障成本，以及产品生产所需要的生产加工成本、物流运输成本、研发成本等。这些成本都是普通餐饮店没有的成本，我们可以把这些称之为边际成本，连锁餐厅产品卖得贵是因为其边际成本比较高。

在边际成本高的同时，连锁餐厅又有着规模优势和品牌优势，所以在产品食材、租金成本以及营销成本方面具有更多的优势，在这些方面的成本要比一般餐厅更低一些。因此，品牌餐厅的成本结构和一般餐厅是不一样的，因为有品牌溢价保障利润，经营者就可以通过提升食材质量、提升服务品质给顾客提供更好的产品和体验，通过好的产品和体验进一步提升品牌的溢价空间，这就进入一个品牌飞轮的正向循环，如图 11-3 所示。

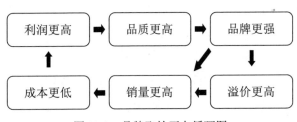

图 11-3　品牌飞轮正向循环图

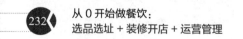
11.3.4 品牌的"社交性"

品牌天然具有社交性，顾客选择品牌本质上就是一种社交行为的延伸。

请客吃饭要选择高档餐厅，因为高档餐厅能提供更好的环境和服务，提供更有品质的菜品，这能代表请客者的品位，也能体现出请客者对客人的重视程度。

约人聊天选择星巴克就会有更浓厚的商务气息，如果选择一家茶馆，则会有更多的人文气息。具体选择什么地方要考虑谈话内容以及约谈对象。无论是星巴克还是茶楼，他们销售的产品不仅仅是咖啡与茶，更是环境和场景，因为不同的环境和氛围提供的是不同的社交场景。

喝饮料为什么要选喜茶和奈雪？因为它们的品牌价值感更高，拍一张喜茶的照片发朋友圈就比拍蜜雪冰城显得更有品位，尽管后者也是行业知名品牌。

同样的，名牌包包、名牌汽车以及各种稀缺的物品都是消费者分享的首选，因为它们代表着个人的品位、身份和地位。这给餐饮经营者的启示就是，打造品牌一定要有明确的品牌主张，让品牌能够成为顾客愿意去分析和讨论的"社交货币"，这样的品牌才能获得更多的生存空间。